读懂学生

三~四年级学生成长规律与育人策略

边玉芳 等 著

北京师范大学出版集团
BEIJING NORMAL UNIVERSITY PUBLISHING GROUP
北京师范大学出版社

图书在版编目（CIP）数据

读懂学生. 三～四年级学生成长规律与育人策略／边玉芳
等著. —北京：北京师范大学出版社，2021.1（2025.3重印）
　　ISBN 978-7-303-26176-5

　　Ⅰ．①读…　Ⅱ．①边…　Ⅲ．①小学生－教育研究
Ⅳ．①G635.5

中国版本图书馆CIP数据核字（2020）第144088号

DUDONG XUESHENG SAN~SI NIANJI XUESHENG CHENGZHANG
GUILÜ YU YUREN CELÜE

出版发行：北京师范大学出版社　www.bnupg.com
　　　　　北京市西城区新街口外大街12-3号
　　　　　邮政编码：100088
印　　刷：天津市宝文印务有限公司
经　　销：全国新华书店
开　　本：787 mm×1092 mm　1/16
印　　张：20.75
字　　数：423 千字
版　　次：2021 年 1 月第 1 版
印　　次：2025 年 3 月第 4 次印刷
定　　价：79.00 元

策划编辑：何　琳　　　责任编辑：周　鹏
美术编辑：焦　丽　　　装帧设计：锋尚设计
责任校对：包冀萌　　　责任印制：马　洁

"读懂学生"丛书写作组

组　　长：边玉芳

成　　员：梁丽婵　时晓萍　吴洪健　孙丽萍　谭漫书　韩　菲　李永康
　　　　　曾　路　刘红叶　王之品　孟　芳　张玲玲　崔淑贤　何　妍
　　　　　吴　旻　孙英红　刘翠翠

特别顾问：张凤华　乔树平

特别鸣谢

北京市教育委员会

北京师范大学首都基础教育研究院

北京市"基于发展性评价的学生成长规律与育人策略研究"全体项目学校与全体项目教师

北京市"九年一贯制学校发展及中小衔接策略实验"项目全体实验学校与全体实验教师

序

百年大计，教育为本；教育大计，教师为本。教育是民族振兴、社会进步的基石，教师是基石的奠基者。在古代，只要是有知识、有学问的人就可以做教师，但是随着社会的发展，人们对教师的要求在不断提升。现代教师不但要接受严格的职前培养才能完成师范教育，取得教师资格证，而且在教师生涯中始终要有终身学习的意识和习惯。在这个飞速发展的时代，每一位教师都需要更加注重自身的成长才能跟上时代的步伐、应对时代的挑战。

一名教师首先要了解教师的职业特点。教师的职责是教书育人，要把学生培养成德智体美劳全面发展的社会主义建设者和接班人。育人首先要了解育人的对象，也就是要了解学生。教师职业与其他职业最大的不同是它的对象是人，不是无生命的物，是生动活泼的正在成长中的儿童青少年。他们具有主观能动性，而且千差万别，人人不同。社会职业中没有任何一个职业的对象能像教师的职业对象一样具有如此的复杂性。

正在成长中的儿童青少年，不同的年龄阶段有不同的生理和心理特点。教师只有了解这些特点，才能进行有效的教育和教学。《学记》中说："君子既知教之所由兴，又知教之所由废，然后可以为人师也。"什么是兴，什么是废呢？教师要诚心施教、因材施教，否则就达不到教育的目的。"使人不由其诚，教人不尽其材。其施之也悖，其求之也佛。"教师要了解学生学习的情况，根据不同情况指导学生学习。"学者有四失，教者必知之。人之学也，或失则多，或失则寡，或失则易，或失则止。"就是说，一个人学习的时候往往有四种失误：或者贪多，或者学得太少，或者把学习看得太容易，或者遇到困难就放弃。教师要了解每个学生的学习情况并提出不同的要求，扬长避短。"教也者，长善而救其失者也。"这句话讲得非常透彻，教师需要了解儿童青少年生理与心理发展的规律，还要遵循教育的规律。

儿童青少年生理与心理的发展也会随时代的发展而有所变化。我国的儿童青少年在改革开放以后，随着生活条件的改善，身高、体重都比以前有所增加，成熟期正在提前；心理的变化更是剧烈，每个时代都有不同。我们大家都能感受到，21世纪出生的儿童青少年与20世纪八九十年代出生的儿童青少年大不相同。当代儿童青少年是互联网时代的"原住民"，他们思想更开放，更富有创新精神。教师只有了解这些特点，才能更有效地进行教育。

科学技术的发展，也给教师的职业提出了不同的要求。在当今信息时代，教师已经不是知识的唯一载体，更不是知识的权威。学生可以从不同的渠道获得信息和知识。教师的任务在于帮助每个学生设计适合自己的学习方案，指导学生获取和处理有益的信息，帮助学生解决学习中的困难，与学生共同学习。教师成为学生学习的设计者、指导者、帮助者和与学生共同学习的伙伴。

信息技术的发展给教育带来深刻的变化，教育的观念在转变，教育的方式、方法在变化，但立德树人的本质不会变，教师教书育人的职责不会变。教师不仅是"经师"，更是"人师"。教师要始终以自己的知识魅力和人格魅力影响学生。

基于教师的这些职业特点，教师要不断学习，努力钻研，不断反思自己的教育行为，总结经验教训，逐步认识学生成长的规律、认知的规律，逐渐掌握教育规律，不断提升教书育人的专业水平。

教育是一门科学，它首先需要研究儿童青少年成长的规律。无数教育实践证明，只要按照教育规律进行，教育就会取得成效；如果违反了教育规律，教育就要失败，就会贻误人才的成长。但许多教师在育人实践中常常面临许多困惑。例如，我国的教育方针以及党和国家的一系列文件对育人目标要求都有明确的阐述，但教师们常常不知道如何将这些要求和目标与自己的日常教育教学工作结合起来，不太能掌握自己所教年级的育人重点，也不能清晰地了解相应的育人标准，对采取的育人策略的科学性也常常有不确定感。同时，尽管在不同的研究领域对学生的发展规律有较丰厚的研究成果，但教师往往缺乏系统学习这些研究成果的资料和机会，也往往不能与自己的育人实践相结合。

北京师范大学中国基础教育质量监测协同创新中心的边玉芳教授领衔撰写的"读懂学生"丛书，我认为它能够很好地帮助教师解决育人困惑。该丛书整合心理学、教育学、脑科学的研究成果，基于我国的教育方针及新时代学生发展的核心素养，概括提炼出6个重要的育人维度：学校适应与习惯培养、基本认知能力发展、学习品质与能力、情绪与自我发展、行为与品德发展、人际交往能力，从横向和纵向两个视角创造性地提出了一～九年级学生的育人目标及要达到的育人标准。在此基础上，提出了详细、可操作的育人策略来实现这些目标。这一成果无疑对提升学校和教师的育人能力、促进立德树人根本任务的落实具有重要价值。

　　边玉芳教授是北京师范大学中国基础教育质量监测协同创新中心的学术委员会主任，同时也是心理健康与教育研究所所长、儿童家庭教育研究中心主任，长期致力于儿童青少年心理发展的研究。同时，她坚持走理论与实践相结合的研究之路。多年来，她既承担了国家社科基金重大招标项目以及教育部、科技部等国家级、省部级有关儿童青少年发展的重要基础研究10余项，同时还承担了北京、重庆、浙江、海南等全国各地以解决教育实践相关问题为指向的应用研究30余项。因此，她既有我国儿童青少年成长发展的第一手资料，又有促进儿童青少年成长的宝贵经验。该丛书就是她所主持的北京市教委"基于发展性评价的义务教育阶段学生的成长规律与育人策略研究"及"北京市九年一贯制学校发展及中小衔接策略实验"等项目的部分成果。她所撰写的"读懂孩子"丛书是家庭教育的畅销书，产生了广泛的社会影响，而"读懂学生"作为"读懂孩子"的姐妹篇，是专门为学校和教师而写，我相信它也会像"读懂孩子"一样受到读者的欢迎。

2020年8月22日

读懂学生，让每位学生遇到好老师成为人生的必然

（代自序）

教育是国之大计、党之大计，其中，培养什么人，始终是教育的首要问题。党的十八大指出"立德树人是教育的根本任务"，党的十九大和二十大都提出要"落实立德树人根本任务"。习近平总书记更是多次强调要"坚持把立德树人作为根本任务"，"健全立德树人落实机制"。一年之计，莫如树谷；十年之计，莫如树木；终身之计，莫如树人。可以说，**育人是个人发展、社会进步、民族振兴的基石，育人始终是教育工作的重中之重，也是学校工作的重中之重。**教师既要教书，更要育人。

一、要把育人作为教育教学工作的根本出发点和落脚点

我们已经进入了信息化时代，经常有人说现在是AI时代了，学校和教师变得越来越不重要了，甚至学校都不一定需要存在了，其实这是一种非常错误的认知。至少在当下，AI时代我们获取知识的途径越来越多，学校和教师已经不是知识的唯一来源，但教育和学校教育的目的是什么？教师的作用是什么？学校和教师的作用并不只是让学生学习知识，而是让学生通过学校教育成长为一个社会人。以已经过去的新冠疫情期间为例，全世界的学生都在家里学习，所以一方面因为学习知识的途径和方法变得多元，学生们不在学校也可以做到学习各种知识；另一方面我们也发现，"停课不停学"这样的方式短期可以、长期不行，因为学生需要在集体里学规则、交往、与人合作、正确地认知自我等，学生不但需要培养认知能力，更要培养社会情感能力。学校、班级、教师在学生"成人"、逐步社会化的过程中起着不可替代的作用。正因为如此，学生们在长期封闭的家里通过网络学习这一单一学习形式会影响学生社会化品质的养成。而且，在AI时代，我们需要让学生在真实的环境而非虚拟的环境里得到全面成长。因此，育人在今天变得更加重要！而育人目前仍是短板。长期以来，我国的基础教育一直以学生拥有扎实的基础知识和过硬的基本技能而著称于世，对这一结论已

经有大量的证据，比如中国学生在PISA四次测试中取得的好成绩等，不需要再证明。但我们不仅要清楚地看到学生身上的优点，更要看到他们身上的缺点，只有积极正视这些不足，才能真正建立起高质量的教育体系，才能让中国成为教育强国。这些年，我们可以从中小学生发展监测与评价的各种数据中发现，目前中小学生还存在着社会责任感不强、创新能力与实践能力不足、不喜欢学习、学习目标不够明确、自律能力和自我控制能力弱、抗挫折能力低、自我评价不积极、心理素质有待进一步提升等问题。学生的心理健康也出现严重化与低龄化趋势，有些学生有抑郁和焦虑倾向，学生中存在着网络成瘾、校园欺凌等问题，这些问题如果不解决将影响孩子们适应未来社会、走向幸福人生。德国哲学家雅斯贝尔斯曾说：**教育是关乎灵魂的事情，而非知识和认知的堆积。教育的本质意味着：一棵树摇动另一棵树，一朵云推动另一朵云，一个灵魂唤醒另一个灵魂。**学生不是知识的容器，也不是学习的机器，而是一个个有着独特性格、兴趣、情感、观念的个体。我们在思想上和行动上都应该有这样的共识：要将育人工作放在教育的首要位置。**无论从学生个体的发展还是整个社会的发展来看，都要求学校和教师提高学生多方面的非认知能力、发展学生的综合素质，将"育人"作为一切教育教学工作的根本出发点和落脚点。**

二、要把教师育人能力的提升作为其专业发展的重点

如何改变育人这一短板？如何变"危"为"机"？如何化"消极"为"积极"？这是我们每一个教育人需要思考的问题，尤其是每天面对学生的每一位一线教师更要认真思考。

2014年，习近平总书记在第三十个教师节前夕到北京师范大学考察时说："**一个人遇到好老师是人生的幸运，一个学校拥有好老师是学校的光荣，一个民族源源不断涌现出一批又一批好老师则是民族的希望。**"总书记的讲话高屋建瓴地指出了好老师对学生发展、国家兴旺、民族复兴所具有的重要意义，也对每一个教师提出了殷切希望：成为一名好老师，让学生成长成才。每位学生的成长在人生中只有一次，是唯一的、不容错过的发展机会，我们不能让学生成长变成一个"试错"的过程。**如何让学生的发展不依赖于"幸运"、让每位学生的良好发展从偶然走向必然是一件对学生的个人发展和民族振兴都意义非凡的大事，是每一位教育者都应该思考的重大问题。**

同样是2014年，习近平总书记在北京师范大学考察时提出了做一个好老师要做到"四有"。"四有"好老师的标准是：有理想信念、有道德情操、有扎实学识、有仁爱之心。2016年，习近平总书记来到他的母校北京市八一学校考察并发表重要讲话，强调广

大教师要做学生锤炼品格的引路人，做学生学习知识的引路人，做学生创新思维的引路人，做学生奉献祖国的引路人。可以看到，"四有"是基础，"引路人"是目标：要做好学生"引路人"，理想信念是根本、道德情操是前提、扎实学识是基础、仁爱之心是关键。习近平总书记的讲话给我们每一位教师的专业成长指明了方向。

好老师应该懂得，选择当老师就选择了责任，就要尽到教书育人、立德树人的责任，并把这种责任体现到平凡、普通、细微的教学管理之中（见2014年9月9日习近平总书记同北京师范大学师生代表座谈时的讲话）。在基础教育阶段，育人的重要性再怎么强调都不为过。作为教师，我们应该清醒地认识到，随着社会的发展，教师的职业素养和专业胜任力越来越受到挑战。在信息化时代、在价值观和文化越来越多元的今天，**我们必须实现从知识传承的权威者到学生做人的引领者的转变**。我们对学生的教育亟待加强的恰恰是做人的教育，要培养学生有正确的价值观、有崇高的信仰、有良好的情绪、有坚强的意志。如果说，教师作为知识传授者的权威角色正在受到挑战，反过来教师在引导学生成人方面的独特作用正越来越凸显，具有不可替代的价值。教师的育人能力比以往变得更为重要。**一撇一捺写成一个人字，小学一年级的学生就可以轻松学会；但让他们学会做人则需要学校和教师付出持之以恒的努力才能达成。目前，教师亟待提升自身的育人能力，同时，学校和教师要引导家庭和社会形成教育合力，发挥协同育人的作用，让学生健康成长、学会做人。**

2024年8月，在第四十个教师节前夕，中共中央、国务院发布《关于弘扬教育家精神加强新时代高素质专业化教师队伍建设的意见》，文件提出，要贯彻新时代党的教育方针，落实立德树人根本任务，把加强教师队伍建设作为建设教育强国最重要的基础工作来抓，强化教育家精神引领，提升教师教书育人能力，健全师德师风建设长效机制，深化教师队伍改革创新，加快补齐教师队伍建设突出短板；要打造一支师德高尚、业务精湛、结构合理、充满活力的高素质专业化教师队伍，为加快教育现代化、建设教育强国、办好人民满意的教育提供坚强支撑。教育家精神，首先是要求教师要师德高尚，学为人师、行为世范，为学生树立良好榜样；其次要业务精湛，具有良好的教书育人能力，要把教师育人能力的提升作为其专业发展的重点。

三、提高教师育人能力的关键是明确育人目标、掌握育人策略

其实，相当多的教师是从内心认识到育人的重要性的，但常常在这件事上感到力不从心。教师的专业训练很长一段时间是以学科教学以及教学生学习知识为开端和主要内容，在实际工作中教师也没有习得一套系统地把育人和日常工作相结合的具体可操作的

方法，所以教师才会感到心有余而力不足。常常听教师说，我们也知道德育为先，我们也知道要培养学生良好的心理品质，我们也知道要培养学生德智体美劳全面发展，但这些目标和要求挺多的，还都比较笼统，与我日常的教育教学工作离得远，有时甚至觉得更像一个口号，我真的不知道这些要求要如何与我的工作相结合。是的，育人是相对抽象的任务，看似育人与学校和教师的每项工作都相关，也被整日挂在嘴上，但育人工作究竟如何科学有效地进行，学校和教师却并不清晰。许多学校和教师要么虽然已经认识到了育人的重要性，却可能忙于日常各项细微而琐碎的工作，对育人工作有所疏忽；要么觉得自己仿佛隔靴搔痒做了很多事情，却难以正中靶心。所以每一所学校、每一个教师都要认真思考：何以育人？如何育人？

要落实立德树人根本任务，要达到育人的良好成效，关键是要明确育人目标、了解育人策略。**我们首先应该把比较抽象笼统的教育方针与要求具体化为一个个能被教师掌握的可行性目标，然后把这些具体目标体现在教师对学生不同年级的培养中，并根据学生的成长规律有针对性和系统性地加以达成，所以教师要掌握每一个年级的育人重点与具体的育人策略。**如果每一位教师都能掌握这样具体的育人目标与策略，育人就不是一句空话，在每个年级、每个课堂里，教师都可以利用这些策略达到育人的目的，所以育人是可以真正落实到教师每一天的工作中去的。

以一～九年级为例，这一阶段也是我国义务教育的阶段，对学生一生成长的作用不言而喻。如何让教师清晰地了解一～九年级育人的目标和重点？我们可以**以年级为单位，基于该年级学生身心发展特点，结合我国的教育方针及对学生发展的诸项要求，梳理出每个年级育人过程中的核心关注维度、关注点以及具体的育人目标，并且针对每一条育人目标确定学生应达到的发展程度和为了达到该目标可使用的操作性育人策略。**所以教师们要做好育人工作就需要了解不同年级的核心关注维度、每个维度下重要的关注点及其对应的目标，这样，教师的育人工作就有据可依、有策参考，不再落入"想起来重要、做起来不知道"的育人困境。

本丛书基于我国教育方针、基于新时代学生发展的核心素养、基于学生成长规律，概括提炼出学校和教师六个重点的育人维度：学校适应与习惯培养、基本认知能力发展、学习品质与能力、情绪与自我发展、行为与品德发展、人际交往能力，然后从横向和纵向两个视角创造性地提出了一～九年级学生在不同年级的育人目标，包括这六个维度在这一年级的重要育人关注点及要达到的具体育人目标。这样，教师可以很清晰地看到每个年级的育人重点，在此基础上，我们提出了实现这些具体目标的详细可操作的策略。尤其重要的是，为了让每一位教师评判和反思自己育人工作的效果，我们提出了每一个具体育人目标学生需要达到的发展程度，以帮助学校和教师了解育人目标、掌握育人策略。

四、教师育人的前提是读懂学生

在新的历史时期，学校和教师要进一步深入理解育人价值、落实育人目标，促进学生的良好发展就必须实现五个"转变"：**一是从教书向育人转变，二是从以学科为中心向以学生为中心转变，三是从关注知识向关注学生全面发展转变，四是从关注某一学段学生的发展向关注学生一生发展转变，五是从关注为学生做了什么向关注学生的实际获得转变**。要实现这五个"转变"，就需要学校和教师研究学生、了解学生，以"读懂学生"为基础。

目前，不少学校和教师存在的育人困境是由于没有"读懂学生"导致的。假如我们读懂了学生，我们就应该理解，在人生打基础的阶段，学会做人比学业上的成功重要得多，我们就会反思我们的学生观、成才观、育人观和质量观；假如我们读懂了学生，我们就会掌握学生的成长规律，知道在什么阶段和什么时候要着重培养学生的哪些能力与品质，找到最近发展区和最佳发展期，既不会提前也不会错过；假如我们读懂了学生，我们就会了解学生的哪些表现是正常的，而哪些行为是需要引起我们关注甚至是警惕的；假如我们读懂了学生，我们就会发现什么样的教育方法和策略对学生是有效的，据此，我们就会取得满意的育人效果。

只有"读懂学生"，我们才能够制定出科学有效的育人目标和育人策略。读懂学生最重要的是遵循学生的发展规律。如果教师不以学生的认知特点和成长规律作为我们制定育人目标和育人策略的基础，那么这样的育人目标和育人策略就成为无根之木，既经不起推敲也经不起实践的检验，更达不到育人的目的。

只有"读懂学生"，教师才能真正掌握育人目标，实施科学的育人策略。每一位教师只有"读懂"了学生，才能理解本书系呈现的育人目标和育人策略背后所体现的教育理念、教育规律和教育原则；才能清楚了解现阶段学生发展应达到的水平、判断学生的行为表现是否恰当，才能理解学生出现各种问题的原因，并对学生发展中的问题进行有效干预。所以"读懂学生"是育人工作开展的基础，也是实现育人工作效果的有效保障。

五、本丛书的写作宗旨、主要内容和特点

本丛书旨在帮助学校和教师深入理解育人目标并将其具体落实到日常教育教学工作中，所以本丛书将提供给学校和教师有关科学育人的一整套具体可操作的目标、途径和方法。各本书的主书名为"读懂学生"，目的是帮助学校和教师以理解学生的成长规律

为切入点，指导学校和教师基于学生成长规律，制定可落实、可操作的育人目标和育人策略，以达成良好的育人效果。

本丛书共分5本，分别为：《读懂学生：学生成长规律与一～九年级育人目标》《读懂学生：一～二年级学生成长规律与育人策略》《读懂学生：三～四年级学生成长规律与育人策略》《读懂学生：五～六年级学生成长规律与育人策略》《读懂学生：七～九年级学生成长规律与育人策略》。5本书又可以分为两个部分：《读懂学生：学生成长规律与一～九年级育人目标》是一个独立的部分，是本丛书的基础与概括，也是本丛书最具特色和创新性的一本。它主要阐述如何基于学生成长规律确立育人目标、一～九年级具体的育人目标是什么，帮助学校和教师了解育人目标的重要价值，认识育人目标制定的基础是基于学生发展规律，明确不同年级育人目标的具体内容；该书的最后部分是通过学校和教师两方面的案例分析，让读者了解育人目标可以如何与学校和教师的日常教育教学工作结合，如何真正落实，以促进学生良好发展。丛书的后4本都可以看作一个部分，分别从一～二年级、三～四年级、五～六年级和七～九年级四个学段，围绕各学段的一个个重要育人主题，阐述学生的成长规律并提出详细的育人策略。例如，一～二年级段包括学生如何更快更好地适应学校、如何养成良好的学习习惯、学生如何更好地与同伴交往等学生在这一阶段最重要的20多个成长主题，并单独成课。每课都详细阐述了学生在相关主题方面的成长特点以及如何育人的具体策略，以帮助教师更深入理解所教学生的发展特点，并可以实际使用书中的育人策略，提升育人工作的效率和效果，可以说是学校和教师具体的实践指南。所以，建议每一位教师至少阅读本书系的2本，希望所有一～九年级的教师读第一本，并结合自己所教年级再读相应的那本。当然，能全部读完5本是最好的，这样就能对一～九年级学生整体的发展概况及育人目标、育人策略有全面的了解。

丛书基于本研究团队多年的理论研究和实践探索写作而成，我们认为其具有以下特点。

1．科学性。丛书既基于作者的理论研究成果又基于作者在北京市及全国多地的实践成果。一方面，作者以心理学、脑科学、教育学、社会学等众多相关学科的研究为基础，概括提炼出最新研究进展；另一方面，作者通过调研及教育实验等方法总结相关研究成果，以保证育人目标与育人策略的科学性，帮助学校和教师掌握科学的育人规律，避免单纯依靠经验的育人方式，使育人策略和方法具有迁移性。

2．系统性。丛书从学生一生发展的纵向视角和学生全面发展的横向视角，系统展示一～九年级学生发展的全链条，实现一～九年级育人的全贯通及年段与年段之间的无缝联结，保证育人的连续性和系统性。

3．**实践性**。丛书呈现了大量育人实践案例供学校和教师借鉴参考，给出的大部分案例来源于广大学校和教师的实践，所以丛书的成果既源于教育实践又在教育实践中得到过检验。现在这些成果又回到实践，这就为学校和教师提供了可用、好用的工具，帮助学校和教师解决的是育人中的实际问题，避免了许多书籍"读着句句在理，做着却无从下手"的困境。

4．**创新性**。丛书基于我国广大学校和教师的育人困惑，旨在基于学生成长规律，为一～九年级提出系统、全链条的育人目标和可行的育人策略，这在以往是从来没有过的。在作者看来，这是一项全新的开创性的工作，是对习近平总书记提出的"四有"好老师标准的回应，也是对我国落实立德树人这一根本任务的支撑性工作，同时还是对在"中国富起来"背景下长大的一代孩子如何健康成长这一重要议题的探索。所以我们认为本丛书是一个理论与实践相结合的创新成果。

衷心希望广大教育工作者能通过本丛书了解学生、读懂学生，并从中收获正确的育人理念和有效的育人方法，坚定自己更好地落实育人任务的信心。愿我们共同携手，为每一位学生的健康成长和全面发展助力，共同打造更好的育人环境，谱写和谐的新时代育人篇章。

2025年1月

目　　录

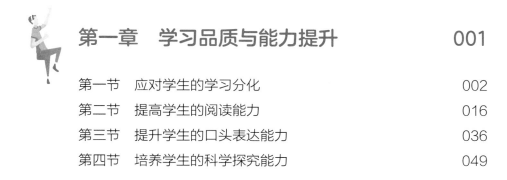

第一章

学习品质与
能力提升

第一节　应对学生的学习分化

⑦ 教师的困惑

怎样跨过成绩的分水岭

　　家长和教师间广为流传着这样一句话："一、二年级不分上下，三、四年级两极分化，五、六年级天上地下。"这句话很形象地概括了学生在小学阶段的发展变化，三年级似乎是学生成绩的分水岭。在一线教学多年，我也颇有感受。有些学生在一、二年级得A，到了三年级有些科目的成绩就下滑了，只能得B，还有学生得C，极个别学生还会得D。而有些学生的成绩则能一直保持很好的水平。还有一个可怕的现象就是学生学习成绩下滑之后，日后的学习会显得越发困难，学生之间的学习成绩差距越来越明显。

　　这个现象让我有些困惑，怎样才能应对中年级学生间的学习分化，避免学习差距不断扩大呢？

　　学习分化是指在学习同一内容时，不同学生的学习结果存在差异，而学习分化最直接、最明显的体现就是学习成绩的分化。通常，学习分化在中年级开始出现。教师需密切关注学生的学习分化情况，合理应对，及时控制学生成绩下滑的趋势，从而有效地避免学习差距进一步扩大。

成长规律

规律1　中年级学生各方面能力快速发展，并开始出现学习分化

　　中年级是小学阶段重要的过渡期，学生的各项能力都处于快速发展的阶段。

　　◎ 注意力、记忆力等认知能力加速发展。中年级是学生由无意注意向有意注意转化的关键阶段，注意的控制能力逐渐增强，课堂学习效果提升；学生的有意记忆和理解记忆逐渐增加，掌握的记忆方法越来越多，记忆效果越来越好。

　　◎ 语言表达和阅读能力提升。中年级学生口头言语水平发展迅速，语言表达能力开始初步完善。学生已经学会默读，对阅读材料的理解能力逐步提升，习作水平也有所提升。

◎ 抽象思维逐渐发展。中年级开始，学生的思维能力从形象思维逐渐过渡到抽象思维，理解能力增强，逻辑推理能力也有所提高，对于复杂的概念、定理、公式等的学习变得相对容易。

在这个过程中，很多教师都会发现学生中出现了"小学三年级现象"。

◎ 一、二年级时，班级学生的成绩不相上下，每次发卷子基本是皆大欢喜的场面。

◎ 进入三年级后，每次考试的成绩相差较大，发卷子的时候就是"几家欢喜几家愁"。为孩子的成绩问题苦恼而主动找教师的家长也增加了，很多家长非常发愁，觉得自己的孩子明明低年级的时候学习很轻松，怎么进入中年级就开始吃力了呢？

这个让教师和家长都发愁的"小学三年级现象"其实就是学习分化，最主要的表现就是不同学生之间成绩的差距逐渐扩大。

> **规律2** 中年级出现的学习分化会在后续学习阶段保持，甚至分化继续增加，出现"强者越强，弱者越弱"

"小学三年级现象""小学三年级现象"是学生出现学习分化的开始，而中年级形成的分化结构在进入高年级乃至中学后通常会继续保持。美国著名教育学家、心理学家布卢姆在总结前人的多项研究结果后指出：学生三年级时的成绩可以预测出70%的十二年级成绩。[①]

"强者越强，弱者越弱" 当学习分化产生后，在相同的时间学习相同的内容，由于存在学习方法、学习效率等方面的差距，学习能力强的学生学习效果要明显优于学习能力差的学生，学生之间的差距会越来越大，出现"强者越强，弱者越弱"。

◎ 学习能力强的学生，课堂上发言的机会就多，而发言机会越多，学习能力也越强；反之，学习能力弱的学生在课堂上发言的机会越少，学习能力越弱，从而造成"强者越强，弱者越弱"，两极分化。

◎ 在小组合作学习中，能力强的学生往往受到小组成员的尊重，并容易取得领导地位，甚至抢风头来展示自己；而能力弱的学生往往在小组中不被重视，很少有表现自己的机会，从而逐渐丧失了合作学习的兴趣。

① 华国栋：《差异教学论（修订版）》，12页，北京，教育科学出版社，2007。

> **规律3**　出现学习分化后，成绩不良会对学生后续学习、自信心、性格和人际关系等各方面发展产生消极影响，需要引起教师的重视

中年级阶段出现的学习分化对于学生未来长期的学习生活具有重要的影响。尽管素质教育弱化了将成绩作为学生评价方式的意义，但成绩仍然是每个学生在学校生活中必须面对的。出现学习分化后，部分学生学习成绩不良会对其后续学习、自信心、性格和人际关系等各方面产生影响，需要引起教师的重视。

不利于学生的后续学习　小学教育是义务教育的初级阶段，具有基础性。学生只有在小学阶段打好基础，掌握了良好的学习习惯、学习方法和自主学习的基本知识、技能（即学习能力），才能在以后的学习中游刃有余。如果在小学阶段就出现了严重的学习分化，基础知识落下太多，到了初、高中阶段知识难度增大，容量增多，学习速度加快，学生会更难适应，很可能一点点成为班级中学习垫底的学生，限制了其未来学业的发展，甚至有少量学生会在完成义务教育后就放弃求学。

不利于学生自信心的培养　美国著名心理学家埃里克森将个体自我意识形成和发展过程根据不同年龄特点划分为八个阶段。他指出，小学阶段的学生正处于获得勤奋感而避免自卑感的时期，这段时间的核心任务是通过努力顺利完成学校的课程，使他们在今后的独立生活和工作任务承担中充满信心。反之，如果学生在小学阶段就遭遇学习困难，与其他学生拉开太大差距的话，学生会认为自己智力不如别人，不是学习的料，从而产生自卑心理，自我认同感和效能感降低。

不利于学生良好性格和人际关系的形成　班级中成绩好的学生大多性格比较开朗、遇事乐观，在班级中更受欢迎，人际关系良好。而那些成绩不好的后进生常常沉默寡言，遇事比较消极被动，在班级中处于被孤立的状态，朋友较少。成绩的分化也会导致学生之间人际关系的分化，成绩优异者能得到教师和同学更多的喜爱和尊重，拥有和谐的人际关系，而成绩落后的学生更容易与父母、教师和同学发生冲突。这对学生良好性格的形成是极为不利的。

小学是学生开始步入知识大门的第一个阶段，是人生的奠基阶段。义务教育是面向全体学生，为学生全面发展和终身发展奠定基础的教育。在小学阶段帮助每个学生适应学业中的变化，顺利度过三年级的过渡期是教师需要重点关注的，也是中年级教育教学的核心。

规律4　中年级课程的内容增多、难度增大、学习目标要求提升，导致了中年级学习分化现象的产生

与低年级相比，中年级教材中不再有大量图画，知识容量和难度都明显加大，特别是作文、英语（部分地区）等新开设的课程，导致中年级学生的阅读课文量和书写作业量都有所增加，学习任务加重。一些中年级学生在短时间内难以适应，进而影响学习效果，并很快表现在考试成绩上，产生学习分化现象。

中年级与低年级学习目标的设定也存在差异。低年级以符号、图形的观察与记忆为主，通常采用形象、直观的思维加工方式，而中年级往往开始要求采用抽象的思维方式，高年级的学习内容与要求在中年级均已出现雏形或要求初步认识与掌握。然而，一部分中年级学生在学习经验上仍处于低年级水平，达不到中年级的学习目标，导致学习分化现象产生。

规律5　中年级学习成绩分化的背后是学习习惯、学习方法、学习兴趣和学习能力等多因素的分化

中年级成为小学阶段的分水岭。在课程难度增加的客观原因背后，中年级出现的学生学习成绩分化是一系列内在因素造成的，其实质是学生各项学习能力和品质的分化，学生是否具备了学习更困难知识的能力和方法、是否从内心热爱学习等都是造成学习分化的关键因素。教师需要特别关注以下几个方面的分化。

学习习惯和学习方法的分化　学习习惯和学习方法是获得良好学习效果的基础。中年级的学习对于学生各方面能力要求都有提升，如果基础性的学习习惯和学习方法没有掌握，高级学习能力的提升就如同空中楼阁，难以产生真正的效果。养成了一些良好的学习习惯并开始掌握一些新的学习方法的学生能够高效地完成学习任务，而学习习惯和学习方法不当的学生则会事倍功半。

学习兴趣的分化　中年级开始，小学生的学习兴趣逐渐变得清晰，不同学科的学习兴趣会有所差异，部分学生失去对一些科目的兴趣，从而影响学生对于这些科目的学习效率和学习效果，造成偏科现象。个别学生甚至逐渐失去各科学习的兴趣，导致学习成绩出现整体性下降。学习兴趣的分化造成学生之间出现学习成绩分化。

学习能力的分化　低年级时学习的挑战性相对较小，考试更多考查的是学生的简单

记忆能力，学生之间差距不大。中年级的学习任务数量和难度增加，对于学生的各项认知能力包括注意力、记忆力、思维能力等有更高的要求。此时，各项能力较弱的学生会开始明显感到学习上的吃力，他们难以跟上教师和其他同学的步调，容易出现学习分化。

规律6   教师的教学方式可能对学生的学习兴趣和学习效果产生影响，从而产生学习分化现象

部分中年级教师在教学方法上还是采用传统的教法，缺乏创新。虽然中年级学生不再像低年级一样以具体形象思维为主，但仍然需要借助一些具体事物、图片等形象化的方式来帮助思考，只凭借语言讲授的课堂单调、枯燥，难以调动全体学生的学习兴趣，久而久之，容易产生学习分化现象。

 案例库

用思维导图帮助学生理解说明文

学习《鲸》这篇说明文时，有一个难点是对于说明文这种文体的了解。相比单纯的讲解，教师可以利用形象生动的思维导图来帮助学生理解说明文的含义和说明方法。图1-1就清晰地呈现了说明文的两种类型——事物说明文和事理说明文的常用说明方法。用海洋动物八爪鱼的卡通形象，容易引起学生的兴趣，便于学生理解和记忆。①

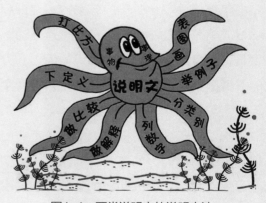

图1-1   两类说明文的说明方法

---

① 江伟英：《思维导图：读写应用》，载《新校长》，2016（11）。引用时有改动。

有些中年级教师教学方式较为单一，导致一些学生思维固化，难以触类旁通，相同的知识点稍微提升一下难度或是换个问法可能就不会了。课堂上教师统一的授课节奏不再适应每一个学生，学习能力弱的学生会觉得吃力，学习能力强的学生会觉得没有挑战性，班级学生的两极分化逐渐产生。

低年级教师的教学方式对中年级学生的学习分化也会产生影响。低年级知识难度较小，即使不用心思考教学方法，只要教师监督到位，让学生多加练习，也通常能取得满意的学习效果。因此，有些教学方法在低年级阶段短期内或许是有效的，但随着中年级知识难度的加深就不再适用了，如用大量的重复性习题进行反复训练、通过单纯的背诵来复习和巩固知识等。在这样的过程中，学习分化也由此产生。

> **规律7** 家长的价值观念、言传身教以及在课余时间对孩子的关心与辅导的差异，也会导致学习分化现象

中年级学生往往意志力不强，难以长时间坚持做好学习这件"苦差事"，这个过程中需要成人的指导和监督。家长的有效引导，能够帮助学生避免学习分化。而家长的一些不恰当行为则会对学习分化的出现推波助澜，不利于孩子有效适应中年级的学习节奏。

家长的价值观念会潜移默化地影响孩子 如果家长认为学习很重要，未来是知识经济的时代，孩子往往也会努力学习，致力于做一个有知识涵养的人；如果家长忙于追求物质和金钱，认为财富就是成功的标志，孩子可能也会认为读书无用，不如早踏入社会赚钱。孩子之间学习价值观的差异对其学习态度、学习成绩都有直接影响，导致了学习分化的产生。

家长的言传身教对孩子的学习行为有着重要的影响 如果家长喜欢读书、写作，孩子往往也会对阅读感兴趣；相反，如果家长天天在家玩手机、打游戏，孩子也容易沉溺于游戏世界，网络成瘾。孩子之间学习习惯和兴趣爱好的差异对其学习成绩产生明显的影响，导致了学习分化现象。

家长在课余时间对孩子的关心与辅导亦对孩子的学习有影响 家长经常对孩子的学习加以辅导，积极配合学校教师的工作，孩子的成绩往往优异；而家长很少关心孩子的学习情况，认为孩子的学习就是教师的事情，孩子的学习效果可能就大打折扣，久而久之出现学习分化现象。

育人策略

> **策略1**   养成学生良好的学习习惯如预习、复习、积极参与课堂活动、管理时间，为学习打下坚实基础，减少学习分化

良好的学习习惯能够帮助学生打下坚实的学习基础，更好地应对中年级增加的学习内容，挑战更有难度的学习任务，从而提升学习效果，减少中年级学习分化现象的产生。

预习   引导学生养成课前预习的学习习惯，提前了解将要学习的知识，做好学习准备，在课堂上有目的地听课，跟着教师的节奏参与学习，并能够提出有针对性的问题。

复习   帮助学生养成及时复习的学习习惯，能够及时巩固课堂上已学的知识，减少遗忘，避免知识间的混淆。

积极参与课堂活动   引导学生积极参与课堂活动，往往能够避免学生在课堂中开小差，从而提升学习效率。同时，教师能够在与学生互动的过程中更加了解学生的情况，并在讲课时有意识地照顾到学生的水平。

管理时间   帮助学生学会做自己时间的主人，改掉拖沓的坏习惯，在规定的时间内专心地、保质保量地完成作业；规律作息、早睡早起，保证学习效果。

 方法库

良好学习习惯塑造的五个原则

1. 规则明确。明确的规则更容易遵守，如果规则和要求不明确，学生会觉得无所适从，或每个学生有各自不同的理解。一个好的规则要满足以下条件。

（1）可操作，学生能很明确地按照规则的要求做到，而不是模棱两可，让人不知所措。

（2）正向说明，不要说"不能做什么"，而要说"你要做什么"。

（3）家校配合，避免家校双方提出的要求不一致，使学生不知如何是好。

2. 期望合理。教师对学生的期望不能太理想化，对学生提出的要求不能过高或者过低，应当是学生稍微努力后便能实现的，并能根据时间和学生的实际情况不断进行调整。同时，学生形成新的习惯需要时间来重复，要尊重学生的进度，不可操之过急。

3. 学生参与。教师在制定习惯培养规则时，要让学生参与到规则的制定与讨论中来，要让他们认为这些规则不是外界对他们的硬性要求，而是与自己的学习密切相关的、由自己制定的，他们自然也就更容易遵守。

4. 有效强化。当学生按照要求完成了某一行为后，教师可及时给予一定的物质奖励或精神奖励，鼓励学生在以后遇到类似的情境时继续做出期望的行为。

5. 接纳需求。教师要了解学生行为背后的心理需求，探寻学生不遵守教师要求的内在原因，使用对应的策略，不因为学生不配合就认为很多习惯很难培养。

策略2　充分调动学生的学习兴趣，避免和改善中年级学生的偏科现象

教师要充分调动学生的学习兴趣，避免由于学习兴趣的分化而导致学生对不同的学科厚此薄彼，产生偏科现象。

激发好奇心　教师可通过设计合理的问题、营造民主自由的教学氛围、开展丰富多彩的教学活动，来激发和维持学生对于学习的好奇心，从而调动他们的学习兴趣。例如，在学生学习古诗时，教师可以引导学生思考诗人写作时的人生经历，充分发挥学生的想象力，激发他们的好奇心，从而对古诗的学习产生浓厚的学习兴趣。

学以致用　教师在教授知识后，要鼓励学生将所学知识运用到实际生活中，解决实际问题，让学生体验到知识的价值，增添生活情趣。例如，让学生去商场购物的时候，用学到的数学知识比较商品优惠组合装的单价是否真的具有价格优势，并据此决定购买组合装还是单包装。

适当减轻学习负担　教师应尽可能地让学生掌握科学的解题方法，避免让学生淹没在"题海"中，减少重复做同类型的题目，从而减轻学生的学习负担，保持学习兴趣。

重拾学习兴趣　对于已经存在偏科现象的学生，教师需要及时引导他们重拾学习兴趣，提升学习能力，恢复对弱势学科的自信，帮助他们尽快走出偏科的困境。

　　教师在学生取得学习上的小进步后要及时鼓励，让学生体验到成功的喜悦，从而恢复对学习的自信心，并给学生一些具有吸引力的奖励（如代表全班发言的机会），来激发他们的学习兴趣。

　　进行针对性辅导　教师可以对一些偏科严重的学生进行针对性辅导，例如，课下与学生一起分析平日的作业、考试的试卷，发现学生学习上的漏洞与弱点，提升他们的学习能力。教师也可以定期和学生家长沟通交流，以便对学生有更深的了解，更有针对性地查漏补缺。

 案例库

活用口算，让学生重拾数学学习兴趣

　　四年级班上有个学生小C，数学基础特别差，只会做简单的加减法。为了提升他的数学成绩，数学教师决定对他实施分层教学。教师为学生准备了从一年级到三年级的口算练习本，从最简单的加减法口算做起，逐渐到乘法口诀口算，再到一位数的除法口算，要求他依次完成。一开始也不要求他必须口算，可以先通过笔算来完成口算题目，待达到一定熟练程度后再进行口算。

　　对于小C而言，这样的分层作业不再像以往的作业那样一道题也不会了，作业的完成变得相对容易了，于是他越学越有劲头，体现出了从未有过的自信，对数学学科也逐渐恢复了学习兴趣。就这样每天进步一点点，小C在期末考试时数学成绩终于合格了。

　　小结：小C的数学基础差，教师让他从简单的加减法开始练习，这对于他重拾学习数学的兴趣无疑是有效的。教师对小C开展分层训练，由易到难，使他逐渐恢复了学习数学的自信。并且，口算练习看起来简单，但其实方法灵活多变，往往体现了化繁为简的数学思想。在口算练习的过程中，小C的数学学习能力也在不断提升，终于走出了数学成绩不合格的阴影。[1]

_____

① 洪丽华：《活用口算，让数学学困生重拾学习兴趣》，载《西藏教育》，2015（2）。引用时有改动。

策略3　通过课堂检测、专项训练提高学生对课程变化的适应能力，缓解中年级学习分化现象

针对中年级学习目标、课程内容的变化，教师可通过课堂检测、专项训练等方式，了解中年级学生的实际学习水平，提高中年级学生内部认知系统的适应技能，降低学习成绩的分化。

课堂检测　教师可通过课堂检测对中年级学生的学科学习情况进行精准评估，具体包括知识基础、认知能力、学习动力等，从而准确把握中年级学生的实际学习水平，为减轻乃至消除中年级学习分化奠定坚实的基础、提供科学的依据。

专项训练　增设专项训练，提升学生的学习适应能力，增强学生在认知过程中的适配性，避免因低、中年级课程知识的跳跃性而出现"认知堵塞"现象。通过开设各种课内外活动，实现低、中年级课程的有效衔接，减少学习分化现象。

 案例库

专项训练，提升中年级学习适应能力

江苏省江阴市实验小学在二年级下学期专门开设"读写绘"教学，通过震撼的音画背景，对学生产生强烈的视觉冲击，并全程采取"图文思维"模式，强调在具体的情境中分享不同的直觉感受，为三年级习作教学、抽象思维与阅读理解能力发展奠定了基础。[1]

同时，三年级开设"童话引路，读写融合"专项训练，将语文课程进行重组，分专题、分阶段统筹安排中年级课程内容。建立以单元导读、聚点探究、单元提升为主要模块的种子课程，以群文阅读、整本书阅读、习作指导为主要模块的生长课程，以小古文教学、经典诵读为主要模块的"新美读"课程，以童话作文、文学欣赏为模块的新媒介课程。[2]

小结：通过开展专项训练，学生从低年级的形象具体思维逐渐过渡到中年级的抽象逻辑思维，从而能够更好地接受课程设置的变化，有效避免了因课程内容难度增加或脱离学生实际而导致的学习分化。

---

[1][2] 摘自王新刚：《重构三年级：消缓学业成绩分化　促进儿童健康发展的实证研究》，载《江苏教育科研》，2016（13）。

> **策略4** 关注学习分化，鼓励学生多与同学交流，组建学习互助小组，及时给予帮助与指导

关注学习分化 教师，特别是班主任，应多与学生沟通，密切关注学生在学习上的变化情况，及时了解学生是否在某些学科上存在学习吃力的现象，是否对某些学科不感兴趣、存在偏科现象等，并在学生学习遇到困难时，及时给予帮助与指导。

鼓励学生多与同学交流 学生间的相互交流是平等的，因为他们的发展水平相似，更容易理解彼此的思路和观点，效果往往也显著。因此，教师可鼓励学生在班级寻找同学作为自己学习的对象，彼此多进行解题技巧、学习方法、记忆方法等方面的交流，从而减少学习分化现象。

组建学习互助小组 教师还可以鼓励一些学习成绩优异的学生，在不影响自己正常学习的前提下，与其他同学组建学习互助小组，主动帮助和指导一些学习上有困难的同学，提升他们的学习能力，缓解学习分化现象。事实上，对于成绩优异的学生而言，帮助同学讲题的过程同样也是自我提升的过程，讲题的同时能够提升自己对知识点的掌握程度，锻炼自己的口头表达能力，提升自己的逻辑思维，并收获同学的友谊和尊重。

 方法库

学习互助小组的建立与活动开展

1. 对学生的综合素质进行摸底，将其划分为A，B，C，D四个层次。

2. 可根据居住区域将每四个不同层次的学生划分为一个小组，并在教室里安排坐在一起，确保每个学生在小组中都有明确的职责（如组长、副组长、学习督导、生活督导），各司其职。

3. 学习互助小组活动的开展可分为课堂中、课余时间和校外三个层级。

（1）课堂中的互助学习。组长负责督促小组成员参与学习活动，辅导小组学习困难成员，努力使每位成员都能够完成课堂学习目标。

（2）课余时间的互助学习。组长带领小组成员自觉学习，督促成员按时完成教师布置的作业，有针对性地对小组学习困难成员进行辅导，力争每位成员都有所进步，小组水平整体提升。

（3）校外的互助学习。组长安排好学习小组的学习任务，要针对学习小组成

员的层次分配不同层次的学习任务，让每位成员都感受到学习的乐趣。特别是对小组学习困难成员有针对性地加强训练，尽快提高他们的学习成绩。①

策略5　教师应更新教育观念、改进教学方法、变革评价方式，以充分调动学生的学习积极性，减少学习分化现象

更新教育观念　教师需改变重复记忆、大量练习等传统的教育观念和教学方法，积极采用探究学习、合作学习等学生自主参与度较高的新型教学方式，并合理对学生进行评价，以充分调动学生的学习积极性，提升学生的学习效果，减少学习分化现象。

教师可通过情景模拟、问题引入等形式开展启发式教学，引导学生独立思考，发展学生的逻辑思维能力，激发学生的学习兴趣，培养学生的创新精神，进而提升其学习能力，使其克服学习困难，缓解学习分化，帮助学生顺利度过中年级过渡期。

改进教学方法　教师可根据学习任务的性质，灵活运用各种直观、生动的方式，如多媒体教学、教具操作、实验演示等，引起学生的有意注意，进而激发学生的兴趣和求知欲，让学生主动去学，真正成为学习的主人。

变革评价方式　教师在对学生进行评价时，应按学生不同的学习进度、达标时间实施分层评价，从知识建构、关系建构等角度开展过程性评价，从学习状态的完好性、学业内容的全面性、教学关系的适应性和学习效应的可持续性角度进行形成性评价。教师既要纵向比较，帮助学生获得学习成就感；又要横向比较，帮助学生提高目标达成意识。

方法库

启发式教学法

1. 充分准备，做好铺垫。教师需事先了解学生已有的知识水平，在其基础上进行新旧知识的衔接，开展启发式教学。

---

① 朱丙良：《浅谈学习互助小组在数学教学中的应用》，载《中国校外教育》，2015（4）。引用时有改动。

2. 选择方法，激发兴趣。教师可借助多媒体、教具等方式激发学生的兴趣，帮助学生集中注意力，促进学生的学习积极性。

3. 形象描述，引起关注。当没有直观教具时，教师形象地描绘问题，亦可把学生带入即将研究的"问题情境"，激化学生的认知冲突，引发学生强烈的求知欲。

4. 研究学生，善于激疑。学生的学习是一个不断发现问题、提出问题、解决问题的过程。教师应深入研究学生，了解哪些问题更切合学生实际，使启发教学更具有针对性。同时，教师要善于从已有的知识中引出矛盾，通过不断设疑启发学生思考，引导学生通过"生疑—质疑—释疑"获取知识，解决问题。

5. 设计问题，注意衔接。启发式教学问题的设计既要考虑教学内容的完整性和内在联系，又要考虑学生的知识水平和接受能力。同时，问题和问题间应循序渐进，跨度不能太大。问题间的衔接是启发式教学能否成功的关键。

6. 抓准时机，注重引导。问题情境创设后，教师应抓准时机激发学生解决问题的热情和独立思考的动力，引导学生分析问题、解决问题。

7. 注重积累，灵活运用。教师掌握和运用启发式教学不但要领悟启发的要领和规律，而且要有渊博的知识和创造性的思维。教学过程应不拘于一种思路，不固守一种方法。[①]

策略6　家校合作，加强教师与家长的交流合作，积极关注学生的学习变化情况，减少学习分化现象

三年级是小学阶段的关键期，学生的记忆力、注意力、思维力、阅读和语言表达等能力飞速发展。教师加强与家长的沟通合作，积极关注学生的学习变化情况，对于减少学生在这一阶段的学习分化现象有着重要的意义。

引导家长重视自己的教育责任。家长不应认为教育孩子只是学校和教师的责任，不能因为工作繁忙就放任孩子的学习，任由孩子放学疯玩或是直接送去辅导班。家长要多和教师沟通，并尽量亲自辅导孩子的学习，从而清晰了解孩子校内、校外的学习情况，能够在孩子学习遭遇困难时对症下药，及时解决问题。

教师应敦促家长积极与孩子一起参与各种社会实践活动、参观博物馆、观察自然现象、开展亲子阅读等，耐心陪伴孩子体验活动过程，并在过程中培养孩子的学习兴趣，

[①] 刘臣宇、李卫灵、孙伟奇：《启发式教学的有效运用》，载《中国校外教育》，2018（36）。引用时有改动。

与孩子共同成长。

当孩子存在严重的偏科现象或某个学科落后明显时，抑或孩子的同伴都参加辅导班时，许多家长往往会产生焦虑情绪。家长咨询教师的意见时，教师应尽量引导家长只让孩子上适合自己的、有效的辅导班，不要让孩子整个周末都奔波于各类辅导班之间。

 **方法库**

学习辅导班选择建议

学校教育是中心，课外学习辅导只是学校教育的补充，且小学的学习挑战性较低，小学生对学习辅导班的需求程度并不高，家长切勿"本末倒置"，必须搞清楚学习辅导班并非越多越好。

当家长发现孩子偏科严重或有些学习内容需要特别指导而学校教育又不能提供帮助时，可寻找校外机构进行辅导，以满足孩子个性化的需求。

家长在给孩子报学习辅导班前，应事先询问孩子的意见，尊重孩子的学习意愿和学习需求。同时，可以跟孩子的任课教师进行沟通，听取教师的意见。

家长在给孩子选择学习辅导班时，需注意以下事项。

1. 选择有针对性的学习辅导班。学习成绩好的孩子需要去进一步拓展和提升的辅导班，学习成绩较差的孩子需要那些查漏补缺、打基础的辅导班，学习习惯差的孩子需要培养良好学习习惯的辅导班，缺乏学习方法的孩子需要能提供学习方法的辅导班。

2. 选择有实际反馈的学习辅导班。准确的、具体的学习反馈有助于提高学习效果；而无反馈和反馈模糊的学习辅导班，和孩子自学的效果差不多。

3. 不选择作业多、只要求背诵的学习辅导班。若学习辅导班给孩子布置较多作业且只是让孩子自己硬背一些条条框框，就只会增加孩子的学习负担，甚至影响孩子在学校学习的进度和学习效果。[1]

① 边玉芳：《读懂孩子——心理学家实用教子宝典（6～12岁）》，91～92页，北京，北京师范大学出版社，2014。引用时有改动。

第二节　提高学生的阅读能力

? 教师的困惑

怎样使学生爱上阅读

学生升入中年级后，我发现了一个让我颇为担心的现象：学生好像越来越不爱读书了。低年级的时候，我经常带着学生读绘本，学生都很有兴趣。这个学期，许多学生除了课堂要求的阅读篇目外，一本课外书都没有读过。寒假我给学生推荐了书单，发现大部分学生只读了一本，而且还是挑薄的读。通过观察，我发现他们现在好像更喜欢看手机，而且各种课外班、补习班占用的精力越来越多，学生都没有时间读书了。

另外，我还发现班里不少学生阅读很困难，他们读起来很慢，有些学生要用手指指着读，有些学生默读的时候嘴唇会动，有些学生朗读时会丢字落字。阅读之后问学生文章中的一些基本内容，不少学生答不上来。

中、高考改革和部编本教材的全面投入使用，对于学生阅读能力的要求显著提高了。有人说，现在将学生拉开差距的已经不再是数理化，而是语文，还广为流传着"得阅读者得语文，得语文者得高考"的说法。我怎样才能让学生们爱上阅读、学会阅读，在阅读中收获知识、获得成长呢？

阅读是一个复杂的认知活动，是一种从书面语言中获得意义的心理过程。学会阅读，学生能够从阅读中接受全方位的信息，满足个人精神世界发展的需求。中年级是阅读能力发展的关键期，教师增强学生的阅读兴趣、提高学生的阅读能力，不但能够有效提升学生语文以及各科的学习水平，还对学生的身心健康和全面发展有着重要意义。

成长规律

规律1　阅读有助于培养学生的语文能力和各学科素养，形成健全的人格和价值观，阅读是对心灵的疗愈

苏联著名教育家苏霍姆林斯基曾说："让学生变聪明的方法不是补课，不是增加作业量，而是阅读，阅读，再阅读。"阅读是学生学习新知识的重要途径，是他们认识世界的重要方式。阅读有助于培养学生的创造力和想象力，开阔他们的视野，促进他们的身心健康发展，帮助他们树立正确的审美观和价值观。让学生爱上阅读，对学生的综合发展有着重要的影响，能够为学生的终身学习奠定基础。

阅读有助于培养学生的语文能力　阅读是一种输入，只有输入充分，学生才能够更深、更广地理解书面内容，进而形成自己的想法，有更好的输出。阅读不仅能够培养学生的语感，更能促进学生在阅读中思考体悟，不断提高学生的思维素质，全面培养学生的语文素养，"得阅读者得语文"其实是有一定道理的。

阅读有助于培养学生的各学科素养　素养与知识不同，不能光靠课堂积累。素养的形成需要实践，阅读就是实践的一种。阅读，尤其是课外阅读就成了课堂教学的延伸和补充，不只是提升语文、英语等与阅读直接相关的学科的素养，而且能够拓宽学生的知识面，助力学生各学科素养的培养和提高。同时阅读是一种获取知识、提高个人综合素养的学习方法，帮助学生在自主学习中培养自学能力。

阅读有助于形成健全的人格和价值观　著名文学家歌德曾说过："读一本好书就是和许多高尚的人谈话。"阅读能够帮助学生开阔视野、陶冶情操，指导学生认识人生、认识世界、反思自身，使他们学会独立思考，汲取书中的精神营养，完善自身人格发展，建立自己的价值体系。

阅读是对心灵的疗愈　在心理学中，阅读已经被作为一种心理治疗的方法，借由阅读图书或其他文字材料，帮助患者（读者）纾解负面情绪，进而恢复身心平衡。就学生群体而言，阅读是以一本好书为心灵导师和"治疗师"，帮助学生舒缓情绪，调整心态。当学生感到伤心、失落、气愤、恐惧时，都可以在书中找到慰藉和指导。

规律2　学生的阅读能力在小学阶段迅速发展，中年级是培养学生阅读能力的关键时期

整个小学阶段，学生的阅读能力迅速发展。

◎　低年级学生开始进入大量识字阶段，学会默读，从阅读以图为主的书籍逐渐转为阅读以字为主的书籍，阅读兴趣逐渐浓厚。

◎　中年级学生开始进入自由流畅阅读的阶段，初步学会理解和欣赏阅读的内容和含义，阅读习惯逐渐养成。

◎　高年级学生阅读能力发展趋于平缓，理解、欣赏和积累文章素材的能力提升，

阅读面增加，并开始将阅读与写作相结合。

进入中年级后，学生开始为获取新知识而进行阅读。中年级是学生从"学会阅读"到"在阅读中学习"的飞跃阶段，是人生中第一个黄金阅读期。中年级也是培养学生阅读能力的关键时期，在此阶段培养学生的阅读能力，对其一生的发展都有着重要的意义。

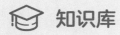 **知识库**

小学中年级阅读教育目标

教育部制定的《全日制义务教育语文课程标准（2011年版）》对小学三～四年级学生阅读方面的要求如下。

1. 用普通话正确、流利、有感情地朗读课文。

2. 初步学会默读，做到不出声，不指读。学习略读，粗知文章大意。

3. 能联系上下文，理解词句的意思，体会课文中关键词句表情达意的作用。能借助字典、词典和生活积累理解生词的意义。

4. 能初步把握文章的主要内容，体会文章表达的思想感情。能对课文中不理解的地方提出疑问。

5. 能复述叙事性作品的大意，初步感受作品中生动的形象和优美的语言，关心作品中人物的命运和喜怒哀乐，与他人交流自己的阅读感受。

6. 诵读优秀诗文，注意在诵读过程中体验情感，展开想象，领悟诗文大意。

7. 在理解语句的过程中，体会句号与逗号的不同用法，了解冒号、引号的一般用法。

8. 积累课文中的优美词语、精彩句段，以及在课外阅读和生活中获得的语言材料。背诵优秀诗文50篇（段）。

9. 养成读书看报的习惯，收藏图书资料，乐于与同学交流。课外阅读总量不少于40万字。[①]

[①] 中华人民共和国教育部：《全日制义务教育语文课程标准（2011年版）》，www.moe.gov.cn/SYcsite/A26/S8001/201112/t20111228-167340.html，2019-11-12。引用时有改动。

规律3 阅读动机对学生的阅读发展有着重要影响，且内部阅读动机对学生阅读发展的影响更大

阅读动机是学生进行阅读活动的先决条件，是学生阅读的动力，是激发学生主动阅读的前提。缺乏阅读动机，学生的阅读活动就难以持之以恒。

阅读动机可分为内部阅读动机和外部阅读动机。内部阅读动机是指学生的阅读行为建立在自我需求满足的基础上，如为了满足求知欲，为了掌握新知识，为了享受阅读的乐趣等。外部阅读动机是指学生的阅读行为建立在外部激励的基础上，如为了完成作业，为了得到教师、父母的表扬，为了得到更高的分数等。

内部阅读动机对学生阅读发展的影响更大。学生自觉地进行阅读能够更加深刻地理解并掌握阅读的内容，提升阅读效果。需要注意的是，学生内部阅读动机不是先天的，需要教师和家长逐步培养，且过高的外部阅读动机反而会抑制内部阅读动机。

规律4 良好的阅读氛围有利于培养学生的阅读兴趣，增强学生的阅读能力

环境对学生的影响是潜移默化的，良好的阅读氛围能够敦促学生持续地阅读，培养学生的阅读兴趣，增强他们的阅读能力。

学校是学生学习的主要场所，学校设置图书馆、阅览室、班级图书角，添购不同种类适合学生阅读的图书、杂志等，营造浓厚的阅读氛围，对于学生阅读兴趣的培养有着重要的意义。

中年级学生正处于受同伴影响较深的时期，如果校园阅读氛围浓厚，学生的阅读行为往往被同伴所带动，受同伴的影响而逐渐提升阅读的积极性，培养对阅读的兴趣。

家庭藏书量、家庭成员的阅读情况、阅读空间的设置等因素均对学生的阅读兴趣和阅读能力的发展有着重要影响。亲子阅读是培养学生阅读兴趣的一种有效方式。

020 读懂学生：三~四年级学生成长规律与育人策略

🎓 **知识库**

家庭阅读氛围对于学生阅读习惯培养的影响

2018年，北京师范大学中国基础教育质量监测协同创新中心牵头，对31个省、自治区、直辖市的18万余名学生和3万余名班主任开展全国家庭教育状况调查，其中包括112 282名四年级学生。关于阅读部分的结果显示：受调查的四年级学生中，家庭藏书量为0~10本的占20.9%，11~25本的占28.0%，26~100本的占25.4%，101~200本的占11.0%，超过200本的占14.7%，约半数家庭藏书量不超过25本。33.5%的学生报告"家长从不或几乎不和我一起读同一本书"，25.6%的学生报告"家长从不或几乎不和我一起讨论正在读的书"，26.0%的学生报告"家长从不或几乎不和我一起去书摊、书店或图书馆"，这说明家长对亲子阅读氛围的构建不够重视。

对亲子阅读报告率不同的学生的比较研究发现，家庭藏书量越多的家庭，亲子阅读越频繁。相比于亲子阅读率低的学生，四年级亲子阅读率高的学生报告"很喜欢读课外书"的人数比例增加了29.2%，报告每天进行2小时以上课外阅读的人数比例增加了23.5%，报告每月阅读量在7本以上的人数比例增加了40.9%。这说明增加亲子阅读频率有助于提升学生的阅读兴趣，令学生在阅读上投入更多的时间，增加阅读量。

另外，与亲子阅读率低的学生相比，亲子阅读率高的四年级学生运用阅读策略好的人数比例增加了44.9%。这说明亲子阅读有助于学生更好地运用阅读策略，促进阅读能力的提高。[①]

> **规律5**　掌握正确的阅读态度、阅读方法和阅读姿势，养成良好的阅读习惯，是学生阅读能力提升的重要保障

德国的一项研究表明，一个人如果在13岁（最迟15岁）之前没有养成阅读的习惯和对书的感情，那么他今后的一生中都很难再从阅读中找到乐趣，阅读的大门可能会永远

[①] 北京师范大学中国基础教育质量监测协同创新中心、北京师范大学中国教育与社会发展研究院、北京师范大学儿童家庭教育研究中心等：《全国家庭教育状况调查报告（2018）》，http://news.bnu.edu.cn/docs/20180927154939425593.pdf，2019-12-16。执笔人：边玉芳、梁丽婵、田微微等。引用时有改动。

对他关闭。中年级是学生形成良好阅读习惯的黄金时期，具体包括阅读态度、阅读方法、阅读姿势等。

阅读态度 阅读是一件需要集中注意力的事情，学生需要养成认真阅读、喜爱阅读的态度。

阅读方法 学生需要养成"四到"的阅读习惯，"四到"是指"眼到""口到""心到"和"手到"。

◎ "眼到"：注意力需集中在阅读的书籍上，不被其他事物所干扰，可根据情况选择略读、精读。

◎ "口到"：可视情况选择默读或朗读，默读速度更快，获取的信息量更多；朗读能更好地体会文章的意境及韵律，更适合诗歌等。

◎ "心到"：边阅读边思考，联系上下文理解文章所要表达的中心思想，发现文章的铺垫和伏笔等。

◎ "手到"：随手做笔记，标记出好词好句，并进行摘抄。同时，勤翻字典，查阅自己感兴趣的、不认识的字词。

阅读姿势 中年级学生还处于长身体的阶段，正确的阅读姿势有助于保护脊柱和视力。正确的阅读姿势有两种。

◎ 阅读者双脚自然平放在地面上，挺胸抬头（保持脊柱伸直），把书立起来，与桌面成直角并稍向外倾斜，眼睛离书本一尺远。

◎ 阅读者直接把书平放在桌面上，两条胳膊平放在桌面上，挺直腰杆。

每隔30分钟或45分钟应稍作休息，看看远方、绿色的物体，做眼保健操。

规律6 尊重学生的阅读差异，采取有效的阅读教学策略，对于学生阅读能力的提升有重要意义

不同学生的阅读情况存在差异。有些学生不仅主动阅读，而且会读，读后有收获；有些学生虽然阅读了大量书籍，但阅读时毫无目的，只对故事情节感兴趣，阅读能力一直停留在较低层次上，不能举一反三、触类旁通；还有些学生阅读时不会积累知识、吸收技巧，无法将阅读时遇到的好词好句用于写作。

教师结合学生的学习情况和阅读基础采取不同的阅读教学策略，对症下药，对学生阅读能力的提升有着重要意义。有效的阅读教学能够使学习成绩优秀、阅读习惯好的学生不断有新的超越；也能使学习发展不均衡、不爱阅读的学生提升阅读的积极性，养成

良好的阅读习惯，并通过阅读逐渐改善整体学习情况。

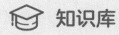 **知识库**

有效阅读教学的特征

1. 直接的、外显化的。
2. 通过合作性学习来完成，包括师生间合作、生生间合作。
3. 通过体验式的教学，学生掌握的程度更好。
4. 充分重视教师在其中的重要作用。
5. 关注学生的主体性地位。
6. 教授学生灵活运用各种阅读理解策略。
7. 注意有效阅读理解策略在各学科间的应用和迁移。[1]

规律7　警惕发展性阅读障碍，及早发现与治疗，尽量减少阅读障碍对学生的负面影响

阅读障碍是阻碍学生阅读水平乃至整体学习水平提升的重要原因。学生在小学阶段容易出现发展性阅读障碍。发展性阅读障碍往往具有以下表现：朗读时增字、减字、重复字词、替换字词、不能清晰发音，阅读时经常不知道读到哪里、速度较慢、不太能理解文字所表达的意思等。有研究显示，学习汉语的学生中患有发展性阅读障碍的比例是3%～7%。[2]

阅读障碍会导致学生在学习语文学科时产生困难，且可能将阅读障碍的不良影响蔓延到其他学科。例如，如果学生连题目的阅读都存在问题，就很难正确理解题意、正确解答数学等学科的题目，久而久之，就会失去学习兴趣。

患有阅读障碍的学生有时容易被成人忽视，他们常常认为学生在朗读或阅读上表现

---

① 摘自王文静、罗良：《阅读与儿童发展》，156页，上海，华东师范大学出版社，2009。

② 边玉芳：《读懂孩子——心理学家实用教子宝典（6～12岁）》，78页，北京，北京师范大学出版社，2014。

出困难是因为学生不喜欢语文或注意力不集中，从而不能进行及时的干预和指导。

如果能够及早发现学生的阅读障碍，并及时给予适当的训练，就能够减少阅读障碍对学生的负面影响。

知识库

学生阅读障碍的常见类型及表现

1. 字词识别困难。

（1）认字与记字困难，刚刚学过的字词，很快就会忘记。

（2）听写成绩很差。

（3）朗读时增字或减字。

（4）朗读时不按字阅读，而是按照自己的想法随意阅读。

（5）错别字连篇，写字经常多一笔或者少一画。

（6）阅读速度慢。

（7）逐字阅读或以手指协助。

（8）说作文可以，但写作文过于简单，内容枯燥。

（9）经常搞混形近字，如把"视"与"祝"弄混。

（10）经常搞混音近字，如把"林"与"玲"搞混。

（11）学习拼音困难，经常把"O"看成"Q"。

（12）经常颠倒字的偏旁部首等。

2. 阅读理解困难。

（1）喜欢看带图画的书，并主要根据图画来理解文章的意义。

（2）能够阅读一些故事类的文章，但很难读懂说明文等没有情节的文章。

（3）阅读时，往往逐字地读，连读比较困难。

（4）阅读之后，不能回忆文章的内容，或者回忆量非常小。

（5）能够回答一些浅显的问题，但对于需要推理的问题，则只能凭借猜测。

（6）独立做应用题困难，而一旦有人把题目读出来，就没有问题了。

3. 混合型困难。

同时存在字词识别困难和阅读理解困难。这样的学生通常问题会更严重。[1]

---

[1] 刘翔平：《不会阅读的孩子——如何帮助阅读障碍儿童》，9～28页，上海，华东师范大学出版社，2008。引用时有改动。

育人策略

> **策略1**　语文课堂是提升学生阅读能力的重要场所，教师可通过认真备课、注重范读与导读、巧妙设疑、积极交流和写作拓展，提高学生的阅读水平

语文课堂是提升学生阅读能力的重要场所，教师可通过有效的阅读教学有目的地训练学生阅读，培养学生的阅读能力，提高学生的阅读水平。

认真备课　在进行阅读教学前，教师需要深入钻研教学文本，了解文章的写作背景，理解作者的写作意图，准确把握文章的内涵。设计教学方案的过程中，教师需要站在学生的视角来看待教学内容，合理使用教学资源，让学生成为阅读的主体。

注重范读与导读　教师示范性的朗读，能够使学生产生丰富的联想，与教师一同进入充满情感的文章情境中去。教师有效的导读、点拨可以引导学生理解语言文字所包含的情感，充分发挥学生的想象，发展学生的认知能力，引导学生对知识活学活用。

巧妙设疑　教师在阅读教学前巧妙设置问题，可引导学生顺着问题对文章开展自主阅读，进行独立自主的思考，从而培养学生的分析能力和逻辑思维能力。例如，教师在教学《三顾茅庐》一课时，可提前设置问题："《三顾茅庐》出自哪部名著？""这篇文章的主人公是谁？""这个故事的内容是怎样的？"引导学生循着问题自主阅读。

积极交流　教师应引导学生在自主阅读后，积极与同学进行沟通与交流，将自己在阅读中的所思所感与大家分享，并聆听同学从不同角度、不同立场对文章的理解，从而加深自己对文章的理解。

写作拓展　中年级学生已经积累了一定的阅读基础，教师可引导学生进行写作，对阅读内容进行归纳与总结，将阅读感悟及时表达出来。同时，教师可将学生的习作在课堂上进行展示，给出积极的评价，使学生获得阅读成就感。

 案例库

师生共读《三个儿子》

（朗读第2自然段，你从中体会到了什么？妈妈的心情怎么样？）

生：妈妈很高兴。

生：妈妈很自豪。

师：那你来试着读一读妈妈的话吧！

生：一个妈妈说："我的儿子既聪明又有力气，谁也比不过他。"

师：是啊，儿子既聪明又有力气，多了不起呀！

生：一个妈妈说："我的儿子既聪明又有力气，谁也比不过他。"

师：这个孩子多让妈妈引以为豪！你来读一读。

生：一个妈妈说："我的儿子既聪明又有力气，谁也比不过他。"

师：在妈妈心里，谁也比不过他！

生：一个妈妈说："我的儿子既聪明又有力气，谁也比不过他。"

师：谁还能读出来妈妈的自豪、得意？加上表情、动作读。

生：一个妈妈说："我的儿子既聪明又有力气，谁也比不过他。"（生边读边做动作。）

师：这就是妈妈，儿子永远是最优秀的。（师引导生齐读。）

师：这就是妈妈，时时刻刻关注自己的儿子。（生读。）

师：这就是妈妈，为儿子骄傲、为儿子自豪。（生读。）

（朗读第3自然段。）

师：此时，第二个妈妈也不甘示弱，夸起了自己的儿子，你能夸好吗？谁来夸？

生：又一个妈妈说："我的儿子唱起歌来好听极了，谁都没有他那样的好嗓子。"

师：听出来了吗？这个妈妈在夸什么？

生：我的儿子唱起歌来好听极了！

师：是呀，不是一般的好听，而是好听极了！

生：又一个妈妈说："我的儿子唱起歌来好听极了，谁都没有他那样的好嗓子。"

师：同样得意，谁都比不过！

生：又一个妈妈说："我的儿子唱起歌来好听极了，谁都没有他那样的好嗓子。"

师：同样骄傲！

生：又一个妈妈说："我的儿子唱起歌来好听极了，谁都没有他那样的好嗓子。"

师：同样自豪。（生读。）

设计构思：

《三个儿子》讲述了生动感人的生活故事，课文通过三个妈妈对自己儿子的夸奖和三个儿子在妈妈面前的具体表现的对比叙述，揭示了一个深刻而又厚重的道理。让学生充分地读，在读中整体感知，在读中有所感悟，在读中培养语感，在读中受到情感的熏陶。本课以感情朗读为突破口，让学生体会三个妈妈不同的心态，帮助学生理解文本主旨。

先抓住三个母亲对儿子不同的评价来引导学生阅读，读出神，读出味，读出情感体验。然后再抓住"明明有三个儿子同时在眼前，为什么老爷爷说只看到一个儿子"这一问题引导学生带着自己强烈的情感体验去阅读讨论，明白事理，并从中升华情感。我设计了让学生做妈妈，读一读妈妈夸奖儿子的话，然后随机采访"妈妈们"在夸奖孩子的时候心里是怎么想的。学生说的话真是让我喜出望外！"我为我的儿子骄傲！我为我的儿子自豪！我的孩子是最棒的!……"在读第二个妈妈夸奖自己孩子的话时，我改变了方式，让一个学生读，然后随机找学生来评价他，"你认为他读得怎么样？"。到了第三个妈妈那里，我让学生用自己的朗读来表现那个妈妈的心情，学生说那个妈妈心情平静、平淡。那个妈妈很谦虚，而学生真的读出了这样的语气。

这节课让我很欣慰的是学生们朗读得很到位，读得有感情，在课堂上不是学生不会说，而是教师引导不到位学生才没的说。只要教师引导到位，就很容易调动起学生的情感，学生的情感也能发挥得淋漓尽致。

小结：《三个儿子》这一课让我再一次感受到了学生的潜力，同时也让我深深体会到只要教师引导到位，学生就能发挥得体。以读为主，不用很多点拨和唤醒，只需在师生的朗读交流中，利用教师的评价加强学生对语言的敏感性。

——北京市东城区培新小学教师　李雯雯

案例库

将阅读与数学课进行整合

阅读与数学整合的范例见表1-1。

表1-1　与数学课教学内容相关的阅读文本举例①

单元	内容	相关阅读文本
四则运算	加减法的意义和各部分间的关系	《数学帮帮忙》《甜甜的糖果屋》
	乘除法的意义和各部分之间的关系	《马小跳玩数学》《数学王国的密码》
	有关0的运算	《零不只是没有》《0的苦恼》
	四则混合运算的顺序	《我是数学迷：爱丽丝梦游意面国（计算）》
	四则运算解决问题	《马小跳玩数学》《神童马小跳》
三角形	三角形的特性	《奇妙的三角形》《生活的数学》
	三角形三边关系	《马小跳玩数学》《贪玩老爸设计的新玩具》
	三角形的分类	《奇妙的三角形》
	三角形内角和	《马小跳玩数学》《贪玩老爸设计的新玩具》
	四边形内角和	《生活的数学》

---

① 王慧：《闫学：理想的校内阅读这么"玩"儿》，载《新校长》，2016（10）。引用时有改动。

> **策略2**　积极组织形式多样的阅读活动，给学生创造交流与展示阅读
> 成果的机会，使学生获得阅读的成就感

教师在学生进行大量延伸阅读后，应积极组织形式多样的阅读活动，给学生创造交流与展示阅读成果的机会，使学生读有所得，从而充分调动阅读的积极性，并获得阅读的喜悦感与成就感，保持持久的阅读兴趣。

利用班会时间或者课前几分钟，经常在班级范围内开展阅读活动，如"故事大王"评比、读书笔记交流、新书推荐会、手抄报等，为学生创造展示与交流自己阅读成果的机会，分享感受，博采众长，彼此带动阅读学习。

利用课余时间，在全年级或全校范围内开展各类竞赛活动，如课外阅读知识竞赛、诗文朗诵比赛等；或鼓励学生积极参加社团活动，如经典诵读社团、主持人社团等，使学生在团体活动中完成阅读任务，获得积极的阅读体验，激发阅读的兴趣和自信心。

 **方法库**

学做剪报，了解天下大事

一、活动目的

通过活动，帮助学生了解报纸的常识，知道报纸的作用，掌握基本的读报方法，激发学生关心国家大事的兴趣。

二、活动准备

新闻报纸若干，视频、课件等。

三、活动过程

教师（播放新闻联播片头、报纸、杂志、广播、网络媒体等画面）：同学们，大家知道这些媒体主要是用来做什么的吗？它们有哪些作用？

学生：传播实时信息，传播天下大事。

教师：平常大家都喜欢看报纸吗？说说你喜欢的报纸、喜欢的栏目。

（学生发言。）

教师：你平时是怎样读报的？

（学生发言。）

教师：其实，报纸中的文章标题就好比是报纸的眼睛。我们可以采用阅读报纸标题的方法，较快地了解作者、编辑的意图，明确文章要表述的主要内容。浏览标题后，我们就可以根据自己的兴趣和需要，有选择地阅读了！

（学生交流发言，看报纸标题，说说文章要表述的主要内容是什么。）

教师：同学们看的报纸也不少了。平常我们在阅读报纸的时候，常常会发现许多自己感兴趣的内容，如有趣的知识、优美的语言、奇妙的图片等，但时间一长，当我们再需要它时，却很难找到。那么，我们该怎么办呢？

（出示课件：精美剪报欣赏。）

教师：现在，我们来看一下剪报是怎么制作的。

（出示课件：剪报的方法。）

教师：现在，我们一起来学做剪报，好吗？

（学生学做剪报。）

四、活动延伸

每月进行一次剪报展示。

——北京市海淀区中关村第一小学教师　全艺

策略3　积极营造阅读氛围，点燃学生的阅读欲望，激发学生的阅读兴趣

兴趣是激发学生阅读欲望的首要因素，学校和教师应努力在学校里营造浓厚的阅读氛围，点燃学生的阅读欲望，让学生积极主动地进行阅读。

教导学生善于利用图书馆或阅览室的资源，也可以建立班级图书角，鼓励学生主动选择自己感兴趣的图书进行阅读，并积极与同学讨论交流，形成爱读书的氛围。

阅读课是培养学生阅读兴趣的有利时机。教师通过图片、视频、音频等多媒体方式调动学生参与的积极性，或者启发学生进行大胆的想象，或者设置悬念，抓住学生的好奇心，这都是激发学生阅读兴趣的好办法。例如，在《欢庆的祖国》的教学过程中，教师可以向学生呈现开国大典的影像或图片资料并加以解说，帮助学生重温这段历史。同时，播放歌曲《十月是你的生日》，将学生对祖国的热爱推向高潮，从而激发学生的阅

方法库

文化生态园

我把我班的图书角称为"文化生态园"。在这个生态园中，我培养着孩子们的读书习惯。读书是一种快乐，读书是一种幸福，读书是一种享受，这是我培养学生读书的方向。我的做法如下。

1. 每天早上都由我班的"读书小管家"带领全班同学诵读经典。

2. 课堂教学中，我利用每一篇课文，对学生进行朗读训练，让学生在感知课文语言和内容的基础上，做理解朗读、表情朗读和动作朗读，让学生通过一定的语气、语调、语速和语感，把作者的思想感情淋漓尽致地呈现出来。

3. 班中开展"我读书、我成长、我梦想、我快乐、我幸福"特色活动，叩响学生的读书之门。在校吃饭的学生，每天中午吃完饭，迫不及待地回到教室，随手从书架上拿一本自己喜欢的书，便津津有味地读了起来。读书已成为学生的习惯，书已成为学生的朋友、学生的智慧泉、学生思维的金钥匙和远行的翅膀。

4. 定期更换书架上的图书。读书是现代教育中更人文、更有生活味道的一种学习方式。我不敢说我班所有的学生都已陶醉在书中，但我敢说我已为学生铺就了一条读书之路。

小结：任何习惯的形成，都必须经过持久的强化训练。所以，我坚持引导学生在语文园地里反复实践，使学生逐步做到习惯成自然。此外，我还经常表扬有良好阅读习惯的学生，让他们介绍自己的做法，成为同学学习的榜样，从而培养学生的阅读兴趣。

——北京市平谷区金海湖第二小学教师　张艳红

读兴趣。[1]

教师应以身作则，平日里认真阅读，给学生一种榜样的力量，用自己的阅读热情来激发学生的阅读热情。例如，教师可每天抽时间与学生共读一篇文章，并引导学生和自己一起评论、交流，在潜移默化中熏陶学生的阅读兴趣，逐渐使学生喜欢阅读、热爱阅读。

---

[1] 韩颖莉：《如何提高中年级学生的阅读能力》，见《中华教育理论与实践科研论文成果选编（第4卷）》，2010。

📁 **案例库**

八招打造彩色的阅读教室

深圳实验学校小学部的周其星老师通过八招营造班级的良好阅读氛围，将教室打造成一间"彩色的阅读教室"，帮助学生提升阅读兴趣，快乐阅读。

1. 打造彩色的阅读环境。班中摆放红、黄、蓝、橙、绿五种颜色的书柜，还有可以转动的红色小沙发，小鱼、小足球形状的座椅，增添了教室的童话气息。每本书的书脊贴上不同颜色的小圆点，对应所在的书柜颜色，便于摆放。

2. 配备大量优质图书。书柜中的藏书每学期根据学生的情况进行更新，从图画书到桥梁书，再到文字书，包括童话、散文、诗歌、成长小说各个题材，以及科学、军事、历史、哲学等领域。总数量达到人均30册左右，满足了学生的阅读需求。

3. 推行有趣、有效的借阅机制。给每个学生配备一个书袋装借到的图书。书袋是普通的帆布袋，学生可以在上面根据喜好尽情涂鸦。书袋可以帮助学生保护图书。为每个学生准备了一张尺寸比书籍略大的借书卡，贴上学生的照片。借书时将自己的借书卡放在所借书籍的位置，还书时再把借书卡取回，便于图书的管理，省去了频繁整理书柜的麻烦。

4. 完备的阅读升级评价与阅读档案建设。为每个学生准备了一本阅读存折，作为学生的阅读档案。学生每读完一本书，可以在存折上记录书籍的基本信息、自己的阅读反馈和家长的评价。学生阅读书籍的页数会作为阅读的"经验值"。运用太阳系八大行星的运行模式，每读完500页可以升级一个行星。让学生明白读书越多，离太阳越近，越接近光明。

5. 晨诵唤醒学生语言的生命节奏。每天的阅读从晨诵开始，在宝贵的早读时间不读语文教材，而读教师精选的文字。一年级读有趣的童谣，二年级读金子美铃的《向着明亮那方》，三年级读顾城的诗，四年级读泰戈尔和纪伯伦的诗……同时，一至三年级读民国时期的语文教科书《新国文》，四至六年级读钟叔河编纂的《念楼学短》，亲近古典文化。

6. 重组教材，腾出时间静静读书。教师大胆灵活地重构教材，按主题选择一些课文进行精读，其余进行泛读，省下的时间带领学生阅读教材之外的文学作品，保证每周一节阅读课，围绕一本书进行精读。

7. "故事妈妈/爸爸"是阅读教室里的特别风景。每两周组织一次"'故事妈妈/爸爸'进课堂"活动，"故事妈妈/爸爸"穿上美丽的故事衣，到教室给孩子们带来精心准备的故事。这就像一个隆重的仪式，让孩子们充满期待和向往，家长也能够深入参与其中。

8. 丰富多彩的阅读活动是最强劲的磁石。"故事大王大挑战""书香家庭评选""寻找一本最老的书""最美的书展览""读书小报展示""我与作家面对面"等活动，唤起学生的读书热情，吸引家长一同参与到阅读中来。[1]

> **策略4**　培养学生良好的阅读习惯，敦促学生每天阅读，教会学生朗读、默读和精读，引导学生边阅读边思考，并指导学生阅读时使用工具书

良好的阅读习惯对于学生阅读能力的提升有着重要的影响，教师应重视学生阅读习惯的养成，可从以下几方面着手培养。[2]

敦促学生每天阅读　教师应努力养成学生每天阅读的习惯，持之以恒，以增加学生的阅读量，帮助学生积累知识、开阔视野，逐渐提升阅读质量，打好阅读的基础。同时，养成每天阅读的习惯可以减少学生在电视、电脑、手机上的娱乐时间，提升学生的个人素养。

教会学生朗读　朗读是阅读的基本功，既能帮助学生理解文章大意，也能调动学生的阅读激情。教师应倡导学生轻声朗读，在朗读过程中结合品词析句、观察想象等注入情感的体验，并通过自由练读、引读、分角色读、师生共读等方式，实现正确、流利、有感情地朗读。

教会学生默读和精读　小学中年级，当学生有了一定的识字量后，教师应开始培养学生正确的默读方法，以加快学生的阅读速度，加深学生的阅读理解，培养学生自觉的阅读态度和习惯。同时，在学生具备一定的理解力和鉴赏力之后，教师可对学生开展精读指导，让学生反复、深入、细致地阅读一些文学价值较高、思想性和艺术性较强的文章，帮助学生全面掌握、深入理解。

引导学生边阅读边思考　教师循序渐进地引导学生在阅读的过程中多积累、多思考，指导学生做读书笔记，如摘抄好词好句、文中批注、读后感等，不限定形式，鼓励学生有感而发。

---

[1] 周其星：《八招打造彩色的阅读教室》，载《新校长》，2016（10）。引用时有改动。
[2] 王国琼：《关于如何提高小学生阅读能力的研究》，见《教师教学能力发展研究》总课题组：《〈教师教学能力发展研究〉科研成果集（第17卷）》，2018。

指导学生阅读时使用工具书　教师应指导学生在独立阅读遇到不理解的问题时主动查阅工具书，而不是等着询问教师、家长或者直接跳过。应促使学生养成求真的阅读态度，避免学生在阅读中产生认知偏差。

> **策略5**　指导学生积极阅读经典文学作品、相关课外书、校本教材中的必读课外书目，以扩大学生的阅读面，提升他们的阅读兴趣

教师除了向学生教授教材中收录的优秀阅读篇章外，还要指导学生积极涉猎优秀的文学作品，努力扩大学生的阅读面，提升他们的阅读兴趣。

阅读经典文学作品　经典文学作品经历了几代人的考验，既能给学生提供阅读的乐趣，拓展学生的想象空间，又能给学生带来日常生活中体验不到的心理需求，造就积极的价值观，为学生带来更加长远的影响，从而使学生爱上阅读。

根据学生的认知特点和兴趣，推荐引读相关课外书　中年级学生对虚拟童话故事的兴趣逐渐减少，往往喜欢生活中的真实故事或者朋友间如何相处的书。教师可以指导学生选择那些图画较少、文字较多、带有一些生僻词语、篇幅适当的课外书进行阅读。[①]

指定校本教材中的必读课外书目　根据学生的发展特点和教学任务，以校本教材的方式，每学期给学生指定一些必读课外书目，以减少学生选择课外书籍的盲目性。

 方法库

阅读完成表

　　为保证课外阅读的数量，教师可指导学生制作"阅读完成表"（见表1-2），每读完一本书，就在表上写下书名，并简单地写下自己的感受和具体完成时间。教师定期收集每一位学生的"阅读完成表"，既能直观地掌握学生的课外阅读情况，又能对学生起到监督作用，使学生体验到阅读的成就感。

---

① 边玉芳：《让孩子爱上学习》，142页，南昌，江西教育出版社，2018。

表1-2　阅读完成表

编号	书名	记录	完成时间
1	《格林童话》	喜欢里面的大拇指，要是我也有一个就好了。	2019年8月1日
2	…… ……		
3	…… ……		

策略6　指导家长打造家庭阅读空间，积极开展亲子阅读，使孩子体会阅读的快乐，感受阅读的益处，但阅读任务要适量，以培养孩子的阅读兴趣和阅读习惯

　　家庭是孩子阅读最早开始的地方，是孩子阅读能力培养的重要场所。教师平时应多向家长宣传阅读的重要性，让家长在家中为孩子营造良好的阅读氛围，多与孩子一起进行亲子阅读，以培养孩子积极的阅读兴趣和良好的阅读习惯。

　　打造家庭阅读空间　家长可多带孩子逛书店，让孩子选择自己喜欢的书购买阅读。同时，家长与孩子一同布置家庭图书角，购买一个合适的书架，共同摆放好不同种类的图书。家长还可在孩子的床头、书桌、沙发摆放一两本近期孩子感兴趣的书，让孩子充分利用各种零散时间进行阅读。

　　体会阅读的快乐　家长可以经常跟孩子分享自己感兴趣的书，给孩子讲有趣的故事和文章，让孩子感受到阅读的乐趣。家长也可以在孩子面前专心看书，让孩子耳濡目染自己时而若有所思、时而放声大笑的情景，吸引孩子主动阅读。

　　感受阅读的益处　家长要让孩子体会到"书中自有宝藏"，可以通过阅读从书中学习新知识，找到答案，解决自己的困惑。家长还可以根据书上的提示将知识运用于生活，养养花草、做做手工，增添生活乐趣。

　　阅读任务要适量　家长不要给孩子布置过多过重的阅读任务，如写读后感、摘抄好词好句、模仿写作等，以免让孩子觉得阅读是一件苦差事。不爱阅读的孩子能够安静专心地读完一本书，被书中的内容所吸引，家长就应给予鼓励。

📷 **方法库**

家长对孩子独立阅读的引导

中年级学生阅读能力得到快速发展，逐渐具备独立阅读的能力，但有时仍离不开家长的指导和帮助。亲子阅读的形式可逐渐由亲子共同阅读一本书转变为各自独自阅读。

在孩子独立阅读前，家长可与孩子一起列一张阅读任务清单，让孩子的阅读过程更聚焦、更有意义。独立阅读后，家长可与孩子一起讨论书中的内容，相互交流想法和感受，加深孩子对书中内容的认识和理解，提升阅读效果。阅读后适合讨论的问题如下。

①"5W+H"提问。Who，What，When，Where，Why，How，即书中的人物、事件、时间、地点、原因、过程等问题。

②"最"提问。如故事中令你印象最深刻的是什么？

③"如果"提问。以假设情境来提问，如读完"草船借箭"的故事，如果当天吹的不是东风，结果会怎样呢？

④价值冲突提问。对于书中有关价值观冲突的情境，可以和孩子一起深入讨论，帮助孩子明辨是非善恶。

亲子阅读讨论的原则如下。

1. 尊重孩子，不要打断孩子的发言，等孩子说完后再表达自己的想法。

2. 认真倾听，孩子发言时，家长要看着他的眼睛，并通过笑容、点头等方式表达自己的投入和对他想法的关注。

3. 以鼓励为主。当孩子提出不同观点时，家长应从孩子的视角理解、接纳孩子的意见。即使孩子的想法有误，家长也不要急于纠正，暂缓表达自己的不同想法，认可孩子的独立思考和勇于表达。

4. 适当补充和引导。当孩子表达能力有限或所说内容不完整时，家长可帮助补充或加以引导，如"你是想说这个意思吗？"。

5. 循序渐进。从一些简单问题开始讨论，如故事走向、关键情节等，保证讨论内容丰富多样，并在讨论结束时总结归纳大家相对认同的观点，帮助孩子更好地理解讨论过程。[①]

---

① 边玉芳：《让孩子爱上学习》，153～155页，南昌，江西教育出版社，2018。引用时有改动。

策略7　简单辨别、耐心指导有阅读障碍的学生，并及时告知家长寻求专业机构的指导和干预

简单辨别有阅读障碍的学生　教师应慎重评价学生是否存在阅读障碍，可通过以下方法简单辨别。

◎ 了解学生语文学习成绩差、课堂表现不佳的原因，确定是不是学生缺乏语文学习兴趣或者贪玩、调皮等。

◎ 排除学生兴趣等原因造成的问题：可让学生朗读一篇文章，观察学生是否有发展性阅读障碍的表现，如阅读速度慢，朗读时常增字、减字、漏字、替换字词，不能正确理解句子或段落的意思等。

及时告知家长寻求专业机构的指导和干预　若学生存在阅读障碍的倾向，教师应及时联系学生家长，并建议家长带学生到专业机构进行详细的检查和诊断。当学生确认存在阅读障碍倾向时，应尽快接受专业的指导和干预，越早治疗对学生的恢复越有利。

耐心指导有阅读障碍的学生　患有发展性阅读障碍的学生需要经历较长时间的训练，并不是短时间内就能完全康复的。对于存在阅读障碍的学生，教师在阅读指导的过程中需要更加耐心、细心，并与学生多交流，及时鼓励他们的进步。

第三节   提升学生的口头表达能力

❓ 教师的困惑

学生语无伦次怎么办

作为四年级的班主任，我经常有意识地给学生表达自我的机会，他们的水平却参差不齐。有一次班会课上，我让学生分组讨论并进行小组风采展示。有的学生侃侃而谈却没有重点，有的学生上台支支吾吾、词不达意，有的学生感情丰富，逻辑却不清晰……只有极少数学生能够表达流畅，观点令人信服。而且，课堂上主动举手发言的总是固定的那几个学生，有些学生课下声音洪亮，课堂上回答问题声音却很小，还有的语无伦次，或者根本不愿意开口。

我希望学生敢于表达，并能够清晰、流畅地表达出自己的想法，怎样才能更好地培养他们的语言表达能力呢？

对小学生而言，语言表达能力的培养主要侧重于学会倾听，敢于表达自己的意见，并能够围绕相关话题有条理、清晰流畅地表达自己的观点。语言表达能力直接影响着小学生的学习能力与思考能力，对学生日后的学习、人际交往等都有重要的影响。教师需要根据学生语言表达发展的规律，合理设计教学内容，提升学生的口头表达能力。

成长规律

> **规律1**   语言表达能力是指学生运用字、词、句、段的能力。良好的口头表达能力有利于提升学生的文化素养、实现学生的自主学习、增强学生的自信

良好的语言表达能力主要指用词准确，语意明白，结构妥帖，语句简洁，文理贯通，语言平易，合乎规范，能把客观概念表述得清晰、准确、连贯、得体，没有语病。具有良好口头表达能力的学生能够在短暂的时间里做出自然的反应，针对发问者的问题进行大脑思维，合理组织自己的语言，同时配合丰富自然的表情。

良好的口头表达能力有利于提升学生的文化素养   中年级学生正处于学习精力旺盛和知识吸收效率较高的阶段，教师重视对学生语言表达能力的训练，有利于促进学生

听、读、写、思等学习技能的发展，使其更好地掌握学科知识，提高文化素养。

良好的口头表达能力有利于实现学生的自主学习　良好的口头表达能力能够使学生掌握基本的语言表达、沟通技巧，丰富自身的语言积累，使学生在阅读书籍和与人交流时更加迅速、准确地理解对方表达的观点和含义，从而有效实现学生的自主学习和相互学习。

良好的口头表达能力有利于增强学生的自信　学生拥有较强的口头表达能力就能对语言加以组织梳理，更容易表达自己的想法，有利于增强学生的自信，塑造出积极向上、活泼开朗的人格。反之，不善言辞的学生容易情绪低落、缺乏自信，形成孤僻、自卑的性格。

> **规律2**　良好的口头表达能力有利于促进学生的人际交往，增强学生的社会适应能力

中年级学生尚处于由自我中心语言逐步向社会化语言过渡的时期，语言表达能力的培养需要大量的生活感受及日常生活中的口语交流经验。其中，口语交际是人与人之间交流和沟通的基本手段，与学生语言表达能力的发展息息相关。

良好的口头表达能力有利于促进学生的人际交往　口头表达能力对学生人际交往的发展有着重要的意义。良好的口头表达能力能够使学生在与同伴交往的过程中，更好地进行沟通交流，精准地表达自己的观点，受到同伴的认可与欢迎。

良好的口头表达能力有利于增强学生的社会适应能力　口头表达能力也是一个人适应社会的体现，拥有较强的口头表达能力能够帮助学生在踏入社会后更好地生活与工作，适应社会发展的基本需求。口头表达能力较差的学生日后有可能因为说话不得体而与人产生争执、矛盾，遭遇挫折。

🎓 知识库

《义务教育语文课程标准（2011年版）》关于口语交际的学段目标

低年级（一至二年级）：

1. 学说普通话，逐步养成说普通话的习惯。
2. 能认真听别人讲话，努力了解讲话的主要内容。
3. 听故事、看音像作品，能复述大意和自己感兴趣的情节。

4. 能较完整地讲述小故事，能简要讲述自己感兴趣的见闻。

5. 与别人交谈，态度自然大方，有礼貌。

6. 有表达的自信心。积极参加讨论，敢于发表自己的意见。

中年级（三至四年级）：

1. 能用普通话交谈。学会认真倾听，能就不理解的地方向人请教，就不同的意见与人商讨。

2. 听人说话能把握主要内容，并能简要转述。

3. 能清楚明白地讲述见闻，说出自己的感受和想法。讲述故事力求具体生动。

高年级（五至六年级）：

1. 与人交流能尊重和理解对方。

2. 乐于参与讨论，敢于发表自己的意见。

3. 听人说话认真、耐心，能抓住要点，并能简要转述。

4. 表达要有条理，语气、语调适当。

5. 能根据对象和场合，稍做准备，做简单的发言。

6. 注意语言美，抵制不文明的语言。[1]

规律3 中年级阶段，学生已具备一定的语言理解和积累能力，开始形成抽象逻辑思维，是培养口头表达能力的重要时期

小学生学习、掌握新语言的过程大致由三个环节构成：语言的理解、语言的积累、语言的表达。中年级学生已具备了初步的语言理解和积累能力，正是培养口头表达能力的重要时期。

低年级学生常存在怕羞心理，害怕当众发表意见；高年级学生心理变化更为微妙，有很强的自我意识，有时会不想展现自我。中年级学生恰好处于初步掌握抽象逻辑思维的阶段，是语言系统发展的关键时期，这个时期培养表达能力的效率最高。

◎ "语言是思维的外壳"，语言的发展促进了思维的发展，思维的发展同样对语言

---

[1] 中华人民共和国教育部：《全日制义务教育语文课程标准（2011年版）》，www.moe.gov.cn/SYcsite/A26/S8001/2011 12/t20111228-167340.html，2019-11-12。引用时有改动。

的发展产生重要的影响，二者相互依存、相互促进。

◎ 语言表达的内容是由思维内容和形式决定的。思维能力的提升会促进学生语言表达能力的发展。随着学生抽象逻辑思维的逐步建立，学生表达的内涵更为丰富。

◎ 思维的内容是通过语言表达出来的，语言表达能力能够推动思维的发展。如果语言不能发展，思维的内容就得不到有效的阐述，就可能贫乏、缺少多样化。

规律4　学生口头表达能力受教师教育理念和教学模式的影响

一些中年级学生在课堂上表现得不尽如人意，语言表达能力欠佳，在回答教师的提问时，不能准确、有效地表达自己的想法。有的学生心中能理解但表达不出来，有的学生回答有逻辑问题，有的学生大量使用口头语言，有的学生面红耳赤根本不敢说，还有部分学生甚至在课下与同伴交流时也出现了胆怯、结巴等现象。

一方面，在传统的教学模式和"应试教育"的联手夹击下，部分教师和家长仍然会非常重视学生的卷面成绩，将教学的侧重点放在语文基础知识、阅读能力、作文能力等书面表达能力上，而忽视了对学生口头表达能力的培养，在一定程度上阻碍了学生日后的语言发展。

另一方面，教师在开展语言表达能力训练时，未能充分发挥学生的主观能动性，训练没有做到全员参与、全程参与，往往只关注结果，而忽视了探寻结果的过程，从而无法真正激发学生的表达兴趣。

规律5　学生的口头表达能力受性格、知识积累等个体因素的影响

学生的口头表达能力受性格的影响　学生是否喜欢与人接触，决定着他是否有更多口头表达的机会。

◎ 性格开朗、热情的学生往往喜欢寻找共同的话题与别人进行沟通交流，有很多的朋友，思维通常也比较跳跃，乐于接受和学习新鲜事物，从而口头表达能力较好。

◎ 性格内向、胆小的学生往往沉默寡言，缺乏自信，不愿意向外界展露自己的内心，很少有锻炼口头表达能力的机会，口头表达能力自然也较差，导致满肚子的话不知从何开口。

学生的口头表达能力受知识积累的影响　好口才不是天生就有的，口头表达能力与

学生平时的知识积累有着密切的关系。学生的语言表达离不开自身知识的广度与深度以及日积月累的练习，学生观察事物的敏锐性和思考问题的深刻性均会反映在言语表达的内容与形式中。

育人策略

策略1　创设语言表达的情境，激发学生"乐于说"；增强表达技巧的训练，培养学生"善于说"

教师要牢固树立发展学生语言的意识，努力改变以往课堂教学以教师"讲"为主、学生被动接收课本知识的传统教学模式。积极创设快乐、民主、和谐的课堂氛围，尊重学生的想法和表达习惯，鼓励学生勇于、乐于进行语言交流表达，努力培养学生愿意表达的主观愿望。[①]

创设语言表达的情境　教师在教学过程中创设情境，让学生表明自己的观点。例如，让学生根据课程内容对某个人物进行评价，表达自己对该人物的看法或情感。为学生搭建语言表达的平台，不仅能锻炼其表达能力，还能加深其对课堂所学知识的印象。

激发学生表达的兴趣　课堂中的各个环节都应让学生多参与，设置内容时留给学生较大的空间，让每个学生都能在自己熟悉的领域内寻找话题并发言，增加师生互动的环节。例如，在语文课文教学中，教师将作者介绍环节交给学生，让学生查找作者资料并上台介绍作者，组织学生对其介绍的情况互相评价，激发学生表达的积极性与主动性。

◎ 教师备课不仅要认真备教材，还要备学生、备教法，上课多俯下身子，多倾听、多鼓励、多引导、多启迪，根据学生各自的特点，对其潜在的语言表达能力进行深入挖掘。

增强表达技巧的训练　教师应当在课堂中积极开展各项增强学生表达技巧的训练，培养学生"善于说"。

◎ 朗读。朗读是训练语感最常见、最有效、最基本的方式。坚持朗读训练能促使学生对语言有真切而敏锐的感受。

---

① 张小钦：《促进小学生语言表达能力发展的策略探究》，载《福建教育学院学报》，2018（6）。

◎ 复述。复述训练坚持得好，就能够培养学生敢于张口的习惯，克服那种在众人面前张口结舌、说话羞涩局促、语无伦次的毛病，逐步提高学生的口头表达能力。

◎ 对话。师生、生生之间广泛对话。对话能反映出说话者的语言机智和对问题理解的深度和广度。

◎ 辩论。热烈讨论或辩论是一种较为激烈的对话，对于深化教学内容，锻炼学生的口头表达能力，活跃班级、学校的学习气氛有很大帮助。辩论对学生的表达有更高的要求，需要考虑学生的水平后进行。

 案例库

如何让学生愿意说、敢于说、善于说

一、现状分析

在多年的教学中，我发现学生在校不愿说、不敢说、不会说的现象较严重。从学生习作材料选择的调查中，我发现学生喜欢写一些自认为是大事的事，却不太愿意写身边实实在在的小事，也不太愿意写身临其境的景或内心真实的话，用词比较单调，缺少想象，抄袭或机械模仿屡见不鲜。从学生上课回答问题来看，他们不是很积极主动，即使有的问题会答，也不愿意回答。

二、分析原因

其实大部分学生刚进校门的时候是天真、活泼、爱说话的，为什么渐渐地，学生还没出小学就沉默寡言了呢？我觉得可能的原因有以下几个。

1. 学生面对众人时，往往会表现得紧张、畏惧，导致张口结舌或说话断断续续等。

2. 学生生活圈子狭窄，语言积累少，加之阅读量少，词汇积累有限，因而表达单调。

3. 学生不会观察生活，缺少表象素材的积累，想象不够，因而语言表达机械。

4. 周围交际的环境不利于发展学生的语言表达能力，例如，家长不够重视，缺少与孩子应有的言语交流。久而久之，他们上课回答问题不是很积极，即使有的问题是会答的，他们也不愿意回答，不愿意表达自己的想法。

三、教学策略

1. 重视口语训练。首先从营造良好氛围入手，在课堂教学中逐步培养学生愿意说的习惯。在训练学生说话的过程中，还需采用多种说话形式，避免形式单一无趣。要尊重学生的个性差异。训练中要注意学生良好的说话习惯的培养，如说话要连贯、通顺、完整，坚持讲普通话。

2. 创设情境，激发兴趣，贴近生活。兴趣是最好的老师，是鼓舞和推动学生学习的巨大力量。教师要根据学情，重视利用直观方法教学，引起学生的无意注意，使学生的思维、想象等心理活动有一定的物质依据，使学生主动说、积极说，提高学生的语言表达效果。创设一系列活动，如搞一次野炊、举行一次生日联欢会、搞一些小型比赛等。鼓励学生积极参与、亲身体验，使学生说话、表达有素材依据，有话可说，有话可写，不至于语言表达干瘪。

3. 遵循儿童心理发展规律，以鼓励为主。教师应该懂得欣赏学生，多创设机会让所有的学生都能体会到成功的喜悦之感，培养写作兴趣。只有当学生有了想说话的愿望时，他们才会情绪高涨，畅所欲言，学生的口头表达能力也就在积极的言语活动过程中得到锻炼和发展，从而能把自豪之情转化为激励自己进步的内驱力，形成良性循环。

4. 提倡循序渐进、逐步提高的原则。对小学生的说话训练要遵循由简单到复杂、由具体到抽象的规律，循序渐进，逐步提高训练要求，切忌起点过高，这样才符合小学生的实际。

四、总结

要提高学生的语言表达能力，教师要在教学实践中做到因地制宜、因时制宜、因人制宜，努力使学生有话可说、有话想说、有话能说、有话会说。表达能力得到提高，可为学生的全面发展、终身发展奠定良好的基础。

——北京市东城区织染局小学教师　张艳青

> **策略2**　在词语接龙、复述故事、配音游戏等语言游戏中增加学生的语言积累，锻炼学生的口头表达能力

中年级学生尚处在爱玩的年纪，且好动、充满好奇心。同时，中年级学生识字量增加，能够说出和写出一些更复杂、更长的句子。教师可利用学生的这些特征，开展一些需要大量语言组织和表达的游戏，来提高学生的表达能力，并为写作打好基础。

词语接龙　先由一个学生任意说出一个词语，随后让学生接上以上一个词语末字开头的词语。当学生语言表达能力强一些的时候，可适当提高游戏的难度，如要求接的词语必须为成语。词语接龙能够培养学生的组词能力，增加学生的语言积累。

复述故事　学生们都喜欢听故事，也爱看故事书。教师可利用每天的午休时间给学生讲一个生动有趣的故事，然后让学生复述，并适当给出若干问题引导学生进行思考，从而提升表达能力。不论学生复述程度如何，教师都应积极鼓励学生，使他们充满成就感。

配音游戏　教师可准备一些动画、电影等的经典片段，并将片段中每个角色的台词摘抄下来，让学生分别扮演不同的角色，跟随场景说出自己的台词，尽量与原声保持一致。配音的过程锻炼了学生模仿语言的能力，有利于训练学生语言表达的流畅性。

策略3　通过当众演讲，提升学生表达的勇气和技巧

给予学生当众演讲的机会是锻炼表达能力的最好方法，它能够提升学生表达的勇气和技巧。教师可以在课堂和各项活动中穿插演讲活动，但需要注意以下问题。

◎ 允许自选形式和内容。允许学生选择自己擅长和喜欢的形式和内容，这样可以让每个学生都有话可说，自信地表达和展示自己。

◎ 相互评价。相比单独的教师评价，邀请同学一起对学生的表现进行评价可以避免台下听的同学认为演讲跟自己没关系而走神。

◎ 对能力弱的学生进行协助。每个班上都会有一些表达能力比较弱的学生，教师可以根据他们的特点进行协助：鼓励不敢上台的学生两三个人一起上台；对于经常忘词的学生，教师可以指导其提前写好稿子；对于讲话逻辑不好的学生，教师可以帮助演练、修改讲稿。

演讲活动可以有多种形式。

◎ 课前或课堂结束前5分钟演讲。利用课前5分钟或晨读时间，组织学生轮流介绍生活小常识、励志小故事等，调动学生语言表达的积极性。课堂结束前5分钟让学生互相交流反馈，谈谈这节课的收获与感悟，只要敢说，哪怕是几个词、几句话也行。教师要及时鼓励与肯定，重在形成大胆探讨的氛围，从而提升学生的口头表达能力。

案例库

抓紧课前5分钟，使学生敢说、会说

为了锻炼学生，使他们敢于大声说话，我利用课前5分钟，每天指定一名学生上台演讲，演讲的内容不限，可以是寓言、笑话、成语故事，也可以朗诵课文或文章精彩片段，还可以讲述发生在自己身上的有趣的事。

开始实施时，学生们讲解得并不是很好，常常结结巴巴，不仅没有达到目的，反而令学生望而却步，产生畏难情绪。于是，我在学生演讲前，给他们思考的时间，引导学生明确说话训练的要求，把握说话的中心和条理。利用班会时间，教学生演讲的技巧，帮助学生克服心理障碍，让学生树立自信心，并利用每天的课余时间对第二天要演讲的学生进行单独辅导，使学生上台演讲时自然大方，增强其自信心。

有了这样的指导，学生们越来越有兴趣，讲得越来越有声有色。我又要求学生们在听完演讲后评价演讲者的演讲效果，以表扬为主，再提出自己的一些小建议。这样既提高了演讲者的自信心，也让演讲者意识到自己的不足，好加以改正。如今，多数学生已经能够大胆表达自己的想法了。

小结：利用学生的自尊心与好胜心，能够使学生在课前活动中认真准备、积极锻炼，从而提升自己的语言表达能力，变得敢说、会说。

——北京市昌平区七里渠中心小学教师　郑龙梅

◎ TED大赛。参照当前非常流行的TED（technology、entertainment、design三个词的首字母大写，即技术、娱乐、设计）演讲，组织一场校园演讲大赛。每个学生进行8分钟主题演讲，可以自选主题和形式。比赛可以在小组中进行，每个小组分工合作，共同准备一个演讲。小组成员一起商定主题，寻找材料，打磨演讲稿，帮助演讲者演练。

 案例库

8岁小学生邹昊格的演讲

2017年11月29日，第四届中国教育创新年会在杭州召开，2 000多名教育从业者参会。通常，在这样的会议上，第一位演讲的嘉宾是一位重量级的人物，但这次大会上的是一位8岁的小学生，来自湖南省株洲市银海小学的邹昊格。他的演讲

题目是《1.2米的世界有什么》。他说：

"这次的稿子基本上是我自己写的，我妈妈帮我修改了一下。如果我讲得不好，请大家多指导，因为我才1.28米，还有很大的成长空间呢。

那么，我是怎样写出那么长的稿子的呢？其实就是用手机语音输入转成文字的功能。现在，我在家里写作文也是这样，先用语音输入转成文字，然后在手机里修改。在手机里面修改有一个好处，不会写的字可以通过拼音把它拼出来，这样写作文就容易多了，不但节省时间，也锻炼了我的表达能力……"

他还讲了更多他利用高科技的例子，如通过在线学习机器人编程课，每天早上看在线视频听大咖级科学家讲科学。这些也改变了他的生活，他参与由硅谷的一个企业举办的机器人大赛获得5 000元奖金，跟妈妈探讨安徒生童话《丑小鸭》中涉及的科学知识，他在网上录的微课得到了很多家长和学生的好评。他期待"未来的学习，不仅仅是我们在学校里学习，也能在互联网上学习……我们还可以把自己会的，拿到互联网上去教别的同学，当'小讲师'"。

邹昊格小朋友非常享受站在台上的感觉，他发音清晰，声音洪亮，语言流利，能够很熟练地运用表情和动作烘托演讲内容，最重要的是他充满自信，激情洋溢。现场的2 000多名教育工作者都能够感受到他"1.2米的世界"的力量，通过他的演讲增进对当代学生的了解。①

> **策略4** 通过开展丰富多彩的校园活动，锻炼学生的口头表达能力

小学生活泼好动、好胜心强，教师应抓住这一特点积极开展丰富多彩的活动，让每个学生都有"开口"的机会，在活动中锻炼学生的口头表达能力。

开展朗诵诗歌、讲故事、相声表演、小品、绕口令等竞赛或表演活动，提高学生口头表达的技巧。

---

① 邹昊格：《1.2米的世界有什么》，载《新校长》，2018（1）。引用时有改动。

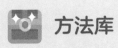 **方法库**

社团活动记录

表1-3展示了一个相声社团的活动记录。

表1-3　相声社团活动记录

活动时间		活动地点		参加人数	
活动内容	基本功练习		辅导教师		
活动过程	1. 点名。 2. 回顾上次活动内容。 3. 故事分享《狐假虎威》《十二生肖》《守株待兔》。 4. 练习绕口令并展示成果。 碰碰车 碰碰车，车碰碰， 坐着明明和平平。 平平开车碰明明， 明明开车碰平平。 不知是明明碰平平， 还是平平碰明明。 四和十 四是四，十是十。 想要说对四，舌头碰牙齿， 想要说对十，舌头别伸直。 要想说对四和十， 多多练习十和四， 常常说说四和十。				
备注					

举行"百科知识"竞赛、辩论赛等活动，提供良好的表达机会，同时促进学生知识的积累。例如，以"老人摔倒扶不扶"为话题让学生展开辩论，将全班学生分为正、反两方，活动前分别看书、上网查资料，做好充分准备。除了主辩手和副辩手之外，其他学生也都有参与机会，可以在自由辩论阶段发表意见。辩论赛上应要求正、反双方明确陈述自己的观点，以理服人，在激烈的针锋相对中辩明道理。

> **策略5**　为学生积极创设与同伴交往、小组合作的机会，促进学生口头表达能力的提升

创设与同伴交往的机会　教师在课堂上和课余时间应多为学生创设与同伴交往、合作的机会，使他们在与同伴的交往中，锻炼并提升自己的口头表达能力。

鼓励学生多结交朋友，例如，先在班级内尝试和座位周围的同学交朋友。在平日与朋友交往的过程中，学生往往能够主动倾听对方的意见，并积极说出自己的想法，在轻松愉悦的氛围中锻炼自己的口头表达能力。例如，某女生很少与同学主动沟通，口头表达能力较差，回答问题也总是词不达意、支支吾吾。为了改善她自我封闭的现象，教师可以先让她担任小组长，要求她记录小组同学的思想动态和意见并向教师汇报，给她创造与其他同学交流的机会。该生重承诺、守信用，很快就有同学主动与她交往。有了要好的朋友后，她逐渐变得活泼开朗，口头表达能力也不断提升，学习成绩和综合素质都有了改善。

创设小组合作的机会　小组合作可以使课堂教学变得更有吸引力，学生更有发言的欲望。教师要兼顾不同学生的学习能力，把学生分为若干讨论小组，每个组内既有"领头羊"，又有需要照顾的"小跟班"，然后以任务驱动的方式，引导学生自主学习交流，从而在提高学习效率的同时发展学生的口头表达能力。例如，小组合作排练"课文剧"，要把节目演好，学生必须熟悉课文，熟记角色的对白，并花时间去琢磨课文，从而把人物的心理和表情演活。每个成员都要在排练时根据自己的角色认真背台词，还有成员专门负责修改对白以吻合剧情，根据课文描述做背景和道具等。小组合作的过程既加强了学生对课文的理解，又提高了学生的口头表达能力，还使一些学习落后的学生也乐于参与其中并找回自信。[①]

> **策略6**　通过课内外阅读，扩大学生知识面，提高学生的口头表达能力

教师可引导学生通过课内外阅读增强自身的语言理解能力和增加语言积累，从而提升学生的语言表达能力。

课内阅读　课堂上，教师可引导学生走入课文描绘的情境，理解、体会课文语言如

---

① 魏小莉：《提高中年级学生表达能力的三部曲》，载《小学生作文辅导（读写双赢）》，2017（11）。

何清楚地表达人物形象和内心感受，试着把自己的感悟与体会表达出来，并不断积累好词佳句和语言的表达方式，从而更有效地提升学生的语言能力。例如，课文《七颗钻石》开头交代了故事发生的背景："很久很久以前，地球上发生过一次大旱灾。所有的河流和水井都干涸了，草木丛林也都干枯了，许多人和动物都焦渴而死。"短短几句话很难使学生体会到灾情的严重，教师可抓住"干涸"一词，先指导学生根据字典理解词语的意思，再通过凄凉的背景音乐展现骄阳炙烤、河流断流、土地龟裂等画面，使学生产生共鸣，激起学生表达的欲望，最后再让学生重新在课文句子中品读理解"干涸"一词，理解水的重要性。[①]

课外阅读　课堂外，教师要鼓励学生积极阅读课外读物，不断拓宽自身知识面，丰富语言积累，并积极与教师、同学、家长等展开交流讨论甚至辩论，促进学生灵活运用语言的能力。同时，引导学生注意观察、积累生活中的一些经典的语言表达，如谚语、对联、广告词等。

教师可以选择学生感兴趣的绘本、故事书进行师生共读，当学生在阅读过程中遇到不理解的问题时，鼓励学生主动寻求同伴的帮助。教师也可以在阅读前提出一些问题，让学生带着问题阅读，读后师生展开讨论，从而提高学生的口头表达能力。

---

① 张小钦：《促进小学生语言表达能力发展的策略探究》，载《福建教育学院学报》，2018（6）。

第四节　培养学生的科学探究能力

❓ 教师的困惑

等着公布答案的学生

　　作为一名科学老师，我发现学生在课堂上的表现差异很大。有些学生能够很顺利地跟着我提问的线索去发现问题、解决问题，迫不及待地想自己动手做实验得出结论，甚至还会主动在课下重复做课上的实验或者搜集自己感兴趣的资料进行拓展学习。然而，也有一些学生不能顺着我的思路去思考，在小组合作学习时也总是默默地坐着，从不发言，等着我或者其他同学直接把问题答案揭晓，一点儿都不热衷于得出答案的过程，更别提预习或者复习学习过的内容了。

　　看到部分学生不喜欢探究学习，我不禁皱起了眉头。我知道科学探究能力对于学生思维的发展、兴趣的培养都有重要的作用。我怎样才能培养学生的科学探究能力，让班里的每个学生不仅在科学课上而且在所有的学科学习中都能够乐于探究、主动思考，更好地体验学习的乐趣呢？

　　教师在教学过程中开展丰富多彩的探究活动，有利于稳定中年级学生对科学探究的兴趣，并为学生由具体形象思维向抽象逻辑思维的过渡架起桥梁。学生具备良好的科学探究能力，往往能够积极自主地学习，勇于创新，提升学习效率和学习效果。

成长规律

> **规律1　科学素养是影响学生长期发展的核心素养之一；探究是学生发展科学素养的重要途径**

　　科学素养是影响学生长期发展的核心素养之一　从小培养学生追求真理及探究的科学精神，有利于发展学生的科学思维，培养学生的创新能力，使学生科学地发现问题、解决问题，更好地适应未来社会与经济的迅猛发展。这既是世界教育改革发展的重要趋势，也是我国教育改革的重点。

　　探究是学生发展科学素养的重要途径　近年来，"以科学探究为核心"已成为国际基础科学教育的共识，强调让学生在科学探究的过程中学习科学，掌握科学知识和技能，认识科学的本质，从而培养科学素养。

2017年，教育部印发的《义务教育小学科学课程标准》明确指出，"探究式学习是学生学习科学的重要方式"，"小学科学课程倡导以探究式学习为主的多样化学习方式，促进学生主动探究"。[①]2017年，教育部要求自秋季学期起，从小学一年级起开设科学课程，原则上一、二年级每周不少于1课时，三～六年级课时数保持不变。

为了适应世界教育改革发展趋势、提升我国教育国际竞争力，2016年9月，北京师范大学经过多年研究，发布了中国学生发展核心素养研究成果，提出了现代学生应该具备的、能够适应终身发展和社会发展需要的必备品格和关键能力。核心素养共包括3个方面6大要素，具体细化为18个基本要点。其中"文化基础"方面包含"科学精神"要素，指学生在学习、理解、运用科学知识和技能方面所形成的价值标准、思维方式和行为表现。这个要素包含以下3个基本要点。

◎ 理性思维。崇尚真知，能理解和掌握基本的科学原理和方法；尊重事实和证据，有实证意识和严谨的求知态度；逻辑清晰，能运用科学的思维方式认识事物、解决问题、指导行为等。

◎ 批判质疑。具有问题意识，能独立思考、独立批判；思维缜密，能多角度、辩证地分析问题，做出选择和决定等。

◎ 勇于探究。具有好奇心和想象力；能不畏困难，有坚持不懈的探索精神；能大胆尝试，积极寻求有效的问题解决方式等。

通过参与科学探究活动，学生在特定的情境中去探究、去发现，比教师直接传授学生知识更有效。同时，学生在一次次探究发现的过程中了解了知识的形成过程，具备了批判性的科学态度，提升了科学探究能力。

> **规律2** 科学探究过程包括几个环节：提出问题，猜想与假设，制订计划，观察、实验、制作，收集、整理信息，思考与结论，表达与交流

探究学习能够提供生动、活泼的学习环境和自主、平等、合作的学习形式，恰好符合中年级学生思维发展的特征，有利于学生思维水平的发展，促进学生从具体形象思维

[①] 中华人民共和国教育部：《义务教育小学科学课程标准》，http://www.moe.gov.cn/srcsite/A26/s8001/201702/ W020170215542129302110.pdf，2019-11-12。

向抽象逻辑思维过渡。

小学生的科学探究学习往往是通过真实情景模拟、游戏活动体验、教具学具操作等方式进行的。学生在实践的过程中进行观察、分析、综合、抽象和概括，从而理解和掌握抽象的科学知识。具体而言，科学探究过程包含以下几个环节。

提出问题　能够从日常生活或者学习中，发现并清晰描述有价值的问题。例如，为什么有的物体在水中会下沉，有的物体在水中会漂浮？

猜想与假设　对所提问题可能的答案进行猜想与假设，并能区分出假设与事实。例如，猜想浮沉可能与物体的质量、体积、材质等有关。

制订计划　在教师的指导下或通过小组讨论的方式，提出验证猜想与假设的计划安排。例如，通过实验，验证物体在水中浮沉的影响因素。

观察、实验、制作　按照制订的计划，通过观察、实验、制作等方式，验证提出的猜想与假设。例如，将不同体积、质量的物品依次放入水中进行浮沉实验。

收集、整理信息　通过记录观察、实验的结果或查阅书刊等方式收集信息，并能用图形、表格的形式将收集到的信息分类整理。例如，准确记录每次放入不同物品在水中浮沉的实验结果。

思考与结论　尝试多种方式分析和解读数据，对现象予以合理的解释，得出结论。积极反思自己的探究过程，将结论与假设相比较，发现自己与他人的优缺点，并提出改进措施。例如，通过实验得出结论：物体在水中浮沉跟物体的质量、体积、材质无关，但是同体积的物体沉浮与物体的质量有关，同质量的物体沉浮与物体的体积有关。

表达与交流　能清晰表述探究过程和结果，既勇于阐述自己的观点，又尊重同伴的不同意见。能对研究过程和结果进行评议，并交换意见。

值得注意的是，科学探究是一个复杂的过程，涉及理论和实践领域多方面的问题，模式并非固定不变。[①]因此，教师在对学生进行科学探究训练时，要避免将课程标准中提出的科学探究要素简单地、程式化地教给学生，或者只抽出其中的一两个要素对学生进行独立训练。教师应把握科学探究的本质，做好学生科学探究活动的引导，将学生科学探究能力的培养放到实处。

---

① 郭玉英：《学生的科学探究能力——国外的研究及启示》，载《课程·教材·教法》，2005（7）。

🎓 知识库

小学阶段科学探究的学段目标

小学阶段科学探究的具体学段目标见表1-4。

表1-4 科学探究学段目标[①]

要素	学段目标		
	一～二年级	三～四年级	五～六年级
提出问题	在教师指导下，能从具体现象与事物的观察、比较中提出感兴趣的问题。	在教师引导下，能从具体现象与事物的观察、比较中，提出可探究的科学问题。	能基于所学的知识，从事物的结构、功能、变化及相互关系等角度提出可探究的科学问题。
做出假设	在教师指导下，能依据已有的经验，对问题做出简单猜想。	在教师引导下，能基于已有经验和所学知识，从现象和事件发生的条件、过程、原因等方面提出假设。	能基于所学的知识，从事物的结构、功能、变化及相互关系等角度提出有针对性的假设，并能说明假设的依据。
制订计划	在教师指导下，了解科学探究需要制订计划。	在教师引导下，能基于所学知识，制订简单的探究计划。	能基于所学的知识，制订比较完整的探究计划，初步具备实验设计的能力和控制变量的意识，并能设计单一变量的实验方案。
搜集证据	在教师指导下，能利用多种感官或者简单的工具，观察对象的外部形态特征及现象。	在教师引导下，能运用感官和选择恰当的工具、仪器，观察并描述对象的外部形态特征及现象。	能基于所学的知识，通过观察、实验、查阅资料、调查、案例分析等方式获取事物的信息。
处理信息	在教师指导下，能用语言初步描述信息。	在教师引导下，能用比较科学的词汇、图示符号、统计图表等方式记录、整理信息，陈述证据和结果。	能基于所学的知识，用科学语言、概念图、统计图表等方式记录、整理信息，表述探究结果。
得出结论	在教师指导下，有运用观察与描述、比较与分类等方法得出结论的意识。	在教师引导下，能依据证据运用分析、比较、推理、概括等方法，分析结果，得出结论。	能基于所学的知识，运用分析、比较、推理、概括等方法得出科学探究的结论，判断结论与假设是否一致。
表达交流	在教师指导下，能简要讲述探究过程与结论，并与同学讨论、交流。	在教师引导下，能正确讲述自己的探究过程与结论，能倾听别人的意见，并与之交流。	能基于所学的知识，采用不同的表述方式，如科学小论文、调查报告等方式，呈现探究的过程与结论；能基于证据，质疑并评价别人的探究报告。
反思评价	在教师指导下，具有对探究过程、方法和结果进行反思、评价与改进的意识。	在教师引导下，能对自己的探究过程、方法和结果进行反思，做出自我评价与调整。	能对探究活动进行过程性反思，及时调整，并对探究活动进行总结性评价，完善探究报告。

---

① 中华人民共和国教育部：《义务教育小学科学课程标准》，www.moe.gov.cn/srcsite/A26/s8001/201702/w02017021 5542129302110.pdf，2019-12-12。引用时有改动。

> **规律3　小学生探究学习的水平参差不齐，缺乏运用已学知识探究解决实际问题的能力**

由于学生认知能力、学习环境、学习资源等方面的影响，他们进行探究学习的水平往往参差不齐。有些学生的学习主动性非常高，课堂中积极思考，能够顺着教师给的线索提出问题、解决问题；课下会主动预习和复习，勇于探究各种疑难问题。然而，有些学生除了上课，课下很少主动学习，遇到难题也只会等待教师去解答，自己探究获取知识的积极性不高。小组合作学习的过程中，这种现象就更为明显，经常是"少数学生争台面，多数学生做陪客"，或者"优生一言堂"。小组所讨论的问题通常没有什么探索性，不假思索就能回答；或者问题虽有一定探索意义，但由于时间限制，也无法探索出有价值的独立见解。

在2015年国际学生评估项目（PISA）科学素养测评中，中国学生虽位居总分榜第十，但高分段比例较低，且静态问题的成绩优于动态问题的成绩。这一现象表明，中国学生对知识的运用不够灵活，缺乏探究解决实际应用问题的能力，这可能与课堂中重"知识"轻"实验"、学生缺乏科学探究能力有一定关系。

🎓 知识库

2015年PISA科学素养测评维度

PISA测试并不局限于书本中的特定知识，还着眼于现实和未来生活中的各类实际挑战；不仅考查学生的知识和技能，也考查学生的动机、兴趣、态度等隐性素养（见表1-5）。[1]

---

[1] 庄腾腾、谢晨：《我国中小学生技术素养测评工具设计探析——基于国际科学与技术素养测评框架》，载《华东师范大学学报（教育科学版）》，2018（6）。引用时有改动。

表1-5　2015年PISA科学素养测评维度一览

情境	个人情境/本地或本国情境/全球情境； 健康与疾病/自然资源/环境质量/危险性/科学与技术的前沿领域等情境。
知识	内容性知识（科学构建地关于自然世界的事实、概念、观点与理论）； 程序性知识（科学家用来建立科学知识的程序）； 认识性知识（问题、观察、理论、假设、模型、论据在科学探究中的功能，科学探究形式的多样性，同行评议在建立可信的知识中的作用）。
能力	科学地解释现象，评估与设计科学探究，科学地诠释数据和证据。
态度	对科学的兴趣，对科学的探究方式的评价，环境意识。

规律4　探究式教学具有结构性、引导性、合理性、真实性、趣味性，是提升学生科学探究能力最有效的方法，但教师开展探究式教学会存在一些误区

探究式教学的特征　探究式教学是以探究为主线的教育教学方法，是指学生在教师的指导下，像科学家一样思考，以类似科学研究的方式获取知识的一种教学形式。探究式教学通常具有以下特征。[1]

◎ 结构性。课堂上开展科学探究活动时，需处理好教学内容、教学方法和教学手段的关系，不可过分强调某一方面而忽视其他方面。

◎ 引导性。学生科学探究能力的形成与发展是循序渐进的，不是突然形成的，因此离不开教师的指导。在探究式教学过程中，教师应善于激发学生的主观能动性，营造适宜的学习环境，引导学生积极分析和思考，不断提升科学探究的能力，在探究中发现和领悟知识。

◎ 合理性。科学探究活动设置的问题要符合学生现有的知识结构，既不能超出学生的认知范围，又不能让学生不假思索就推断出答案，而是要让学生在教师的引导和自己的探究下得出答案。

◎ 真实性。开展科学探究活动所选取的问题需要贴近学生的现实生活，如身边的自然现象和常见的社会问题等，使学生在解决真实问题的过程中能够以事实为依据，在实践中养成批判、质疑等科学精神。

---

[1] 曹刚：《科学探究教学法及其在小学科学中的应用》，载《出国与就业（就业版）》，2011（12）。

◎ 趣味性。教师在探究问题情境的创设中，要从学生的角度出发，尽量设计开放性题目，增强问题情境的趣味性，从而激发学生的好奇心和探究欲望。

探究式教学的误区　在探究式教学过程中，由于教师对科学探究缺乏正确的理解，因而在引导学生开展科学探究活动时，往往存在以下误区。[1]

◎ 机械地理解和实践"科学探究"。教师在引导学生开展科学探究活动时往往表现出很强的程序性，不敢漏掉任何一个环节。同时，试图充分展开科学探究的每个环节，导致课堂时间不够用，最后只能草草收场。

◎ 不会处理学生自主与教师指导的关系。有的教师在组织学生开展探究活动时，把握不好介入的时机与程度，或者介入过早、指导过多，"牵着学生走"，阻碍了学生自主探索的步伐；或者介入过晚、指导较少，学生由于认知水平跟不上，达不到预定的活动效果。

◎ 为了探究而探究。有的教师想把所有的学习内容都通过探究的方式来教学，一味地要求学生在课堂上开展探究活动，可能导致探究活动只有过程、没有结果。

> **规律5**　评价学生的科学探究能力可通过观察法、工作单、计算机模拟、纸笔测验等方式进行

培养学生的科学探究能力已成为学校教育教学的重要目标之一。如何评价学生的科学探究能力的发展状况，引起了校长、教师的广泛关注。目前，学生科学探究能力评价主要采用以下几种方式。

观察法　即教师对学生的探究进行直接观察，并根据预先制定的评分标准进行评价。观察法通常采用1（教师）对1（学生）或者2（教师）对1（学生）的模式，效度最高，但成本也最大。

◎ 在大规模的观察评价中，由于人力、物力、时间成本的限制，很少能观察完整的探究过程，仅仅观察一些花时间较少的部分过程。

◎ 在小规模的观察评价中，需要制定明确的观察指标和评分标准，观察全过程以保证评价的效度和信度。

工作单　即让学生将探究的过程和结果记录在工作单上（见表1-6），然后教师根据评分标准予以评价。工作单的运行成本要低于观察法，往往一个教师可以运用结构性

---

[1] 殷蕊：《对小学科学探索过程的研究》，硕士学位论文，首都师范大学，2008。

工作单监测整个班级的学生的科学探究能力。

 **知识库**

工作单①

不同的工作单有不同的要求，适用于不同的对象，具体见表1-6。

表1-6 工作单示例

工作单类型	填写要求	适用任务	适用对象	信度
无提示的开放性工作单	要求学生把探究过程和结果写在空白的工作单上。	适用于不同的探究任务。	有利于学生创造性、灵活性的发挥，适合高水平的学生。	难以准确把握评分标准。
一般提示的结构性工作单	要求学生按照提示的结构来描述探究过程和结果。	适用于不同的探究任务。	适合大多数学生。	信度可靠。
充分提示的具体工作单	根据具体任务一步步地引导学生探究并写在工作单上。	适用于某个具体的探究任务。	适合中低水平的学生。	信度较高。

计算机模拟 即使用计算机模拟情境，让学生开展探究活动，并由计算机自动对学生的操作进行打分。计算机模拟开发成本较高，但运行成本很低。

◎ 计算机模拟可对学生的探究行为即时进行评价，并给予评分和反馈。

◎ 计算机可留存学生探究的全部记录，教师或学生可随时回顾以往的探究过程，反思存在的问题。

纸笔测验 即通过一系列题目对科学探究的过程技能进行评价，往往一道题评价一种探究技能。纸笔测验成本低，易于操作，用时较短，可用于大样本测试。

◎ 纸笔测验通常适用于团体施测，施测对象主要为小学阶段至中学阶段的学生。

◎ 为降低阅读能力对科学探究能力表现的干扰，纸笔测验的题目多以图形或表格为主、文字说明为辅，作答多采用选择题的形式。

◎ 纸笔测验目前已经很成熟，有很多工具可直接使用，不需要研究者重新开发。例如，莫利托（Molitor）等人于1976年开发了测量小学四～六年级学生推断和证实过程技能的测量工具。

---

① 罗国忠：《国外科学探究能力评价研究综述》，载《上海教育科研》，2006（11）。

知识库

科学探究过程技能

美国科学促进会推出的科学过程方法（Science—A Process Approach，SAPA）课程列出了13项科学探究过程技能，并将13项技能分为两大类。[①]

1. 基本科学探究过程技能。
（1）观察。
（2）分类。
（3）应用时空关系。
（4）传达。
（5）应用数字。
（6）测量。
（7）推理。
（8）预测。

2. 综合科学探究过程技能。
（1）下操作性定义。
（2）控制变量。
（3）形成假设。
（4）实验。
（5）解释资料。

育人策略

策略1 要提升学生的科学探究能力，首先要发展学生的科学思维，要强调自主思考，注重对证据的质疑，重视得出结论的过程

科学探究活动开展得成功与否，与学生的科学思维密切相关。如果学生缺乏科学思维，极有可能无法完成探究活动，或者完成探究活动时不知道自己在干什么，甚至形成错误的认识。因此，在科学探究的过程中，除了引导学生收获知识与技能，更为重要的

① 杜秀芳：《国外评价学生科学探究能力的两种不同视角》，载《教育科学研究》，2009（4）。引用时有改动。

是培养学生质疑、求真、实证、理性、创新的思维品质。

　　教师在开展科学探究活动时，不能仅仅关注学生的动手实践能力，更为重要的是发展学生的科学思维。既要让学生善于观察，又要引导学生对观察的结果进行分析和思考；既要让学生重视实验的操作过程和现象，又要引导学生对实验数据进行分析和质疑。

　　强调自主思考　科学探究的过程不应是学生按照教师指令进行操作的过程，而应是学生根据经验进行自我建构的过程。教师应指导学生带着自己的观点去思考，主动融入探究过程中。

　　注重对证据的质疑　学生在观察实验中获得的证据可能是存在争议的，教师不应遮掩或者回避，而要给予学生对证据进行质疑的机会，进而发展他们的质疑能力。

案例库

对证据进行质疑

　　在上"磁铁的两极"一课时，经过实验探索和激烈的小组讨论，学生根据实验数据总结出了"磁铁两端磁力强，中间磁力弱"的结论。实验探究活动看似很成功，但细细分析数据，可以发现有一处其实是存在争议的：只有一个小组测出来磁铁中间能够吸引一个螺帽，其他小组测的都是磁铁中间一个螺帽都吸不起来。

　　基于上述差异，教师应当给学生质疑的机会：磁铁中间是磁力非常小，还是没有磁力？并提示学生进一步论证，如尝试用磁铁中间去吸引更小的铁片。在质疑和论证的过程中，学生的科学思维能力能很自然地得到提升。

　　小结：教师要引导学生将自己观察到的现象、数据与同学的探究结果相比较，并在分析的基础上对同学的证据进行质疑和论证，从而提升科学思维能力。[1]

　　重视得出结论的过程　学生在进行科学探究时，不能仅仅满足于得出简单的结论，更要注重得出结论的分析推理过程与逻辑思维。教师要留给学生足够的时间去细致观察、全面分析与严密推理，从而得出经得起检验的科学结论。[1]

---

[1] 鲍峰：《真实探究 发展思维》，载《湖北教育（科学课）》，2017（3）。引用时有改动。

策略2 探究式教学需要注重合理的顶层设计，选取现实的探究内容，保证充足的探究时间，开展激励性评价

课堂是学生参与学习的主要场所，教师在课堂上适当开展探究式教学是提升学生科学探究能力的有效途径。成功的探究式教学往往需要做到以下几点。

注重合理的顶层设计 科学探究具有完整的知识体系，是有层次、有结构的整体，各个要素、各个知识点之间都存在着内在的联系。[①] 教师应明晰科学探究各要素间的内在联系，依据课程确定科学探究能力培养的总目标，做好科学探究目标的顶层设计。在此基础上，分解各册教材需要达到的阶段性目标，并在各章节的活动设计中落实学生科学探究能力的提升。

选取现实的探究内容 教师所选取的科学探究内容，应建立在学生当前认知水平的基础上，既不脱离教材，又密切结合学生的生活实际，并能够充分利用学校、社会等公共资源，从而使学生学以致用，乐于探究。

保证充足的探究时间 时间是保证学生科学探究活动完整性的必要条件，教师不能为了保证课堂的完整性，为讲授、得出结论等教学环节而压缩科学探究的时间，使探究活动流于形式。为此，教师应合理分配课堂40分钟，不断优化课堂教学过程，尽量减少教师活动占用的时间，少讲与课堂无关的话，加快板书速度等；改革课堂活动形式，尽量减少教师处于中心地位、中介地位的讨论交流；提升教师的活动指导水平，提高教师组织开展探究活动、观察判断学生探究活动进程的水平等。[②]

开展激励性评价 教师既是学生学习的伙伴，又是学生学习的调控者与激励者。教师在探究活动开展的整个过程中，都要对学生正确、及时地给予多样化的评价，从而有利于激发学生的探究热情，让学生充分感受到教师的耐心与信任，体验到探究活动的乐趣。

---

① 周建秋：《走向核心素养的学生科学探究能力培养策略》，载《现代中小学教育》，2017（2）。
② 徐孟琪：《小学科学探究过程不和谐原因分析及对策研究》，载《教育实践与研究（小学版）》，2019（1）。

📁 案例库

STEAM教育：让学生们在探索中学习

STEAM是5个单词的首字母大写：Science（科学）、Technology（技术）、Egineering（工程）、Arts（艺术）和Maths（数学）。STEAM教育不仅是学习5个学科的知识，更是一种新的教学方式：让学生自己动手完成他们感兴趣的并且和他们生活相关的项目，从过程中学习各种跨学科的知识。

STEAM教育更注重学习与现实世界的联系以及学习的过程，支持学生以学科整合的方式认识世界，以综合创新的形式改造世界，培养解决问题的能力。STEAM教育对于学生的评价是从科学、技术、工程、艺术、数学多维度进行的，主要是为了体现学生的价值，使他们的想法得以实现和交流。

浙江省杭州二中白马湖学校小学部致力于以主题性STEAM课程的形式，打通学科，把碎片化的知识联通起来，进行主题整合式教学。以学校的"湖文化"大主题为例，这个主题包含"湖之岛""湖之波""湖之鱼""湖之桥""湖之船"5个小主题，每个小主题开设"开题""设计""创作""表达"4次专题联课。每次专题联课占用3课时，3名不同学科教师联合，一起走进教室，每人主讲一节课，其余两人辅助。以"湖之船"小主题为例，4次专题联课规划如下。

1. 开题课。让学生了解船的构造、历史、故事、诗歌等。第一课时，语文教师讲船的故事、诗歌、儿歌；第二课时，数学教师讲船的测量；第三课时，科学教师讲船的浮力。

2. 设计课。学生分成小组，合作设计一条船。戏剧动漫组的教师教学生设计船的造型；科学教师教学生如何选用船的材料，新仪式组的教师让学生反思当前设计出的船的优缺点以及改进方法。

3. 创作课。学生在小组中对设计稿进行创作。使用小组准备的材料进行制作，之后把船放进学校的池塘中实验，以便发现牢固性、防水性、稳定性等方面的问题，再在教师的指导下不断改进。

4. 表达课。各小组派代表在充气大水池中进行自制小船的划船比赛，看哪个小组能在最短的时间内完成划船的任务。[1]

---

[1] 王小波：《玩出"学习力"的杭州故事》，载《新校长》，2017（10）。引用时有改动。

> **策略3**　通过创设民主的课堂氛围、多媒体情境、实验情境、生活情境、游戏情境，优化探究学习的外部环境，激发学生的探究兴趣

爱因斯坦曾说："思想的发展在某种意义上源于好奇心。"中年级学生正处于好奇心强、求知欲旺盛的阶段，创设适宜的探究情境，有利于诱发学生的好奇心，激发学生的探究兴趣，从而促进学生科学探究能力的提升。通常，探究情境的创设可采用以下方法。[①]

创设民主的课堂氛围　民主的课堂氛围有利于提升学生的学习热情，使学生更加积极和主动地参与课堂活动，发展学生的创新思维。

创设多媒体情境　多媒体集声音、文字、图形图像、视频动画于一体，动静结合，交互性强。通过演示，给学生提供逼真的教学环境，充分调动学生探究的兴趣。例如，教师在解释日食、月食现象时，可播放视频让学生仔细观察日食、月食产生的全过程，从而使学生直观地理解日食、月食是如何产生的。

创设实验情境　教师在课堂教学中可采取灵活多样的实验方法，引导学生主动探究知识。学生在自己动手操作、动脑思考、动眼观察和动口讨论的过程中，既深刻理解了所要学习的内容，又提高了观察能力和科学探究的能力，提升了科学素养。

创设生活情境　生活中的现象是学生接触最多的，也是认识最深刻的。教师将生活中常见的现象与所学内容进行关联，有利于激发学生探究的兴趣，帮助他们接受和理解新知识。同时，学生也可将学习内容更好地应用于生活。例如，在学习"位置与方向"时，教师可从生活的角度引入问题："同学们的家距离学校有多远？在学校的什么方向？"学生每天都会在家与学校之间往返，必然对这个问题的答案了然于心，发言时学生会自然而然地思考自己的描述是否准确，在此基础上进行教学，学生的学习热情和学习效率都提升了。

创设游戏情境　爱玩是孩子的天性，小学阶段的学生正处于爱玩的年纪。教师以游戏的方式开展教学活动，有利于提升学生的课堂参与度，帮助他们在游戏体验中巩固知识，促进智力的发展。

---

① 张成军：《创设情境 培养小学生的科学素养》，载《辽宁教育》，2018（23）。

案例库

创设情境，提升学生的探究兴趣

在教学"三角形的特性"时，为激发学生的探究兴趣，我为学生播放了一段金字塔建造的纪录短片。

在短片播放前，我给学生们提了一个问题："假如你是设计者，你会如何建造金字塔？"通过问题导入，学生在观看短片时很自然地将自己带入金字塔建造的情境中，并进行构思和设计。

在短片播放完毕后，多数学生都很积极地提出了自己的设计理念。有的说要将金字塔的四面都设计成四边形，有的说要将金字塔的四面设计成梯形，还有的说要将金字塔设计成五角星形状……

接下来，我引导学生运用手边的工具，动手将自己设计的金字塔的框架做出来，然后与埃及金字塔的三角形框架做比较，最终得出"三角形稳定性最好"的结论。

整个过程中，学生们都很积极主动。情境探究活动有效激发了学生们的探究热情，提升了他们的科学探究能力。

小结：创设合理的探究情境，能够有效激发中年级学生的好奇心与求知欲，增强他们的探究兴趣，促进探究能力的提升。[①]

案例库

台湾博爱小学的"数学步道"

高雄市博爱小学教师洪雪芬是台湾"师铎奖"得主，她用"数学步道"的形式，把学校打造成了数学游乐园。

提起"数学步道"，有的人想到的是一条步道，上面布置了数学图案、数学问题或数学公式，而洪老师的"数学步道"则是利用学生身边现有的场景，设计出一系列的数学体验及挑战活动，如计算、估算、测量、几何探索和论证等，提升学生的数学素养，以及学习兴趣和自信。

---

① 李贞奎：《多种探究活动为小学数学课堂增添活力》，载《学周刊》，2019（4）。引用时有改动。

例如，学校的座椅（见图1-2），她问低年级学生：如果肩并肩坐着，几个小朋友可以把这个椅子坐满？让中年级学生测量这个半圆的周长是多少；让高年级求这个半圆的面积，或者论证它真的是半圆吗。

图1-2　学校的座椅

她曾经让学生计算学校操场一圈有多长。她把学生分为6人一组，每组有一根1米长的直尺，一根1.5米长的布尺，一卷塑胶绳和一把剪刀，让学生讨论怎样使用工具测量。学生们想出了五花八门的方法。

为了帮助学生对100万这个数量有概念，她请学生计算学校围墙的瓷砖数……

洪老师的"数学步道"不只在校内开展，还开到了小区、公园、商场等各个地方。在教室里，她也准备了各式各样有趣的教具供学生们动手操作。在洪老师看来，只要老师们多一份心，就会发现生活中处处都是数学。利用生动好玩的"数学步道"，让学生爱上数学，学会带着一双探索和发现的眼睛看事物；通过真正动手摆弄研究，学生们更好地理解和记住了课堂中的难点，并将学到的知识真正用在生活中。[1]

策略4　培养学生的问题意识，有利于提升学生参与探究活动的效果

提出一个问题往往比解决一个问题更重要。在教师指导学生开展探究学习的过程中，形成和培养学生的问题意识是关键。教师注重学生问题意识的培养，能够激发学生的探究欲望，有效提升学生参与探究活动的效果。教师培养学生的问题意识，一方面可以教师为主导，由教师逐步深入地提出问题，引导学生探究学习；另一方面可以鼓励学生主动发现与提出问题，并通过探究解决问题。

一个好问题的设计，能够激起学生的有效思考，突破学习的重重难关，促使学生积极主动地投入科学探究活动中。教师需要合理地筛选和设计问题，选取兼具吸引力和挑战性的问题。问题答案需要经历一定的探究过程，不能太过于轻易得出结论；问题需要

---

[1] 洪雪芬：《台湾博爱小学的"数学步道"》，载《新校长》，2016（11）。引用时有改动。

具体、可操作，让学生能够找到切入点，最好与最近所学知识有紧密联系。

　　只有当学生亲自发现问题，产生强烈的认知冲突时，才能真正激发其强烈的探知欲望，从而积极主动地开始探究学习，找出解决问题的方案。在这个过程中，教师要培养学生抓住问题不放的品质，并在学生解决问题遇到困难时，进行有针对性的指导，支持学生的探究行为。

 方法库

培养学生的问题意识的途径

　　问题意识在科学探究的过程中起着至关重要的作用，培养学生的问题意识可尝试以下几种途径。

　　1. 利用实验假设，培养问题意识。教师可在建立假设的过程中，通过提问、讨论等方式，引导学生不断地从正、反两方面思考，提出自己建立假设的理由，并舍弃不合理的假设，探究和验证有争议与相对合理的假设。

　　2. 精心设计课堂，培养问题意识。教师合理的教学设计能够使学生在听课的过程中不由自主地产生问题，在探究解决的过程中继续产生新的问题。整个探究学习的过程都笼罩在问题的情境中，从而提升学生的积极性和问题意识。

　　3. 利用学习单，培养问题意识。学习单作为一种学习工具，有助于学生自主学习和建构知识。教师应精心设计学习单，为学生提供课前学习探索的材料。学生可根据学习单的指引，一步步地探索，从而在自己的认知基础上积极地发现和提出问题，自主地解决问题。[①]

> **策略5**　指导学生开展不同形式的小组合作，避免小组合作流于形式和泛化，提升中年级学生合作探究的能力

　　交流与合作是探究学习的重要途径，通过小组合作学习，可以使学生在合作、互助的气氛中面对面地交流，共同探讨，解决问题。有效的小组合作，小组成员能够积极承担并完成共同任务中的个人责任。这既能培养学生的合作意识，又能培养其探究学习的能力。

---

① 庞连科、张智品：《小学科学探究过程中学生问题意识的培养》，载《小学教学研究》，2011（7）。引用时有改动。

指导学生开展不同形式的小组合作　教师应根据不同的教学内容，指导学生灵活开展不同形式的小组合作。

◎ 讨论式。对于班级中存在争议的问题，教师可通过小组讨论的方式加以解决。

◎ 实验式。对于一些需要通过实验探究得出结论的知识，教师可组织开展小组合作实验，探究发现结果。

◎ 对抗式。即合作小组间可就一些主题进行比赛，在竞争中得出探究结果。

◎ 交互式。即在实验探究的过程中加入交流的环节，对过程中生成的问题及时进行交流讨论，得出结论。

避免小组合作流于形式　教师要鼓励每个学生在小组合作探究时都积极贡献自己的经验，努力发挥自身的优势，从而能够通过小组探究完成自己无法独立完成的复杂任务。要避免小组合作流于形式，小组合作不能只是那些思维活跃、反应灵敏学生的表演舞台，而大部分学生仅仅是在小组中担任配角。

避免小组合作学习泛化　教师在开展小组合作学习时应把握好契机，当讲解较复杂、综合性的知识，遇到学生不能独立解决的问题或学生意见不一致时，合作学习才是必要的；而当问题较为简单时，只需要进行全班集体教学或个人独立学习。

第二章

基本认知能力
发展指导

第一节　帮助学生提升注意力

注意力不集中的方方

　　方方是一个很机灵的小男孩，反应很快。然而他有个坏毛病，就是每次刚上课的时候很专心，大概10分钟之后就开始在座位上动来动去，有时是在玩自己的铅笔盒，有时是和邻桌的同学交头接耳，有时还会低着头不知道在看什么。班里有一点响动，像是有同学咳嗽一声，或者有东西掉了，他都会立马看过去。门外走过一个人或者窗外飞过一只小鸟，他都会看一下。由于注意力不集中，他不仅在课堂上无法认真学习，做作业的时候也是粗心大意，做一会儿就不耐烦了，就连考试时也是。他会边答题边时不时看老师在做什么。老师巡场的话，他的眼神也会跟着转，有一次看出神了半天不动笔，经过老师的提醒才继续答卷。

　　方方的情况并不是个例，班级中有好几个学生和他情况很相似。作为一位三年级的班主任，我对这样的情况有些担忧。怎样才能培养中年级学生良好的注意习惯，提升注意力，帮助他们更好地学习呢？

　　注意从始至终贯穿于整个心理过程，只有先注意到一定的事物，才可能进一步去认识、记忆和思考。注意力是学生高效完成任何事情的基础，帮助学生培养良好的注意习惯，提升注意力，对于提高学生的学习效率和学习质量至关重要。

成长规律

> **规律1**　注意力是学生获取知识的基础，对学生的学习效率和学习成绩有重要影响

　　注意是指人把意识集中和指向一定的事物，伴随着感知觉、记忆、思维、想象等的心理过程。学生只有先注意到一定的事物，才可能进一步去认识、记忆和思考。注意力是学生获取知识的基础。

　　注意力是影响学生学习的重要非智力因素，注意力的改善对于提升学生的学习效率

和学习成绩具有重要的作用。一些高智商的学生学习成绩不佳，很可能就是因为他们不能集中注意力听课和复习。

研究调查显示，随机抽取51名三年级男生和44名三年级女生进行注意力水平与学习成绩相关性测试，男、女生的语文、数学成绩均与听觉和视觉注意力的水平显著相关，即中年级学生的注意力水平对他们的学习成绩有着重要的影响。[①]

> **规律2**　注意力的四大品质——注意的广度、注意的稳定性、注意的分配和注意的转移，是衡量学生注意力水平的重要标志

注意力有四种品质，即注意的广度、注意的稳定性、注意的分配和注意的转移，综合反映了注意力的水平。

注意的广度　它是指人们对于所注意的事物在一定时间内清楚地觉察或认识的对象的数量。随着学生的成长以及经过注意力训练，注意的广度会得到提升。

注意的稳定性　它是指人们将注意力相对稳定地保持在注意对象上的时间长度。注意的稳定性表现的是注意的时间特征，对学生的听课质量有着重要影响。教师通过开展各种课堂活动，合理组织教学，能够使中年级学生在45分钟内较好地保持注意的稳定性。

注意的分配　它是指人们在同时进行两种或两种以上活动时，能够指向不同的注意对象。例如，学生在课堂上边听边记便是注意的分配活动。

注意的转移　它是指人们根据新任务，主动地把注意从一个对象转移到另一个对象上。注意转移的速度是思维灵活性的体现，也是快速加工信息、形成判断的基本保证。例如，学生上英语课时注意力较为稳定，之后上数学课时却无法让注意力从英语课转移到数学课，数学课的学习效果就会大打折扣。

注意力品质的不同方面既相互联系，又相互独立。某些方面表现较好的学生可能在另一些方面表现较差，因此，注意力的健康发展应是多个方面的综合发展。

> **规律3**　中年级学生集中和控制注意力的能力较弱，注意力集中时间为20～25分钟

大脑额叶区域的发展情况会影响注意力的集中时间与控制能力。小学阶段，学生额

---

① 赵勇：《小学低中年级学生注意力水平与学习成绩相关性研究》，载《现代教育科学（小学校长）》，2008（2）。

叶的发育尚不完善，故注意力集中的时间较短，控制注意力的能力也较弱。同时，学生的注意分配能力也较弱，除非是非常熟悉的任务，否则很难一心二用。把注意力集中在两种或两种以上的事务上，容易顾此失彼。

一般情况下，中年级学生（8～11岁）可以连续集中注意力的时间为20～25分钟。他们的注意力不稳定、易分散，常随情绪的变化而转移，被周围环境中感兴趣的事物所吸引。

有研究显示，46.7%的学生听到教室外传来的声音时上课会分心，39.1%的学生听到教室外传来的声音时较少影响上课听讲，只有14.2%的学生听到教室外传来的声音时不会影响上课听讲。[①]

规律4　中年级是学生由无意注意向有意注意转化的关键阶段，学生抗干扰能力逐渐增强

无意注意，指没有预定目的、不需要意志努力的注意。例如，上课时，走廊一有声音，学生就会马上把头转过去，东张西望。

有意注意，指自觉的、有预定目的的注意，它往往需要一定的努力。当需要积极观察某种事物或完成某项任务时，往往以有意注意为主。

低年级学生通常以无意注意为主，注意力容易受外界事物的影响。他们往往把注意力集中在一些新奇、有趣、颜色鲜艳的事物上面，致使自己不能专心做事，而有趣的学习材料和课堂设置能使他们更加专注。

学生的有意注意随着年龄的增长逐渐发展，10岁左右学生的有意注意开始慢慢占据主导地位。这意味着中年级学生控制注意力的能力有所增强，能够较少受到外界的影响，抗干扰能力增强，减少了分心的时间，能把注意力集中在相关的内容上面。

规律5　疲劳会加速学生注意力的衰退，注意力不集中不一定是多动症

疲劳会加速学生注意力的衰退　长时间集中注意力、休息不充分等都会使学生感到疲劳，导致注意力不集中的情况出现。

---

① 马秋平：《小学四年级学生课堂注意力的现状调查研究》，硕士学位论文，南京师范大学，2016。

◎ 中年级学生高度集中注意力20~25分钟后，就开始出现注意力衰退的现象，而最初的15分钟注意力衰退的速度最快。

◎ 学生在高度集中注意力一段时间后，需要进行短暂的休息，或者用无意注意取代（如看有趣的东西）。

注意力不集中不一定是多动症 小学中年级阶段，学生注意力不集中的情况广泛存在，绝大多数不是严重问题。活泼、好动并不一定是多动症的表现，教师和家长不要乱给学生贴上"多动症"的标签。[1]

◎ 多动症的主要症状是学生注意力缺损、活动过度、容易冲动。他们往往智力正常，只是行为表现有些异常。据统计，中国学生多动症发病率约为3%，且男生患多动症人数大于女生，男女发病比例为4.9∶1。在医院门诊中70%的孩子被误认为患有多动症。[2]

◎ 中年级学生在课堂上无法完全集中注意力是非常普遍的现象。调查显示，学生中自认为上课时能集中注意力的比例仅为58.8%，在一节课中能坚持集中注意力30分钟以上的仅有39.7%。[3]

育人策略

> **策略1** 巧妙组织课堂，根据学生注意力特点安排教学，注重教学趣味性，激发好奇心，利用多媒体教学，加强互动，及时给予表扬与鼓励，可帮助中年级学生保持注意力集中

教师掌握一定的课堂组织技巧，能有效帮助学生在课堂上保持注意力集中。

根据学生注意力特点安排教学 教师可在学生注意力集中的时间段开展难度较高的学习任务，在注意力分散的时间段进行一些相对有趣的学习任务，或者变换教学形式，以提高学习效率。

注重教学趣味性 中年级学生还处于爱玩、爱游戏的年纪，"寓教于乐"能够迎合他们的心理和情感需求，激发他们的学习兴趣，在轻松和快乐中集中注意力完成学习任务。

---

[1][2] 边玉芳：《读懂孩子——心理学家实用教子宝典（6~12岁）》，35页，北京，北京师范大学出版社，2014。

[3] 刘育英：《中国首次青少年注意力调查：专心致志者不到4成》，http://www.china.com.cn/news/txt/2006-11/09/content_7335940.htm，2019-12-12。

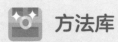

方法库

巧用游戏，提升学生英语课堂的注意力

1. Hide and seek（藏与找）。

教师先呈现一张卡片，问所有学生这是什么，当学生大声正确回答后请一位学生到讲台上并背对大家，然后教师将这张卡片藏到教室的某处，让讲台上的学生去寻找，其他学生则不停地读卡片上物品所对应的单词。

原则：当寻找的学生离卡片越远，那么其他学生读的声音越小；当寻找的学生离卡片越近，那么其他学生读的声音越大。

效果：负责寻找的学生要集中注意力听其他学生读单词的声调变化，而负责读单词的学生则能积极主动地开口练习。

2. Chasing（追逐）。

首先让学生围成一圈，然后教师用手拍学生的肩，每拍一个学生说一个单词。当教师说的这个单词与之前说的单词不同类时，那么被拍的这个学生就要围着外圈追教师。如果追到，那么教师就要表演一个节目；如果没追到，那么游戏就由这位学生负责出题，进入下一轮。

效果：既能让参与的学生集中注意力听清自己的单词，又能让没参与的学生当裁判，还能培养学生的归类能力，一举三得。[①]

激发好奇心　好奇是小学生的天性，教师在上课时巧设悬念，提出引人深思的问题，往往能够成功激发学生的好奇心，将学生的注意力引入课堂学习之中。

案例库

抓住学生的好奇心

在教学《乌鸦喝水》这篇课文时，一开课我就抓住学生的好奇心理，问："想知道乌鸦为什么要喝水吗？"话还没说完，学生就着急发言了。许多学生在了解

---

① 冯佳佳：《"三盈三虚"以治教——谈提高小学中年级学生英语课堂注意力的几点尝试》，《科学大众（科学教育）》，2016（5）。引用时有改动。

乌鸦遇到困难后非常冷静，开动脑筋想出了解决问题的办法。我继续问学生："谁比乌鸦更聪明，还有什么办法能喝到水？"问题一说出来，学生就更感兴趣了。一个个举手发言，跃跃欲试。当别的学生在讲自己的方法时，全班学生除了认真倾听，还对讲出的办法提出了疑问……一节课，学生注意力集中，学习效果也不错。

　　小结：教师通过设问引起学生的好奇心，充分点燃了学生的学习热情，从而提升了学生的注意力，改善了学习效果。[①]

利用多媒体教学　具体、直观的事物更容易引起中年级学生的注意，利用多媒体教学工具，调动学生各种感官的参与，不但能活跃课堂气氛、丰富课堂教学内容，而且能加深学生对教学内容的理解。

加强互动　课堂上积极进行师生互动、生生互动，能够有效提升学生的注意力。例如，教师和学生互换角色，让学生模拟教师刚刚提出的问题，这样能够使学生高度集中注意力，生怕错过知识点编不出问题、解不出答案。

及时给予表扬与鼓励　教师需仔细观察学生在学习中注意力集中的点滴进步，并及时在班级中给予表扬，让同伴间相互学习，鼓励学生日后继续努力，使注意力更加集中。

策略2　通过听觉注意力训练、视觉注意力训练、动作训练等多感官综合训练，全面提升学生的注意力水平

感官感知在很大程度上构建了人们对于世界的认知，是人们认知方式的基础与核心。而注意力水平与认知能力息息相关，故教师可引导学生进行多感官综合训练，全面提升学生的注意力水平。注意力提升通常包含听觉、视觉、动作等方面的综合训练。

听觉注意力训练　对学生听觉进行系统的注意力提升训练，帮助学生掌握教师讲课的重点，有效过滤无关信息，解决上课不认真听讲的问题。

[①] 边玉芳：《读懂孩子——心理学家实用教子宝典（6～12岁）》，35页，北京，北京师范大学出版社，2014。引用时有改动。

方法库

听觉分辨　提升注意力

1. 听音分辨：教师以击掌的方式呈现一组声音，让学生仔细听并回答。

（1）听下面的声音，你能听到几声？（啪啪啪—啪—啪啪。）

（2）你能将听到的声音模仿出来吗？

（3）听下面的两组声音，它们有什么不同？（啪啪—啪 vs. 啪—啪啪。）

（4）听教师拍手，做出不同反应。（听到一声举左手，听到两声举右手。）

2. 听数分辨：教师随机报一串数字，然后就这组数字向学生提问。

（1）听一组数字（如5637132），某个位置的数字是几？

（2）里面有没有出现某个数字？

（3）哪些数字重复了？某个数字共出现几次？

（4）这组数字中最大或最小的数字是几？

（5）某个位置之前或之后的数字是几？

（6）听两组数字，哪些数字被漏掉了？

视觉注意力训练　对学生的视觉进行系统的注意力提升训练，主要针对学生不认真阅读、不认真审题等问题。例如，教师带领中年级学生进行"舒尔特方格"训练，以培养学生视觉定向搜索的能力及视觉长时间的注意力，从而提高学生阅读的持久性和耐性。

◎ 在一张方形卡片上画上25个方格（5×5），见图2-1，格子内任意填入1～25共25个数字，要求学生用手指按1到25的顺序依次指出其位置，同时诵读出声。

21	15	9	22	23
7	20	11	17	13
6	18	14	24	12
8	4	16	1	2
19	10	5	25	3

24	7	25	4	22
6	2	16	9	10
11	1	20	23	18
21	17	5	19	1
8	14	12	3	13

24	15	25	19	23
22	8	14	18	21
10	3	16	4	5
17	7	2	12	9
1	11	20	13	6

图2-1　舒尔特方格举例

◎ 数完25个数字所用的时间越短，注意力水平越高。通常，20秒以内为优秀，36秒以内属于中等水平，超过45秒则注意力问题较大。

◎ 根据学生掌握的不同情况，教师可以适当加大难度，如36格表（6×6）、49格表（7×7）等。

动作训练　培养学生注意力的稳定性，主要解决学生上课坐不住、沉不下心的问题，帮助学生在课堂上长时间集中精力。

◎ 小和尚打坐训练。让学生安静地坐在座位上，在头上放一本书，不许用手扶，要求学生在保持平衡的同时做一些简单的动作和口算题，最后根据书的保持时间和口算正确率进行评分。该训练可帮助学生增强耐性，改掉学生多动、心浮气躁的毛病。

> **策略3**　合理安排学习时间，训练中年级学生的抗干扰能力

随着年龄的增长，学生的注意力能保持更长的时间。对于中年级的学生，教师应适当延长他们学习的时间，要求学生完整学习30~40分钟（一节课的时长）以后再休息。

相对安静的学习环境更有利于学生集中注意力、专心学习或思考。但教师应鼓励学生逐渐学会在有外界干扰的情况下，集中注意力完成学习任务，且当学生成功抵抗干扰时，教师应及时给予肯定与鼓励。

 方法库

1分钟抗干扰训练

1. 抗"言行不一致"的干扰。和学生面对面，教师一边报"眼睛、鼻子、嘴巴、耳朵、眉毛"，一边触摸自己五官与之不对应的部位，让学生跟着做，要求触摸的部位和教师所报的部位一致，而不是和教师触摸的部位一致。例如，教师一边报"眼睛"，一边触摸"鼻子"，如果学生触摸眼睛就对了，触摸鼻子就错了。

游戏在高度兴奋中凝聚学生的注意力，开始时速度慢点，随着熟练程度的加

强，速度可逐渐加快。值得注意的是，必须要求学生既听教师报，又看教师的动作，否则达不到效果。

2. 做相反动作。举手游戏：教师说"举左手"，学生举右手；教师说"举右手"，学生举左手；教师说"举双手"，学生不举手；教师说"不举手"，学生举双手。

3. 鸡兔错位。教师说"兔"，学生双手手指做"鸡头部"形状；教师说"鸡"，学生双手手指做"兔头部"形状。（伸出双手，拇指与食指相触，伸出其余3根手指，形成1个"鸡头部"的形状；伸出双手，食指与中指伸出，其余3根手指握拳，形成1个"兔头部"的形状。）[1]

策略4　通过团体心理辅导课，对注意力水平不良的学生开展注意力训练

团体辅导作为一种轻松、活泼、充满互动性的活动形式，容易被小学生接受。通过团体心理辅导课，对注意力水平较低的中年级学生开展系统的注意力训练活动，有利于提升学生的注意力水平，促进他们养成良好的学习习惯。

团体辅导课可分多次进行，通过不同的活动主题，让学生在彼此间的交流互动中，有效改善注意力不良的情况，逐渐提升自己的注意力水平，完成蜕变。

教师在开展团体辅导课时，一定要澄清活动目标，并讲解清楚活动规则，关注学生在活动中的行为和情绪表达，并及时给予反馈。同时，要重视活动后的分享，鼓励学生在团体中分享自己对活动的真实感受，让学生之间互相启发，达到心灵上的沟通、情感上的共鸣。

---

① 温生彬：《"课堂一分钟注意力训练"应用于小学课堂》，载《校园心理》，2013（1）。引用时有改动。

 **方法库**

注意力水平较低的学生的团体辅导

表2-1展示了一个对注意力水平较低的学生的团体辅导方案。

表2-1　注意力水平较低的学生的团体辅导方案①

活动周次	活动主题	活动目标	活动内容
1	有缘相聚	1. 组建团队。 2. 确立团体目标及活动规则。 3. 引导者与组员建立良好关系，彼此信任。	1. 破冰活动（"桃花朵朵开""圆圈舞""滚雪球"等）。 2. 订立团体契约。 3. 成员签字。
2	耳听八方	1. 学会集中注意力认真倾听。 2. 在活动游戏中体验倾听的乐趣。	1. 激情节拍。所有人排成一纵队，双手搭在前面同学的肩膀上。按照教师口令，双手一起拍一下前面同学的左肩，同时喊1；然后双手一起拍一下前面同学的右肩，同时喊1；再双手一起在前面同学的后背中间拍一下，同时说"我"。之后所有人向后转，把双手搭到前面同学的肩膀上，双手在前面同学的左肩上拍一下，同时喊1，2；然后在右肩上拍一下，同时喊1，2；之后在后背中间拍一下，同时说"我们"。之后每进行一轮就更换方向，并在双手拍中间时所说的字上加一个字，依次为"我""们""是""最""棒""的""团""队"，依次累加，直到8"我们是最棒的团队"。 2. 无敌电报员。将学生分成2~3组，给每组第一个学生一张纸条，让他背下内容并收回。然后由第一个学生小声告诉第二个学生，不能让其他人听到，由此类推，传到最后一个学生，让他在黑板上写出答案，最准确、最快的一组获胜。 3. 成员分享。
3	火眼金睛	1. 认真观察，用心看。 2. 在活动中体验注意力集中需用眼观察。	1. 左抓右逃。围成一个向心圈。向上伸出右手食指。左手成掌，平压在左边同学右手的食指上，看到教师出示的故事里的某个词，及时做出右手避让和左手去抓的动作。 2. 找数字。幻灯片展示一堆杂乱无章的数字，教师念出一个数字，看看谁可以最快地从里面找出来。 3. 成员分享。
4	不拔之志	1. 锻炼意志力，延长注意力集中的时间。 2. 学习克服注意力分散的办法。	1. 正话反说。教师念一个词，挑战的学生必须按照顺序反向大声念出，如教师说"说曹操，曹操到"，学生说"到操曹，操曹说"。反应迟钝或是念错则罚下换另一个学生挑战。 2. 金鸡独立。动作要求：身体立正，双手交叉放脑后，一腿提起至与地面平行。坚持时间长者获胜。 3. 成员分享。

---

① 林小燕、蓝路妹：《团体心理辅导在小学特殊生注意力训练中的实践》，载《中小学心理健康教育》，2017（6）。引用时有改动。

续表

活动周次	活动主题	活动目标	活动内容
5	一心一意	1. 学会专注做事，减少分心。 2. 学会克服困难，提升意志力。	1. "1234。"学生围成一个圈，当教师喊1时，学生伸出左手，向左伸平，五指张开，手心向上。当教师喊2时，学生伸出右手，向右伸平，食指向上。当教师喊3时，学生左手翻转，手心向下，放在左边同学的右手食指上。当教师喊4时，学生左手掌合拢，抓住左边同学的食指，同时右手食指向下逃开。能够抓住左边同学手指且不被右边同学抓住的算赢。当学生熟悉基本规则后，教师可以加快喊数字的速度，以增加游戏的难度和趣味性，还可以请一个学生来喊口令。 2. 新木头人。教师和学生一起喊口令："我们都是木头人，不许说话不许动，不许走路不许笑。"变换口令，最后一句依次改为："左腿落地""左胳膊举起""双手蒙眼睛"等。 3. 成员分享。
6	有缘再见	1. 看到自己与同伴的进步。 2. 掌握提升注意力的方法，应用于学习生活。	1. 热身游戏：动物与植物。 2. 讲述自己在团体辅导过程中的进步。 3. 互述同伴的进步。 4. 总结适合自己在团体辅导过程中提升注意力的方法。

策略5　谨慎判断学生是否存在多动症倾向，必要时建议家长寻求专业帮助

谨慎判断学生是否存在多动症倾向　教师不可轻易给学生贴上"多动症"的标签。学生好动、坐不住不一定就是患有多动症，判断学生是否有多动症，应综合评价学生是否存在注意力缺陷的症状和是否有多动/冲动的症状。一般来说，学生至少持续6个月以上有多动的现象才能被诊断为多动症。

 方法库

测试学生是否有多动症

　　下面是一些学生行为和日常表现的描述。根据实际情况，如果描述符合学生的表现请画"√"，如果描述不符合学生的表现请画"×"。

1. 测试学生是否有注意缺陷的症状。

①写作业时，学生常常不注意细节，容易因为不细心而犯错。（　　）

②学生在课堂上常常难以保持注意力。（　　）

③与学生说话的时候，学生常常心不在焉。（　　）

④学生经常丢三落四，如上学时经常忘带学习用品、生活用品等。（　　）

⑤学生很容易受到外界事物、环境的影响而分心。（　　）

⑥学生往往不能按照要求完成任务（注意排除学生由于反抗和不能理解要求的情况）。（　　）

⑦学生常常丢失学习、活动所必需的东西（如玩具、课本、铅笔等）。

（　　）

2. 测试学生是否有多动/冲动的症状。

①学生常常手脚动个不停，或在座位上扭来扭去。（　　）

②学生话比较多，说话急。（　　）

③在活动中，学生总是不能耐心地排队等待轮换上场。（　　）

④学生常常在别人问话还没说完时，就抢着回答。（　　）

⑤学生不能安静地参与课余活动。（　　）

⑥学生常常在不适合的场合过分地跑来跑去。（　　）

上述两项症状中如果学生有多数符合并持续一段时间以上，就提示学生可能有该项症状。建议通知学生家长并与专业心理咨询和医疗机构、正规医院联系，进一步检查，以确定学生是否真的有多动症。[①]

必要时建议家长寻求专业帮助　如果经长期观察，发现学生确实存在多动症的征兆，教师应该先跟家长沟通，建议家长带学生去专业机构寻求帮助和治疗。长期的研究和实践表明，采用药物、训练等方式，能够有效帮助患有多动症的学生纠正不良行为，且越早发现和治疗，效果越好。

---

① 边玉芳：《读懂孩子——心理学家实用教子宝典（6~12岁）》，38页，北京，北京师范大学出版社，2014。引用时有改动。

第二节 帮助学生增强记忆力

学生总爱忘事怎么办

学生进入中年级，每节课学习的知识点增多了，对记忆力的考验也增加了。有些学生能够很快记住很多知识点，但有些学生的记忆力发展并不乐观。例如，我们班上的小美，是个很乖巧的女孩子，每次课堂上都很认真地听课。然而，我发现每次提问她上节课刚讲过的知识点，她总是想不起来，甚至20分钟以前讲过的内容也会忘记。据她家长反映，小美在家有时也会发生刚说过的事情转眼就忘的状况，甚至连作业本放哪儿了都记不起来。

为了提升学生的记忆力，我找来了许多记忆的方法教给他们，效果却不好，他们仍然在死记硬背。难道是我要求太高？那为什么有些学生的记忆力这么好呢？到底应该采取什么样的教学方法，才能有效帮助班级中那些爱忘事的学生呢？

记忆是智力的重要组成部分，它影响学生学习和生活的方方面面，是学生学习知识、进行交流与互动等行为的基础，也是学生完成学习任务不可缺少的条件。小学中年级开始，学生的记忆力快速发展，有意记忆、理解记忆开始占主导地位。倘若记忆力发展欠佳，学生边学边忘，记不住学习与观察过的内容，会严重影响学习能力的提升。因此，帮助学生提升记忆力有重要的作用。

成长规律

规律1 记忆力水平与学生的学习成绩及未来发展有密切关联

知识的学习是一个系统的、循序渐进的过程，学生需要通过记忆来学习和运用知识，学习掌握新的知识需要建立在理解和记忆已学知识的基础之上。良好的记忆力对于提升学生的学习成绩有着重要的影响。有研究表明，中年级学生的记忆力水平与学习成绩间有着密切的关系。学生记忆力水平越高，学习成绩往往越好；反之，学生的记忆力水平越低，学习成绩往往也越差。记忆力水平对学习成绩差的学生影响更大，且对学生各个学科的学习影响不同。[①]

记忆力是知识积累的必要条件。人只有依靠记忆，才能将大量客观事物认知的信息加以保存和积累。在记忆的基础上，人的理性认识、情感和意志，以及兴趣、能力、性格等才能得以发展。故记忆力水平高低与学生未来长远的发展有着密切的关系。《纽约时报》的一次调查显示：所谓成功者，96%的人记忆力都非常好；所谓失败者，绝大多数记忆力都较差。[②]例如，马克思能背诵海涅和歌德的许多诗句，通晓欧洲多国语言。三国时著名的"建安七子"之一王粲，遇碑文，吟诵一遍，即可不忘。著名的桥梁专家茅以升年逾古稀，还能背诵出圆周率小数点后一百位……

> **规律2　中年级学生记忆力快速发展，有意记忆和理解记忆逐渐占主导地位**

中年级学生记忆力快速发展　中年级是小学阶段学生记忆力发展最为迅速的时期，学生能够根据适当的线索和提示记忆大量信息，并且他们能够记住的不仅是信息的精确细节，还包括信息的核心内容。例如，逛完博物馆，中年级学生会记得这个博物馆的主题、展品的类型等，而不仅仅是具体的展品。

有意记忆和理解记忆逐渐占主导地位　从三年级开始，学生的有意记忆开始占据主导位置，不再仅仅是机械记忆，理解记忆逐渐增加。

◎ 无意记忆是指事先没有确定目的而无意识形成的记忆。有意记忆是指有目的，按照一定的方法、步骤，经过意志努力进行识记而形成的记忆。

◎ 机械记忆是指以多次重复复习为基本条件，依据事物的外在联系，没有多少知识经验可运用而进行的记忆。理解记忆是指建立在对事物内在规律理解的基础上的记忆。

小学生记忆力发展的趋势见图2-2。

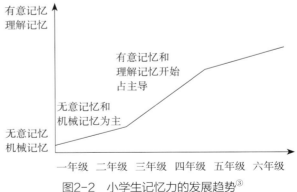

图2-2　小学生记忆力的发展趋势[③]

---

① 付洁：《小学三年级学生记忆力和学业成绩的关系研究》，硕士学位论文，华东师范大学，2010。

② 刘佳佳、刘畅：《浅谈小学低年段学生记忆力训练法》，载《新课程（中）》，2017（5）。

③ 边玉芳：《读懂孩子——心理学家实用教子宝典（6～12岁）》，40页，北京，北京师范大学出版社，2014。

> **规律3　学生的记忆力发展水平受记忆的基本加工和容量、记忆策略、元认知及内容知识四方面的影响**

记忆是一个相对复杂的心理过程，记忆的发展主要受基本加工和容量、记忆策略、元认知及内容知识的影响。充分了解这些因素的发展特点，可以促进中年级学生记忆的发展。

基本加工和容量　记忆的加工是指学生初次获得某种信息后，经过识记、保持，达到再认或回忆的过程；记忆的容量是指在瞬时记忆、短时记忆和长时记忆三个系统中所能包含的容量。

◎ 短时记忆的容量是影响记忆成果的关键因素。研究显示，成人的记忆容量是 7 ± 2 个组块，而7岁儿童的短时记忆容量已增加到5个数字，接近成人水平。

 方法库

测测学生的短时记忆容量

您想知道学生的记忆容量吗？带领学生一起来测试一下吧。

快速念出以下数字，让学生复述，看看学生能否完整、正确地复述出来。

（1）1 9　　　　　　　　　　（2）5 8
（3）7 6 2　　　　　　　　　（4）3 4 8
（5）8 1 7 4　　　　　　　　（6）4 2 1 9
（7）1 8 4 6 7　　　　　　　（8）4 7 3 8 6
（9）5 6 9 1 4 3　　　　　　（10）7 5 4 6 9 1
（11）6 7 1 4 3 8 9　　　　　（12）1 8 4 7 0 9 6
（13）5 6 1 8 9 4 2 6　　　　（14）2 5 9 4 6 7 5 4
（15）8 4 6 7 5 8 2 3 4　　　（16）9 1 5 7 4 8 5 6 8 1
（17）6 4 8 2 7 1 7 6 3 9 2

看看学生能正确重复多少个数字，数字的个数能在一定程度上反映学生的短时记忆容量。如果想提高难度，还可以让学生倒着复述，例如，第一道题，您念"1，9"，让学生重复"9，1"。[1]

---

[1] 边玉芳：《读懂孩子——心理学家实用教子宝典（6～12岁）》，41页，北京，北京师范大学出版社，2014。引用时有改动。

记忆策略　记忆策略是指在学生有意识的控制下，被用来提高记忆水平的认知或行为活动。在记忆的三个基本环节（编码、储存、提取）都可以使用策略。学生的记忆策略是在学习活动中产生的，策略的学习是小学生记忆力培养的主要手段。

元认知　元认知是指学生对自己记忆系统的认知，具体包括对记忆系统的内容、功能的认识和评价，以及对记忆过程的监控。小学中年级学生的元认知迅速发展，开始关注自己的记忆内容是否有意义以及自己的记忆效果。

内容知识　拥有相关内容知识，可以使新学习的内容与原有内容产生关联，促进新知识的加工与提取。例如，儿童专业棋手与相同水平的成人专业棋手对棋局的回忆成绩是相同的，甚至优于成人。

> **规律4**　记忆方法在中年级逐步发展，学生能自发使用复述方法，根据指导运用组织方法，开始学习精细加工和表象方法。不同记忆方法的效果因人而异

随着学生元认知的发展，中年级学生在成人的指导下已经能够掌握运用绝大多数的记忆方法。

自发使用复述方法　学生在低年级时较多地运用复述的记忆方法，在中年级时已经运用得比较熟练，并能够运用记忆策略对记忆材料进行加工，逐渐采取聚类复述的方法进行记忆。

根据指导运用组织方法　中年级学生在成人的提示和指导下，逐渐熟练运用不同的组织记忆方法，如列提纲、做对比、类比、找联系等，把需要记忆的内容间的关系梳理清楚，便于提取记忆，从而提高记忆效果。

开始学习精细加工和表象方法　精细加工和表象的记忆方法也在学生中年级阶段有较快发展，学生在高年级将能更加熟悉和自主地运用这些方法。

◎ 精细加工的记忆方法是指理解需要记忆的内容后，将信息与自己相关的事物相关联，从而使需要记忆的信息变得有意义，以促进记忆。

◎ 表象的记忆方法是指通过创建表象（如想象画面）的方法，将信息连接在一起，从而有利于记忆的提取，增强记忆的趣味性。

不同记忆方法的效果因人而异　记忆方法的效果受学生其他能力发展情况（如信息加工能力、速度等）的影响。且记忆方法使用初期可能效果不明显，在许多情况下，学生使用的记忆方法和成绩的提高并不完全同步，成绩的提高往往滞后于记忆方法的使用。

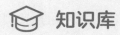 知识库

小学生记忆方法的发展趋势

小学生在不同学段使用的记忆方法有差异，大致呈现出表2-2的发展趋势。

表2-2　小学生记忆方法发展的一般趋势[①]

方法	一、二年级	三、四年级	五、六年级
复述	能运用复述，但不懂得使用聚类复述。	能自发地使用复述策略，并逐渐懂得使用聚类复述。	已经懂得自动使用聚类复述。
组织	逐渐意识到可以使用组织这一方法，但不能自发使用。	在成人的提示和指导下，能使用组织这一方法。	能自发地使用这一方法。
精细加工	不太会使用这个方法。	经过指导后，能在某项具体任务中使用这一方法，但是不能迁移到其他任务中。	
表象	不会使用这个方法，即使进行指导，作用也不大。	在学生记忆时，帮助学生建立表象，有助于提高学生的记忆力，但学生不能自动使用这一方法。	

注：上表为小学生一般的记忆方法的发展趋势，不同学生记忆方法的发展情况存在差异。

规律5　多感官刺激有利于促进中年级学生对材料内容的记忆效果

小学生的记忆主要是通过视觉与听觉获得的，但同时仍存在对嗅觉、动作等的记忆，且采用多种感官同时记忆一个材料的效果好于单一感官的记忆效果。

不同感官的记忆都会对脑细胞进行激活，感官参与越多，脑细胞所接收的信息越多，其兴奋强度越高，记忆效果就越好。例如，用眼看同时又用耳听的记忆效果，明显优于只用眼看或只用耳听的记忆效果。

不同感官信息的记忆存在不同的发展方式。对言语材料的听觉记忆能力在7～15岁持续上升，其发展峰值在13岁左右；而对非言语材料的视觉记忆能力在7～11岁发展较快，在11岁左右达到峰值后不再有明显的上升。

[①] 边玉芳：《读懂孩子——心理学家实用教子宝典（6～12岁）》，44页，北京，北京师范大学出版社，2014。引用时有改动。

育人策略

> **策略1** 通过提出精确的记忆任务、比较记忆前后的差别、制定长期记忆目标、在一定时间内完成记忆要求等途径，巩固学生有意记忆的发展

中年级学生有意记忆开始占主导地位，且有意记忆的效果明显好于无意记忆，故教师应有意识地促进学生有意记忆的发展。教师可以通过明确记忆的目标、鼓励长期记忆等方式，促进学生的有意记忆发展。

提出精确的记忆任务　教师可在记忆前就告诉学生记忆内容的重要性，对学生提出精确的记忆要求，要求学生必须准确地记住材料的每一个细节，而不是概括地记住。例如，向四年级学生提出记忆课文的任务，要求第一组尽可能精确地记住课文的字句，要求第二组努力记住故事的内容。从测验原文字词的结果来看，第一组比第二组好，第一组平均能记住40个词，第二组平均记住32个词。可见提出精确的记忆任务，记忆效果更好。

比较记忆前后的差别　教师可引导学生自己比较记忆前后的差别，从中发现所记忆内容的作用，从而在日后对相似内容的记忆中，明确自己要记忆的目标，进行有意记忆。

制定长期记忆目标　教师要鼓励学生在记忆材料时，有意识地给自己制定长期记忆目标，使记忆更加巩固持久，而不仅仅是为完成一些短期目的（如考试）而短暂地记忆某些材料。

在一定时间内完成记忆要求　教师应指导学生给自己的记忆任务提出时间要求，在规定的时间内完成记忆要求。例如，在30分钟内背熟语文课文、会默写。同时，在下一次记忆类似内容时，可鼓励学生给自己提出更高的要求，如时间由30分钟缩短为20分钟，逐渐提高学习效率。

> **策略2** 营造轻松愉悦的氛围，帮助学生在感兴趣的活动中很快掌握知识

小学中年级阶段，学生有意记忆的发展逐渐追上和超过无意记忆的发展，成为记忆的主要方式，但无意记忆依旧是中年级学生记忆的有效补充。教师应努力营造轻松愉悦

的氛围，促进学生的无意记忆，让学生能够在感兴趣的活动中很快掌握知识。

◎ 让记忆材料给学生造成感觉上的冲击，往往记忆材料越新奇，对学生的冲击就越大，学生也越容易无意识地记住它。

◎ 将记忆材料通过游戏的方式呈现出来，让学生将记忆作为一个快乐的活动积极地面对，从而获得较好的记忆效果。

◎ 将需要记忆的内容融入有趣的故事中，或者结合学生的现实生活，有利于学生无意识地记住它。

> **策略3**　通过概括式的复述、用自己的语言复述、聚类复述等方法，有针对性地训练学生的复述能力，提升记忆水平

小学中年级阶段，复述仍是学生重要的记忆方式之一。学生已经可以自发地使用复述方法，并逐渐懂得使用聚类复述的方法。教师可通过提问的方式，给出一些线索，让学生根据线索去回忆、复述，有针对性地训练复述能力，提升记忆水平。

概括式的复述　引导学生先概括自己的所见所闻，再进行复述。例如，询问学生："周末遇到了什么有意义的事情？""昨天学校广播里都讲了什么内容？"

用自己的语言复述　让学生复述刚阅读过的内容，不必拘泥于具体的文字，可以压缩一些不重要的情景，也可以发挥想象力增添一些细节，能表达相同的意思即可。例如，提问学生："你刚刚看的这个故事讲了什么？给同学们也讲个故事吧。"

聚类复述　引导学生将对相近、同类的内容组块进行记忆。例如，要求学生一起记忆逐步推导的数学定律，配对记忆同义词、近义词、反义词等。

 案例库

发挥想象，丰富复述

我在执教《夸父追日》这一课时，尝试过让学生抓住起因、经过、结果复述整个故事，效果不是很理想。学生往往只关注情节的完整性，而忽视了文本的语言表达。

经过反复研究，我总结了以下几个帮助学生提升复述技巧的方法。

1. 片段复述。《夸父追日》这篇文章比较长，学生一次性完成复述的难度较大，若变课文的完整复述为片段复述会容易得多。每次复述一个片段，对学生的挑战较小，学生容易接受，能够更好地完成复述任务。

2. 结合文体特点。《夸父追日》是一个神话故事，其最大的特点是大胆而神奇的想象。课堂上，教师就应该抓住神话文体的语言特点，让学生在故事留白处、结尾处展开想象的羽翼，创造性地运用语言文字复述。

3. 与情景补白结合。很多故事留有空白，给读者很大的想象空间，精彩的复述往往能把握这些地方。《夸父追日》这一课，夸父风似的奔跑，跑得又渴又累，肯定还遇到了很多困难，想象他可能会遇到什么困难，或许大山挡住了他的方向，大雾蒙住了他的双眼，地面忽然裂开，阻挡了他的去路……

总结：将复述与情景补白、续编故事结合起来，不但提高了课堂效率，而且在重组语言的过程中激发了学生挑战自我的昂扬斗志，更能使他们在复述中不知不觉地悟出道理。①

策略4　利用记忆材料间的组织关系，通过列提纲、画图、做表格、对比等方法，帮助学生记忆

中年级阶段的学生已经能够在教师的指导下，使用组织的方法进行记忆。教师可指导学生通过梳理需要记忆的材料间的内在关联，提升记忆水平。

列提纲　用简要的词句来提示记忆材料的主要内容、次要内容，并根据内容间的关系列出提纲，借助提纲来促进记忆。

画图　将需要记忆的内容先进行整理，然后以图画的方式呈现出来，借助图画促进记忆。

做表格　通过各种表格的形式，对记忆内容进行梳理，促进记忆。

对比　将以往掌握的内容与新的记忆资料进行对比，根据新旧内容的联系与区别对比记忆。

---

① 房香香：《学生复述能力发展策略初探——以小学语文中年级神话为例》，载《教学管理与教育研究》，2017（17）。引用时有改动。

 **方法库**

利用画图的方法记忆词语

教师可以和学生一起做一个小实验，测试利用材料间的组织关系进行记忆的效果。

请认真观察下面20个词语，给你2分钟的时间，看你能记住多少个。

萝卜	牙刷	土豆	飞机	橡皮
毛巾	火车	圆规	扁豆	贝壳
尺子	白菜	绿萝	地铁	茄子
梳子	轮船	太阳	镜子	钢笔

请你在下面空白处快速简要地默写出你记住的词语，并数一数你记住了多少个。在记忆过程中，你都运用了哪些方法呢？

如果这样记忆呢？结合教师的讲解，认真观察右边的图片（见图2-3）。

你觉得这种记忆方法和你刚才的记忆方法哪种更好呢？哪种方法记得多，记得快？

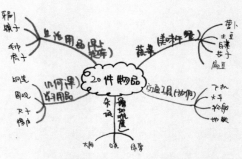

图2-3　利用画图的方法辅助记忆20件物品

> **策略5** 通过图像转换记忆法、谐音记忆法、口诀记忆法、联想记忆法等兼具科学性与趣味性的记忆术训练，提升中年级学生的记忆效果

中年级学生已能在指导下使用精细加工和表象的记忆方法。教师通过指导学生进行一些兼具科学性与趣味性的记忆术训练，能够有效提升学生的记忆效果。

图像转换记忆法　即把所需要的记忆内容与图像相关联，创建表象，借助图画减轻记忆难度。例如，记忆单词"bear"，"b"近似"6"，"ear"是耳朵的意思，联想一个图画——"6只耳朵的熊"，便记住了"bear"。

方法库

运用图像转换记忆法记忆英语单词

1. 形象转换法。例如，"A"像一座尖塔，可将其转换为"塔"的图像。类似的，"n"转换为"门"，"o"转换为"洞"，"f"转换为"拐杖"，等等。

2. 数字法。在英语单词中，某些字母或字母组合的形象很像数字，可将其转换为数字进行联想记忆。例如，字母组合"gloo"可转换为数字"9100"，字母组合"lloo"可转换为数字"1100"。

3. 词中词法。某些单词中有些字母组合本身就是一个单独的英文单词，可以提出来进行联想记忆。例如，"learn"中字母"l"用数字法转换为"1"，字母组合"ear"用词中词法转换为"耳朵"，字母"n"用形象转换法转换为"门"，从而联想图画：一只耳在门下学习。

谐音记忆法　即通过相近或者相同的读音，再加上某种外部联系，去联想记忆一些原本彼此间关联不大的学习材料。例如，学生课外阅读记忆入侵中国的"八国联军"时，可以将每个国家的首字提取出来，用谐音组成一句话来记忆——"饿的话，每日熬一鹰"（俄国、德国、法国、美国、日本、奥匈帝国、意大利、英国）。

口诀记忆法　即利用口诀、顺口溜等辅助记忆。例如，学生记忆运算顺序可以通过儿歌："混合试题要计算，明确顺序是关键。同级运算最好办，从左到右依次算，两级运算都出现，先算乘除后加减。遇到括号怎么办，小括号里算在先，中括号里后边算，次序千万不能乱。每算一步都检查，又对又快喜心间。"

联想记忆法　即通过相似联想、接近联想、对比联想等不同方法，指导学生把记忆的材料与自己体验过的事物联结起来，以增强记忆效果。例如，"扬、肠、场、畅、汤"和"情、清、请、晴、睛"两组汉字，每组字的右边都相同，汉语拼音也有共性，前一组汉语拼音韵母都是"ang"，后一组汉语拼音韵母都是"ing"。把字形、字音相近，能互相引起联想的汉字编成一组，有利于学生记忆。

案例库

文艺路第二小学的科学记忆课程

辽宁省沈阳市沈河区文艺路第二小学多年来以全脑教育为理念，开发了全脑母语系列课程，在母语学习中注重各项认知能力的开发。根据不同年龄学生的心、脑发育程度，按照低、中、高三个学段设置课程内容。

其中，中年级开设的是"科学记忆"，以经典诗文、成语词汇作为训练载体，提高学生快速记忆的能力。课堂上训练学生将左脑的逻辑思维与右脑的形象思维结合起来，引导学生通过谐音定位、词语联想等方法，把枯燥乏味的记忆内容转化成形象生动易记的物象，并通过有趣的奇特联想串联起来，强化记忆效果。以物象为根本，以联想为关键，以谐音为窍门，达到记忆省时、长久、牢固的目的。同时，在轻松、高效的训练中，达成对经典文化的积累。[①]

科学记忆与传统记忆的对比见表2-3。

表2-3 科学记忆与传统记忆的对比

项目	科学记忆	传统记忆
记忆原理	借助联想，形成物象，全脑记忆。	熟读成诵，左脑记忆。
记忆方式	编故事记忆法、连锁记忆法、联想记忆法、照相记忆法等。	反复看，反复读，或者根据词语意义进行记忆。
能力提升	联想力、记忆力、创造力。	理解能力、记忆能力。
情绪体验	注意互动，激发兴趣，主动记忆。	困难大，普遍缺乏兴趣。
记忆效果	省时、长久、牢固。	费时、短暂、易忘。

策略6 帮助学生养成经常思考、先理解后记忆的好习惯

对大脑而言，理解后的信息更容易被记住。思考可以促进学生对信息进行精细加工，做到先理解后记忆。

以提问的方式，引起学生对需要记忆内容的思考，从而帮助学生在理解的基础上再进行记忆，培养学生理解记忆的良好习惯。例如，在学生背诵古诗《黄鹤楼送孟浩然之

[①] 叶凌宇：《思维教学为轴心，构建精彩课程体系》，载《新校长》，2016（8）。引用时有改动。

广陵》时，引导学生思考诗句的意思——"老朋友在黄鹤楼与我辞别，在明媚的春天去往扬州。孤帆远去，渐渐消失在水天尽头，只见滚滚长江向天际奔流"，从而进行理解记忆，记住诗词。

让学生先了解需要记忆的材料的背景知识，然后在理解的基础上，背诵相关内容。例如，学生需背诵王维的《送元二使安西》，教师可让学生先了解诗词写作的相关背景资料，包括时代背景、作者资料、这首诗创作的背景等，然后让学生带着这些信息去理解、背诵古诗。

策略7 指导学生多种感官共同参与记忆，促进记忆水平的提升

要记忆外部信息，首先需要接收这些信息，而接收信息的"通道"不止一条，有视觉、听觉、动觉、触觉等。多种感官共同参与记忆，记忆效果要比单一感官参与记忆强得多。

课堂中，教师除了充分调动学生的视觉和听觉之外，还应当注意调动学生的运动知觉。例如，要求学生在记忆单词时，一边写，一边大声诵读，一边看着单词的释义。又如，指导学生在记录课堂笔记时，并不是把教师说的每句话都记下来，而是以听懂为基础，边听边积极思考，总结教师讲课的要点，记下关键的字或句子。

 **案例库**

调动多感官参与记忆

在学习完第七单元"水果"后，课下有学生说："老师，我分不清lemon和orange这两个单词，也区分不出这两种水果的图片。"还有的学生好奇地问："老师，柠檬是什么味道的？它和橘子有什么区别呢？"

听到学生的疑问，我真是太开心了，我知道学生的好奇心和疑问对于英语学习是多么的重要。于是，在下一节课前，我买来柠檬和橘子，和学生一起学习lemon和orange。

学生通过听、模仿，学会了读这两个单词。通过用眼睛看，观察到了橘子是圆的，柠檬是椭圆的，也联想记住了orange的第一个字母是o，lemon的第一个字母是l；橘子的颜色是橙色的，柠檬的颜色是黄绿色的。通过触摸，知道了橘子的皮是粗糙不平的，柠檬的皮是相对光滑的；橘子和柠檬比起来，柠檬要更硬一些。通过实际的品尝，知道了柠檬是很酸的，橘子则是甜甜的。

总结：通过手、眼、耳、口多感官参与学习lemon和orange后，学生不仅能准确地记住单词的发音，还能很快地辨认出单词和图片。

——北京市房山区良乡中心小学教师　李英

策略8　引导学生总结适合自己的记忆方法，及时巩固记忆

引导学生总结适合自己的记忆方法　教师应有意识地观察学生能否正确使用复述、组织和精细加工的记忆方法，并引导他们关注自己的记忆过程，思考记忆过程中使用的方法，评价不同记忆方法的效果，从而发现并总结适合自己的记忆方法。例如，询问学生："你觉得怎样背课文更快呢？""你觉不觉得对比记忆数学公式更容易？"

引导学生及时巩固记忆　针对中年级学生记忆保持时间短、正确性差的特点，教师应引导学生及时巩固记忆。课堂中，教师可带领学生反复多次复习学过的内容，并进行检查，以避免遗忘，保证记忆的正确性。课堂教学之外，教师可在日常生活和游戏中寻找机会，帮助学生复习学过的知识和内容。例如，让学生在游戏中造句，复习学过的词语。

第三节 培养学生的思维能力

学生思维能力弱怎么办

进入四年级以来，很多课程的难度在增加，对于思维能力的要求越来越高，班里学生思维发展的差异也越来越明显。例如，在一次几何课上，我让学生们尝试着运用不同的方法去计算一个四边形的面积，大多数学生十分活跃，有的甚至想出了三四种方法；然而，有几个学生绞尽脑汁，却连一种方法都想不出来。

还有一次，我让学生们动手操作，尝试用木块拼接出不同的图形。有些学生的想象力特别丰富，很快就能从我的例子中举一反三，拼接出各式各样的图形；而有的学生却一直循着我的方法，不知变通，一个新的图形都拼不出来……

随着学业难度的增加，思维能力对于学生学业的重要性也在凸显。怎样才能有效地培养学生的思维能力，让班级的每一个学生都学会积极主动地思考，从不同的途径解决问题呢？

思维指的是人接受信息、储存信息、加工信息以及输出信息的过程，是人类区别于动物的关键。小学阶段，学生的思维能力都在飞速发展，而小学中年级是学生由形象思维转化为抽象思维的关键时期。教师在这一阶段培养学生的思维能力，激发学生的思维潜能，将为学生日后的发展打下良好的基础。

成长规律

规律1 思维是智力的核心，任何一个学科都需要对学生进行思维培养

思维是智力的核心 人的一切活动都是建立在思维活动的基础上，在思维的支配下有效进行，其他智力因素（如记忆力、想象力、注意力等）都是在为思维活动提供信息原料和动力资源。思维是智力的核心，是反映一个人智力高低的主要标志。

思维培养是教育的本质目的之一。古人云，"授人以鱼，不如授人以渔"，指的就是教师要教给学生获取知识的思维方法，使学生学会独立解决问题。而仅靠模仿学习、被动接受知识是不行的。

任何一个学科都需要对学生进行思维培养　通过明确学科对象、掌握学科思想与方法、认识学科特征等途径，让学生形成学科特有的思维方式，从而有效提升学生的学习能力与知识水平。

◎ 语文、英语等语言学科教学中，听说读写都是以训练学生的思维为核心的，将思维与语言结合在一起进行训练。语言的理解和表达离不开思维，思维和语言可以相互促进、相得益彰。

◎ 数学学科解决问题的思路是"化难为易，化繁为简，化未知为已知"，即通过一定的数学思维、方法和手段，将问题转变为一个熟知的数学形式，然后运用熟悉的数学运算予以解决。

◎ 品德与社会、科学、信息技术等学科教学中，通过演示多媒体、动手实验、小组讨论、课外实践等多种方式，使学生们的形象思维更加敏锐，逻辑思维得到延伸，思维的创造性也进一步发展。

规律2　小学中年级是学生由具体形象思维转化为抽象逻辑思维的关键时期

随着大脑前额叶发育的完善，小学生思维的发展迎来一个飞跃期，即从具体形象思维为主要形式逐步过渡到以抽象逻辑思维为主要形式。一般认为，这个飞跃期的关键年龄出现在四年级（9～11岁），如果教育条件适当，这个关键年龄可以提前到三年级。

与具体形象思维不同，抽象逻辑思维不以人们感觉到或想象到的事物为起点，而是以概念为起点进行思维，进而再由抽象概念上升到具体概念。例如，教师在指导学生直接进行数学运算"$20 \times 3=60$"的过程中，通过例子帮助学生理解抽象的概念，如班里有20个学生，每个学生要发3个作业本，教师一共需要准备多少个作业本。这个过程就是在帮助学生从具体形象思维向抽象逻辑思维过渡。

小学生的逻辑思维水平随着年龄的增长而发展，中年级学生的思维在很大程度上仍然是直接与感性经验相联系的，具有具体形象性，但已初步具备了抽象逻辑思维的基础。帮助中年级学生的抽象逻辑思维发展是最近发展区任务。

🎓 知识库

最近发展区

　　"最近发展区"这个概念是由苏联著名心理学家维果茨基提出的。他认为学生的发展有两种水平：一种是学生的现有发展水平，是学生独立活动时所能达到的解决问题的水平；另一种是学生的潜在发展水平，也就是通过教学所获得的潜力。两者之间的地带就是最近发展区（见图2-4）。

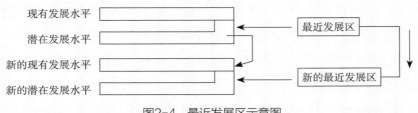

图2-4　最近发展区示意图

　　学生的最近发展区以隐性方式存在于思维之中，设计学习内容时需要定位在班级大多数学生的最近发展区，为学生提供带有难度的内容，是学生"跳一跳"能够达到的，以此调动学生学习的积极性，发挥其潜能，跨越其最近发展区而达到下一发展阶段的水平，然后在此基础上进入新一个阶段的发展。

> **规律3**　思维能力主要包括深刻性、灵活性、独创性、批判性和敏捷性五个方面，其中，灵活性与敏捷性培养对中年级学生尤为重要

　　思维能力是多方面内容的总称，其水平可以表现在多个维度上，其中主要有深刻性、灵活性、独创性、批判性和敏捷性五个方面，个体间的差异也正体现在不同学生的优势维度不同。

　　深刻性　指思维活动的抽象程度和逻辑水平，以及思维活动的广度、深度和难度。思维深刻的学生能够深入思考问题，抓住事物的规律和本质，预见事物的进程。

　　灵活性　指思维活动的灵活程度。思维灵活的学生往往可以举一反三，进行知识的迁移，打破固有模式的限制，从不同角度，运用多种方法，根据实际情况，采取有效措施解决问题。

　　独创性　指独立思考，产生具有价值的新颖性成果。具有独创性思维的学生能够突

破常规，提出与众不同的见解，钟爱发明创造、科学探究。

批判性　指通过一定的标准评价思维，对思维进行反思进而改善思维的特质，是当代各国教育非常关注的方面。具有批判性思维的学生能够客观、公正且多角度地思考，敢于质疑他人，尤其是权威人物的观点。

敏捷性　指思维过程的正确、迅速程度。思维敏捷的学生在处理问题和解决问题的过程中，能够适应迫切的情况，积极地思考、周密地考虑、正确地判断和迅速地得出结论。

几乎不会有学生在思维所有的方面都表现十分出色，也很少有学生在任何一个方面都表现得很差。

◎ 有的学生回答问题反应很快（思维的敏捷性），但回答的内容通常只是对教师问题表面的反馈，而没有进行更深入的思考（思维的深刻性）。

◎ 有的学生思考的速度不是特别快，却经常能够指出同学甚至是教师的错误，有时让教师觉得他们是故意捣乱，但其实这是他们批判性思维的体现。

灵活性与敏捷性培养对中年级学生尤为重要　因为它们能够帮助学生提升智力与学习能力。教师针对性的教育与训练对学生思维能力的影响深远，可以促使学生思维的灵活性与敏捷性得到潜移默化的提升。

规律4　中年级学生的好奇心强，有利于他们思维能力的提升与发展

好奇是儿童的天性　中年级开始，学生的思维不断发展，好奇心增强，他们对外界的各种知识充满浓厚的兴趣。这些兴趣引导他们自发地探索知识，并在探索的过程中逐渐提升与发展思维能力。

好奇是生疑的基础，生疑是思维的开端　没有好奇，没有生疑，便没有发现。学生在发现问题并逐渐探索学习知识的过程中，在教师的合理引导下，依靠独立思考，发挥主观能动性，调动学习积极性，在学习、积累知识的同时，也锻炼了思维能力。

发掘学生的好奇心，可以使学生在知识的获得过程中更加主动、积极，使他们的思维一直处于活跃状态，保证学生能够长时间地进行有效思维。

规律5　中年级学生思维的变通性较差，易产生思维定势

中年级学生思维的变通性较差，容易在解决问题时从固定的角度观察与思考，以固

定的方法接受事物，在解决问题时形成思维定势。这在思维能力较差的学生身上更为明显。这类学生常常表现为不善于动脑或不愿意动脑，难以想出新点子，只能掌握固定的一种解题思路，不喜欢发明创造性的任务，面对练习题时很难做到一题多解。

适度训练可以帮助学生体验新的思维模式，促进思维的发展。然而，同一方法训练过多，可能导致学生产生惯性思维，导致思维僵化，从而事倍功半。

🎓 知识库

卢钦斯（A. S. Luchins）水杯量水实验

一、实验目的

测试思维定势的群体及影响。

二、实验设计

将被试分为实验组和控制组两组，实验组从第1题做到第8题，控制组只做第6~8题。共招募实验组1 093个被试，控制组970个被试，包括中小学生、大学生、研究生、未上过大学的成人及大学教授。具体实验结果见表2-4。

表2-4 水杯量水实验结果　　　　单位：毫升

问题编号	容器大小			取水量
	A	B	C	
1	21	127	3	100
2	14	163	25	99
3	18	43	10	5
4	9	42	6	21
5	20	59	4	31
6	23	49	3	20
7	15	39	3	18
8	28	76	3	25

三、实验结果

解答第6～8题时，实验组有83%的被试沿用之前的解题定势，使用了B−A−2C，而控制组中仅0.6%的被试这样做了，且有64%的实验组被试没有解决第8题，而控制组中只有5%的人没有解决它。

因此，思维定势极大地影响着各个年龄阶段、各种教育水平的人，小学生亦不例外。思维定势在解答同类问题时可能产生迁移，而在解答不同类问题时可能产生消极影响。[①]

育人策略

策略1 全面认识中年级学生的思维发展特点，着重培养中年级学生思维的灵活性与敏捷性

全面认识中年级学生的思维发展特点　教师在培养中年级学生的思维时，应当客观了解学生，对学生进行全面认识，不能仅仅重视思维能力的某一方面，而应引导学生思维的全面发展，以提升学生的智力和学习能力。但对于中年级学生而言，着重培养思维的灵活性与敏捷性有着重要的意义。

培养思维的灵活性　思维灵活性的培养离不开教师的精心设计，教师丰富多彩的学法指导能够促使学生提升分析、综合、迁移、举一反三等能力。[②]例如，通过创设情境、设置悬念、巧用道具等教学手段，更好地激发学生的学习热情，使学生及早进入积极思维状态。又如，让学生互相批改作业，并进行错题剖析，主动寻找错题产生的原因，加深对知识的掌握。再如，教师可从例题入手，变换条件，让学生寻求结论的不同之处；或者变换结论，让学生寻求条件的不同之处；或者变换问题的思考角度，让学生尝试一题多解；或者变换提出问题的背景，引导学生多题同解……用各种方法培养学生思维的灵活性。

培养思维的敏捷性　思维敏捷性的培养必须建立在学生主动参与、积极思维的基础之上。只有学生准确掌握基础知识和形成熟练的基本技能，达到融会贯通，才能做出正确、迅速的反应。

---

① A.S.Luchins，"Classroom Experiments on Mental Set"，*The American Journal of Psychology*，1946，59（2），pp.295–298.
② 孙丽君：《课堂教学中如何培养学生思维的敏捷性和灵活性》，载《都市家教》，2012（11）。

◎ 一方面，教师可使学生置身于某种具体的情境中，让学生成为情境中的某个角色，从而使学生思考问题时与情境中的节奏相符，不能任意拖延时间。

◎ 另一方面，教师可对学生的思维活动设定时间限制，并在学生能够达到的速度范围内逐步提高要求，通过循序渐进地训练，增强学生思维的敏捷性。

 方法库

提升学生思维灵活性和敏捷性的小活动

1. 100种用途。教师可以给出一样生活中很常见、不起眼的物品，如曲别针、铅笔、椅子等，请学生在短时间内尽可能多地想出这种物品的用途，可以设定100种目标，激发学生的挑战欲望。

2. 词意联想。教师给出一个启发词，可以是常见的形容词，如"喜悦"，请学生想出尽可能多的能够表达"喜悦"含义的词。

3. 动词发散。教师给出一个常用词，如"来"，请学生在3分钟之内尽可能多地写出与"来"相关的动词，如"过来""起来""进来"等。

这几个小活动在锻炼学生思维能力的同时，还能够培养学生的表达能力和联想能力。教师可以让学生自己写，在3~5分钟内写出尽可能多的答案。也可以调动课堂气氛，让学生以小组为单位轮流说，看哪个组说得多，数到"3"，想不出来的小组就会被淘汰。

策略2 精心设计课堂教学内容，利用多种方式锻炼思维能力

教师培养小学生的思维能力，应采取多种多样、充满变化的方式方法，为小学生的活跃思维提供联想的空间，从而使小学生在面对实际问题时，能够真正做到多角度地思考问题与解决问题。

精心设计课堂教学内容 学生在学校中的绝大多数时间是在课堂上，课堂上知识的学习与发现过程同时为学生思维能力的训练提供了内容。因此，教师应合理利用课堂教学的机会，锻炼学生的思维能力。例如，在语文教学中对段落分层、文章分段，锻炼概括总结的能力。又如，在科技课中，通过对航空模型的动手组装，总结出飞行

的知识原理。

利用多种方式锻炼思维能力　教学中，教师还可采用以下几种方式锻炼学生的思维能力。

◎ 以提问激发兴趣，发散学生思维。

◎ 以解读内容要点，促进分析能力。

◎ 以叙述自我观点，培养思维认知。

◎ 以实际应用操作，锻炼手脑协调。

 方法库

数学课堂中如何进行有效思维训练

1. 营造愉悦的学习气氛。教师首先要给学生创设轻松愉悦的学习环境，学生在快乐的气氛下，思维往往是开放的，有利于进行合理的想象，从而既培养了学生的逻辑思维能力，又提高了他们的学习积极性。

2. 组织灵活多样的课堂活动。教师可在数学课堂上开展丰富多彩的活动，帮助学生进行思维训练。例如，通过讲授、图片展示、演示实验等活动，帮助学生了解基本概念；通过讲故事、小品、对话、竞赛等活动，提升学生的学习兴趣；通过分析、归纳、背诵等活动，强化学生的记忆；通过开展小组竞赛、研究性学习等活动，培养团队精神等。

3. 联系生活，提升学生的数学思维。数学来源于生活，教师应在课堂教学中让学生建立数学与生活的联系，让学生觉得学有所用，并建立和巩固自身的数学思维方式。例如，让学生比较相同周长的三角形、长方形、圆哪一个的面积最大，可让学生观察家中的水桶、脸盆、杯子的形状，进而引导学生发现容器制作的规律：相同周长的三角形、长方形、圆，三角形的面积最小，圆的面积最大；正方形和六角形相比，边越多的面积越大。

策略3　在教学中运用教具与多媒体等呈现形式，帮助学生从具体形象思维过渡到抽象逻辑思维

中年级学生正处于具体形象思维向抽象逻辑思维转化的关键时期，很多人的思维仍依赖于具体的形象。因此，教师在教学过程中应尽量通过教具或多媒体的方式，为学生

提供具体形象，逐渐引导他们抽象逻辑思维的发展。例如，在数学教学中，学生自我操作或教师演示操作学具与教具，通过摆、拼、剪、制作、测量、画图等形象表达方式，能够直观地将抽象的概念具象化。这符合中年级学生"感知—表象—概念"的认识规律，从而辅助学生逐渐脱离实物进行思考。

当学生逐步适应了中年级的学习模式之后，可以考虑减少教具的辅助，以促使学生运用内部思维。当然，对于新接触的知识，仍需要大量运用实物或多媒体教学，以减少学习过程中的思维负荷。

 案例库

三借铁丝，探析周长

　　周长是小学几何中重要的基本概念，但对于具体形象思维占优势而抽象逻辑思维相对较差的小学生来说，理解周长的概念有一定难度。教师可巧妙地运用铁丝作为道具，帮助学生准确建构周长的概念。

　　1. 借用铁丝围一围，理解周长的本质。教师出示一组同样长的铁丝，从线段的长度属性让学生感知周长。先将这些铁丝首尾相连，分别围成长方形、三角形、圆等图形，再将其拉直还原成一条线段，引导学生发现，"图的周长可以看成一条线段的长度"，"不同图形的周长可以相等"等。

　　2. 借用铁丝思一思，明晰周长的要义。教师运用铁丝呈现反例△ △ ∠，引导学生思考、纠错，认识到有周长的图形应该是"首尾相连""没有空缺"的，封闭图形才有周长。

　　3. 借用铁丝辨一辨，深化周长的认识。教师先用一根铁丝围成一个平行四边形，然后把它压扁为更"矮"的平行四边形，再把它变成一个长方形（ ▱ → ▱ → ▭ ），最后把所围成的图形解开、拉直。引导学生得出结论：图形周长与所围图形的铁丝长度有关，与它所谓面积的大小无关。

　　小结：中年级学生仍以具体形象思维为主，运用教具多层次地演绎，能够帮助他们形象地理解周长的概念，获得良好的教学效果。①

---

① 黄毕年：《三借铁丝 探析周长——"周长的认识"教具的选择与利用》，载《小学数学教育》，2017（5）。引用时有改动。

> **策略4**　利用思维导图，培养中年级学生的抽象逻辑思维能力，提升学习效率

　　思维导图是表达发散思维的一种有效的图形思维工具。合理使用思维导图，对于培养中年级学生的抽象逻辑思维、提升其学习效率有着重要的影响。

　　思维导图是一种将思维形象化的方法，是指用图解的方式和网状的结构，加上关键词和关键图像，储存、组织和优化信息。

　　绘制思维导图的过程就是信息提取和分析加工的过程，通过线条将关键信息加以联系、扩展，并去除冗余信息，只凸显关键的文字和图形，从而帮助学生快速记忆和储存大量的信息。

　　对于中年级学生而言，熟练使用思维导图，可以提升语文、数学、英语、科学等多个学科的学习效率。

　　◎ 语文。帮助学生预习课文、背诵诗词、阅读分析、语言表达等。

　　◎ 数学。帮助学生理解抽象的公式、定理，建立起数学思维，养成巩固、自省、提升的闭环学习方法。

　　◎ 英语。帮助学生识记单词、掌握基础的语法规则等。

> **策略5**　通过探索实际问题、激发好奇心、赋予选择权、设定目标等途径，引导学生逐渐发展内部动力，自主探索，塑造思维能力

　　探索实际问题　从生活中的例子让学生体验到学习、思考的作用。让学生了解，运用学过的知识以及在这些知识基础上进行思考，可以解决生活中的很多实际问题，从而建立学习、思考的兴趣。例如，学生学习利率的相关知识时，教师可以将银行的活期存款和定期存款的利率告诉学生，让学生决定自己的压岁钱应该如何处理；让学生决策是不是要买某一类打折卡，或者至少要用几次，打折卡才划算。通过类似事例，学生能体会到学习数学的意义以及勤于思考的乐趣。

　　激发好奇心　通过向学生提出他们现有知识无法解答的问题、引导学生思考以前没考虑过的问题等方式，激发他们的好奇心和兴趣，提高内部学习动机。

方法库

发现教学法

著名心理学家布鲁纳认为，培养学生思维能力的最佳方式是发现学习，主张学生自己发现问题、解决问题。布鲁纳提出的发现教学法主要有以下步骤。

1. 根据学生的好奇心，提出能使他们感兴趣的问题。对某一情境下的新问题，学生会根据已有知识产生不确定的判断，因而激发他们积极思考。

2. 向学生提供有助于解决问题的材料。

3. 教师作为指导者，以问题为中心，进行材料分析。学生在此过程中不仅积极思考，还会寻找多种解决问题的方法。

4. 引导学生对得出的多种方法进行检验，并通过比较得出最适宜的方法，将问题解决。

赋予选择权　给学生留一些自由的空间，让他们拥有一定的选择权，如选择学习的内容、学习的方式等，从而使他们对自己感兴趣的内容更加深入地探索与学习，并在此过程中不断训练自己的思维能力。

设定目标　即帮助学生建立自己的目标。当目标是由自己设定而非他人强加时，学生会更愿意付出努力。当有了明确的目标后，学生会更加努力地思考，而思考的成果使他们在达到目标时认识到思维训练的意义。

策略6　重视与家长的合作，协同家长对学生的思维进行培养，以达到事半功倍的效果

重视与家长的合作　学生各自的思维能力发展水平有所不同，思维不同方面发展的优势也不同。因此，教师在短时间内往往难以全面了解每一个学生思维发展的特点，故需要与家长充分沟通，对学生的思维状况有全面的了解，使训练更具针对性。

协同家长对学生的思维进行培养　教师在教育教学中难以对所有学生进行足够的思维培养，因此，教师要向家长传达思维能力发展对于学生的重要性，与家长的培养相辅相成，达到事半功倍的效果。例如，科学课上教师可以通过多媒体视频教学，告诉学生蝴蝶是由卵到幼虫再到蛹，最后破蛹而出的。考虑到个人养蝴蝶的难度太大，家长可以

在课下陪同孩子养蚕，和孩子一同慢慢观察幼虫是如何变成飞蛾的。这个过程会充分激发孩子的好奇心和想象力，培养孩子的观察与分析能力，有利于其思维的发展。又如，学校可以多开展一些科技创新活动，并多层次、多角度地设立奖项，让学生觉得创新不是一件很难的事情，使他们体验到成功的喜悦。家长则要充分鼓励孩子积极参与此类活动，并与孩子一起构思、动手实践。

　　学校和家庭相互协调，可以让学生感受到教师和家长都在为自己的发展协同努力，从而受到极大的鼓舞，产生向上的动力，激发成就感，并最终转化为进取的实际行动。在这个过程中，创新思维亦得到了培养。[①]

---

① 张怡：《浅谈家校合作如何培养小学生创新能力》重庆市北碚区两江名居小学教师。——项目校供稿

第三章

主动学习激发

第一节　培养学生良好的学习动机

为了买玩具而学习的小彬

　　小彬是班上一个非常聪明的小男孩，在一、二年级的时候经常得A。然而，从三年级开始，我发现他上课总是很散漫，作业也不好好完成了。一天中午，我把他叫到办公室来，跟他聊最近的学习生活情况。聊天中他提道："以前得A，爸爸都会给我买一个新的玩具。但这学期开始爸爸说我大了，得把精力放在学习上，不能老给我买玩具了，考得好都没有奖励了，真没意思。"原来，他一直认为学习就是为了得A而有新玩具，得不到新玩具，学习也就没有了积极性。

　　那天下午的班会课上，我问学生："你们学习是为了什么呢？"学生们争先恐后回答，说什么的都有："为了以后上重点中学。""为了考上好的大学。""为了考个好成绩。""为了妈妈奖励我。""为了挣大钱。"……只有少数几个学生说："为了知道更多的知识。""我喜欢学习。"

　　从学生的回答中可以看到，他们学习大都是为了获得家长的表扬或者一些物质奖励这样外在的东西，而这样的外在激励很难长久保持效果。如何才能让学生从内心爱上学习，理解学习的价值，享受学习的乐趣呢？

　　学习动机是激发并维持个体进行学习活动，导致其行为朝向一定学习目标的一种内在过程或内部心理状态。随着学习难度的增加，中年级学生的学习动机也开始表现出差异，学习动机的分化是中年级学习成绩分化背后的重要影响因素。如何激发学生的学习动机，使学生发自内心地热爱学习，并主动自发地持续投入学习活动中，是值得教师关注与思考的重要问题。

成长规律

> **规律1**　根据引发学习动机的原因，学习动机可分为外部学习动机和内部学习动机

学生的学习动机直接影响其学习态度和学习效果，也是造成中年级学生学习分化的重要因素。

根据引发学习动力的原因，可将学习动机分为外部学习动机和内部学习动机。

外部学习动机 指由学生学习过程之外的刺激所诱发出来的动机，即"要我学"。学生学习的动力来源于外在的附属物，较多地受外在因素影响。例如，小彬努力学习的动机是考个好成绩，让爸爸买玩具，当爸爸不给他买玩具时，他就失去了学习热情。

内部学习动机 指由学习活动本身的因素诱发出来的动机，学习的动力来源于学生内在的学习需要，即"我要学"，是发自学生内心的一种积极能动的力量。拥有内部学习动机的学生，会纯粹因为知识的乐趣和成就感而学习，或是因为他们想要解答某个疑惑、体验自我实现而学习。

 **知识库**

小学生学习动机分类

小学生的学习动机可以细分为四类，具体见表3-1。

表3-1 小学生学习动机的不同类型[1]

学习动机类型		具体内容
外部学习动机	附属性动机	为了获得来自权威人士（通常是教师、家长）的赞许或认可而努力学习。学习目标主要指向学习成绩。例如，为了得到父母的表扬而学习，为了以后能挣大钱而学习。
	威信性动机	为了赢得名次、自尊与地位而学习。其目标是着眼于学习的外在利益，把学习成就看作赢得地位和自尊心的手段。例如，为了获得好成绩、名列前茅而学习，为了获得同学的尊重而学习。
内部学习动机	认知性动机	为了获取更多的知识信息，满足掌握知识和解决问题的需要。它以好奇心和求知欲为基础，目标指向学习本身。例如，为了学习更多知识、充实自己而学习。
	成就性动机	为了完成新奇的、有难度的任务，希望参与竞争并超越他人而努力学习。例如，为了解决难题的成就感而学习，为未来的成功做铺垫而学习。

规律2 外部学习动机和内部学习动机均能有效促进学习，中年级是学生开始由外部学习动机向内部学习动机转变的关键时期

外部学习动机在激励学生学习和保持良好的习惯方面具有重要的意义，其作用是不可忽视的，尤其是在学习的初始阶段。

---

[1] 王有智：《西北地区小学生学习动机发展特点的研究》，载《心理发展与教育》，2003（1）。引用时有改动。

外部刺激诱使学生开展最初的学习行为后，学生会从学习行为本身的结果中获得满足和认同感。这是一个外部学习动机内化的过程，当个体逐渐培养出对事物的兴趣和热爱后，由内部力量操纵的动机会更加持久和稳定。

随着年龄的增长和自身知识的积累，内部学习动机对于学生学习起到的作用会逐渐增强，而外部学习动机的作用会逐渐降低。内部学习动机强的学生对于学习更加执着、热忱，享受学习的乐趣，不畏困难，更容易获得学习上的提高。

进入中年级，学生的抽象逻辑思维逐渐发展，自我意识增强。他们逐渐能够摆脱对外部控制的依赖，开始考虑自己行为的后果、长远的目标，增强对于学习意义的理解，内部学习动机更加清晰、明确。在这个过程中，学生对待学习的态度，逐渐从"要我学"转变为"我要学"，中年级是学生开始由外部学习动机向内部学习动机转变的关键时期。

规律3　与低年级相比，中年级学生的学习动机由强转弱

研究显示，小学低年级是小学阶段学习动机总体水平最高的阶段。进入中年级后，学习动机呈现下降趋势，其中三～四年级是小学生学习动机水平下降最快的阶段。原因如下。

随着年级的增加，学生已经熟悉了小学的学习模式和课程设置。中年级学生不再像进入小学不久的低年级学生那样对学习充满了新鲜感。且进入中年级后，学习内容的趣味性相对降低，知识性增强，学习内容增多，任务加重，外部压力较大，若得不到科学引导和教育，则会导致动机强度减弱或产生厌学情绪。

进入中年级后学习的任务加重、难度增加，不同学生之间的学习效果和学习成绩逐渐开始分化。积累成就的同时，学生失败的经历也逐渐增加，从而打击了学生对于学习的成功动机，使一些学生的学习动机由强转弱，开始逃避学习，甚至产生一定的厌学情绪。

在这个过程中，对于仍然以外部学习动机为主的学生和学习中挫败感较强的学生来说，学习动机的减弱也会更为明显。

知识库

小学生英语学习动机随年级升高呈下降趋势

　　研究者用问卷调查的方式，研究了江西省赣州市2所小学的三、四、五、六年级共8个班502名学生的英语学习动机情况。研究发现，小学生英语学习动机水平在年级上存在显著的差异——小学生英语学习动机的总体水平和各类动机水平均在三年级最高。随着年级的升高，小学生的总体学习动机和各类学习动机的水平均呈下降趋势，尤其是三年级到四年级下降最为明显（见图3-1）。[①]

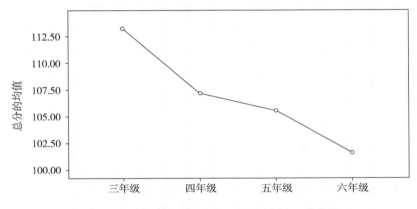

图3-1　不同年级学生英语学习动机水平变化图

> **规律4　学习兴趣是中年级学生学习动机的重要影响因素**

　　兴趣是学生发自内心地对学习内容浓厚的好奇心和学习欲望。兴趣对于发展学生的内部学习动机具有至关重要的影响。

　　在学习过程中，如果学生对学习的内容产生较强的好奇心，便会产生探求的欲望，从而促使学生努力学习来满足好奇心，产生学习动机。反之，如果学习内容平淡无奇，学生的学习积极性可能就不高，难以激发出学习动机。

　　如果学生在学习过程中对学习内容兴趣浓厚，就会带着愉悦的心情接受和完成学习任务，并在解决问题的过程中体验到快乐、兴奋等积极的情绪，学习动机自然就高。如

①　万晴、赖福聪：《小学生英语学习动机年级差异研究》，载《基础外语教育》，2018（3）。引用时有改动。

果学生对学习任务缺乏兴趣，就可能草草了事，不能专心投入学习，甚至体验到负面情绪，学习动机就不会很高。

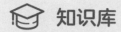

知识库

心流体验——兴趣的极致状态

您在生活和工作中，有没有过这样的时候呢？如此专注地投入一项活动中，充满能量，甚至忘记了时间、空间。

美国芝加哥大学心理学教授米哈里·契克森米哈伊（Mihaly Csikzentmihalyi）提出了"心流体验"这个概念，就是指这样的投入状态：当一个人将精神完全投注到某种活动上时，所产生的一种行云流水、身心合一的感觉。米哈里教授最初是在运动员投入比赛时观察到他们处在这样的状态，后来他在很多场合发现人们高度专注于一件事情时会有这样的心流体验。

心流体验产生的时候，人会达到一种忘我的状态。在心流体验中的人，是很享受的。这个过程本身并不一定轻松，反倒可能很耗费精力，但能带给人很高的能量，就像运动员比赛时整个人是绷紧而享受其中的，只有停下来以后才会感到累。

当学生对于学习产生强烈的兴趣、积极投入学习时，很可能会有心流体验。可以说心流体验是学生有高度热情、强烈学习动机的极致体验。

您班级中的学生，是不是经常处于心流体验中呢？当下课铃响时他们是什么反应呢？"啊，这么快就下课了！还没上够呢！""哎呀，好闷呀！好想出去玩！"显然，前一种学生是处在心流体验中的，他们具有高度的内部学习动机，享受学习和探索的过程，乐在其中，以至于下课铃响时，会感到有些失望。

> **规律5   教师期望和家长期望能够提升学生的学习动机**

教师期望   教师期望是指教师在对学生的认识基础上，对学生未来的行为和学习表现的判断与期待。教师对学生的期待与鼓励会促进学生学习动机的提高，进而促进成绩的提升。

◎ 从中年级开始，学生的自我意识快速发展，学生更加相信自己的判断，不再盲目遵从成人的引导，逐渐学会用"批判"的眼光对待教师，不再满足于教师简单的表扬，而是更渴望教师的肯定，与教师平等交流，获得尊重。

◎ 教师对学生学习成果的肯定和尊重，会有更加明显的效果，成为学生学习的动力，要避免增加学生的负面焦虑情绪，使学生产生精神压力，削弱学习动机。

家长期望　家长期望也是影响孩子学习动机的重要因素之一，主要包含家长对孩子成绩的期待、对成绩的态度等。

◎ 如果家长能够及时肯定孩子在学习上的进步，鼓励孩子坚持不懈，并给孩子恰当的指导和较大的自主发展空间，就容易激发孩子的学习动机，增强孩子的学习主动性。

◎ 如果家长对孩子的学习活动限制较多，容易压制孩子学习的自主性，使孩子形成"学习是为了家长"的错误观念，学习动力逐渐减弱。

育人策略

> **策略1**　通过说明意义、提升实用性、创设向学的班级和校园环境，提升学生对于学习价值的理解和认同，使学生更积极地投入学习中

对于小学生而言，学习的内容是来源于生活的，而教育的本质也应该是让学生能够更好地认识世界、理解世界，有能力做自己生活的主人。将学习内容与学生的现实生活联系在一起，能够大大提升学生对于学习价值的理解和认同，提升学习的积极性。具体可以做到以下几点。

说明意义　教师有意识地向学生解释学习这个知识或者做这个练习的意义和实用价值，让学生理解学习的意义。例如，"学习数学就像是在做思维体操，能够帮助你锻炼自己的逻辑思维能力"，从而激发学生对学习的兴趣。

提升实用性　贴近学生生活的学习情境、与学生的日常生活有关联、学到之后能够在生活中使用的知识，能够有效激发学生的求知欲，让学生体验到成就感。新课程标准很明确地提出了"为用而学，在用中学，学了就用"的原则。例如，在英语教学中，可以教学生一些简单的英文歌曲，让学生和同伴合作编对话、表演对话；给朋友写英语信、发电子邮件等。

创设向学的班级和校园环境　环境是能说话的，好的环境本身就对学生的学习有促进作用，能够激发学生的学习兴趣。教师可以创设学习氛围浓厚的班级环境：在班级不同角落布置图书角、趣味知识展示、学生的小发明创造等，使学生置身其中，潜移默化地形成良好的求知欲。在校园中，也可根据环境特点，设置不同学科角落，如充满古典园林特色的诗词小径，趣味展示各种公式、定理的科学长廊等。

> **策略2**　采用趣味性和游戏的方式，将游戏与知识点相结合，选择恰当的游戏时机，注重人人参与，可有效提升学生的学习兴趣，激发其内部学习动机

"书山有路勤为径，学海无涯苦作舟。"千百年来，这句话激励了多少学生努力学习。但学习只能是"苦"的吗？学习只能是终日坐在书桌前看书做题吗？不是的，学习也可以变得有趣！而且，有趣的学习更能激发学生的学习积极性，使学生从心底爱上学习。

小学中年级的学生处于童年末期，仍然是好动而爱玩的，在学习中引入趣味性和游戏的方式能够有效提升学生的学习兴趣，激发其内部学习动机。同时，体验能够让学生学得更快、记得更牢。如何让学生在玩得好的同时也学得好呢？教师应该注意以下事项。

将游戏与知识点相结合　游戏的设计最好与本节课所要教授的知识点相结合，让学生在快乐游戏的同时，促进知识点的学习。例如，在课堂开始时用游戏进行新知识引入，在课堂中间用游戏进行知识点练习，课堂结束时用游戏进行知识点的复习。

选择恰当的游戏时机　建议每节课有5～10分钟的游戏时间。课堂开始时的游戏，可以帮助学生快速从课间向上课转换；课堂进行20分钟左右，学生容易感到疲劳，引入一个小游戏可以缓解学习疲劳，集中学生的注意力；课堂结束前的游戏可以作为对学生一堂课努力学习的奖励。

注重人人参与　尽量采用每个学生都能参与的游戏形式，参与其中才能获得良好的游戏体验。如果是竞赛性的游戏，选择团体竞赛而不是个人比拼，能够在一定程度上缓冲竞赛本身带给学生的焦虑和心理压力。

 案例库

课堂游戏举例

1. 语文游戏：词语接龙。从任意一个字开始，如"车"，学生要说出一个以"车"开头的词，如"车水马龙"，以此类推，10秒钟内接不出来的学生会被淘汰。这个游戏可以在小组内或者全班中进行，提升学生的组词能力，增加词汇量。教师还可以进行成语接龙，提升难度，要求接的词语必须是成语。

2. 数学游戏：数7。学生从1开始报数，每人按顺序大声报一个数字，报到带有7的数字或者7的倍数时，学生不说出来，而是拍一下手掌。这个简单的游戏可以增强学生对于数字的敏感度，练习倍数的应用。当学生已经能够熟练进行时，教师可以增加难度，如不从1开始，从一个较大的数开始，如100；还可以在这个规则的基础上增加条件，如遇到数字4或者4的倍数，学生不说出来，而是快速站起来再坐下（同时在这个规则的基础上满足4和7的话就要快速站起来拍手再坐下）。

3. 数学游戏：比大小。教师按照学生的数量准备等量的卡片，每张卡片上写一个数字。每个学生抽到一张卡片，悄悄地记下卡片上的数字（不要被其他人看到）。当教师喊"开始"后，所有学生不许说话，通过动作、表情等方式，比出数字的大小，按照数字从大到小站成一排。这个游戏有一定的挑战性，教师可以根据当前的学习进度采用多种数字形式，帮助学生进行练习，包括正数、负数、分数、小数等。这个游戏需要一定的时间，很适合在班会课进行，在练习数学知识的同时，可以帮助学生提升沟通能力和团队合作能力。

4. 英语游戏：大市场。这是一个源于教育戏剧的活动。教师可以根据所教学的内容设计一个场景，例如，学习食物名称时可以将教室变为一个菜市场，每个学生想象自己是菜市场中的一个角色，如某种蔬菜或水果商人、逛菜市场的人等，并给自己制作名牌和简单的道具。市场开始营业时，所有学生用英语在其中进行交流。教师也可以扮演其中的一个角色与学生进行交流，尤其是引导交流有困难的学生参与到活动中。这个活动可以帮助学生开口表达，练习学到的知识。教师也可以设计其他各种场景，如新年聚会、医院、马路上等。

策略3　适当控制学习任务的难度，给予学生一定的挑战，使学生在获得成就感中提升学习动机

教师在给学生布置学习任务时，应适当控制一下难度，尽量在学生现有的学习水平基础上提供有一定挑战性的任务，使学生在学习过程中能够获得成就感，从而提升学习动机。

选择的任务要与学生学习的可接受水平相匹配　教师在布置任务前要对学生现有的水平有充分的认识，选择比当前学生的能力水平略高、学生跳一跳够得着的难度水平，激发学生的学习动机。

　　任务的呈现要符合由易到难的顺序　呈现的学习任务要有一定的难度梯度，由简单的开始，逐步过渡到较难的，学生的认知水平也可以在问题难度提升的过程中逐渐得到提升。

　　适当提供有挑战性的任务　面对太难或者太容易的任务，学生都难以提起精神。教师可在恰当的时候为学生准备一些富有挑战性且通过较多努力探究才能够完成的学习任务。这类任务可以不作为成绩的参考，但仍能获得奖励，从而利用挑战性激发学生的学习动机。

 方法库

如何判断任务难度是否恰当

　　教师在教学过程中，随时观察学生在完成任务时的反应和感受，能够有效判断当前任务难度是否合适。在教学中，您需要注意以下信号（见表3-2）。

表3-2　判断任务难度的信号

任务在学生能力之下	任务难度恰当	任务超过学生能力范围
我肯定能做到！	我知道一些……	我完全没头绪……
我已经知道如何做了！	让我想想！	我想不明白……
这很容易！	这个好像稍微有点难。	我不知道从哪儿下手……
我懒得做……	我感到了挑战……	我在白费劲！
好无聊呀！	我得加油！	这根本就没意义！
根本不费力气！	我想这样试试……	我很沮丧！

　　适当开展挑战性、竞赛性的学习活动，使每个学生都能参与其中，从而使学生对学习的内容更加感兴趣，充分激发学生的学习动机。在实际操作中有以下注意事项。

　　◎ 挑战、竞赛的形式应多样化，能够全员参与，使每个学生都有参与练习、展现自己才华的机会。

　　◎ 在多种竞赛形式中，应以团体竞赛为主。团体竞赛能够在一定程度上缓冲竞赛本身带给学生的焦虑和心理压力。

　　◎ 竞赛过程中既要鼓励优秀、进步的学生，也要对失败的学生给予支持，帮助他们正确分析原因，找到努力的方向，避免学生产生骄傲自满或沮丧自卑的情绪。

> **策略4** 恰当运用口头表扬、行为表扬、给予特别的机会和权利、物质奖励等外部奖励措施，调动学生的外部学习动机

教师给予中年级学生多样化的外部奖励，特别是精神奖励，并明确表达自己对学生的期望，对于调动学生的外部学习动机有明显的作用。

运用口头表扬 学生表现得很好，教师可适当给予学生口头表扬。注意表扬要针对学生的具体行为，避免过多使用"你真棒"之类的概括化表扬。例如，"你在遇到困难题目时尝试使用不同的策略，我很欣赏你的努力，坚持下去！""这节课你听得很认真，这能帮助你更好地理解新知识"等。

运用行为表扬 教师可运用肢体语言表现出对学生的肯定，如为学生的出色表现竖大拇指、鼓掌等。

给予特别的机会和权利 课堂上，教师赋予学生一些其他同学没有的小权利或给予学生额外的机会，也可以作为一种奖励。例如，和教师一起吃一次午餐，可在图书馆多借一本书，免写一次作业等。

物质奖励 中年级学生需要以精神奖励为主。物质奖励要控制频率，尽量不要超过每月一次。教师可以在某些特定的情况下，如比赛、考试进步等，准备一定数量的奖品，如书籍、文具等，更好地激励学生前进。

 方法库

利用强化物深化学生的学习动机

如果学生按照要求完成了学习任务后得到了来自外部的物质奖励和满足，或者来自内在的自我价值提升，那么在以后遇到类似的情形，做出类似行为的可能性和频率就会大大提升。

1. 中年级阶段强化物的选择应是实物与精神强化相结合，以精神强化为主。

2. 当学习动机处于形成阶段时，学生做出了教师期望的行为，就要及时进行强化，以促使学生保持良好的行为。

3. 当学习动机处于稳定阶段时，教师可运用代币制来强化学生的学习动机，即在学生表现优秀时发放交易票、礼品券等代币，使他们可以用代币交换自己喜

欢的物品。

4. 中年级学生可尝试自我强化，即强化物不再由教师给出，而是由学生自己决定。学生可自己决定评价标准、选择强化物并支配强化物，且随着学生成功体验的频率增加，强化的频率可随之减少。

> **策略5**　家校协同，帮助家长扭转观念，调整奖励方式，恰当表达期望，给出积极反馈，为孩子营造好学、宜学的家庭氛围

进入中年级后，大多数家长会很关心孩子的学习情况。他们和教师一样，希望孩子能够发自内心地喜欢学习，积极主动地投入学习中。但实践中可能采用的方式不对，如本节开始时"教师的困惑"中小彬的爸爸。教师可以指导家长与教师配合，同步培养学生良好的学习动机。

调整奖励方式　帮助家长理解中年级学生学习动机的特点，使家长理解此时是培养内部学习动机的关键时期，过度的物质奖励可能会影响内部学习动机的形成。引导家长将取得好成绩就"给你买玩具""带你出去玩"之类的外在激励方式转变为以精神奖励为主，积极肯定孩子付出的努力和取得的进步。但这个转变的过程需要逐渐过渡，给孩子适应的过程，避免像小彬爸爸这样突然取消外部奖励。

恰当表达期望　教师可以引导家长积极向孩子表达自己的期望，告诉孩子自己对他的信任与肯定，经常鼓励孩子，使孩子对学习充满信心，提升学习动力。注意期望要具体，符合孩子的能力，例如，"你能行，这篇课文你半个小时就能背完"，"我觉得你再思考一下，就可以解出这道题"。

营造好学、宜学的家庭氛围　孩子的学习需要外部环境的支持，离不开家庭氛围的营建。儿童的天性是善于模仿，而家长就是孩子首要的模仿对象。一个排斥学习的家长很难教育出一个热爱学习的孩子。教师可以鼓励家长根据自身情况，在工作之余积极用各种方式学习以提高自己，如阅读、学习某项新技能、考取资格证书等，这样的氛围能够促使孩子主动向学。另外，也需要帮助孩子布置一个适宜学习的环境，选择合适的书桌、台灯，避免过于花哨的文具，保持学习空间的安静、整洁、有序，避免放置电脑、电视、玩具、零食等干扰学习的物品。

第二节　指导学生采用恰当的学习方法

? 教师的困惑

努力学习却成绩下滑的小华

我教三年级的数学课。小学一、二年级的数学相对简单，随着年级的增加，学习难度逐渐加大，我发现了一些情况。班里的小华二年级时，作业和练习几乎每次都能全部答对。可三年级时，却出现了一些答不出的题目。这样的情况并不是个例，不少学生都在学习中出现了这样那样的问题或困难。大家都显得有些沮丧，尤其是小华，特别受打击，课堂上一蹶不振。小华非常苦恼，他问我："我上课认真听讲了，作业也按时完成了，为什么好多题目都不会呢？"另外，也有一些同学向我反映，上课明明听懂了，课后做作业时却做不出来……

我想，学生成绩下滑一方面是中年级课程学习难度加大，还有一个重要原因是低年级的方法不再适用于中年级复杂知识的学习，学生需要对自身的方法进行调整，保持高效的学习状态和良好的学习效果。作为一名中年级教师，我如何才能帮助学生们掌握适合自己的学习方法呢？怎样使学生主动运用恰当的学习方法提高学习效率呢？

学习方法的使用是衡量学生学习能力的重要指标，是学习效率的重要影响因素。随着年级的升高，低年级学生以简单记忆为主的方法不再适用于中年级的学习，学生有了掌握更加复杂学习方法的需求，以适应对知识的综合应用。中年级时，教师教会学生根据不同学习内容的特点使用恰当的学习方法，对于学生更加高效地学习有着重要的意义。

成长规律

规律1　中年级学生学习内容难度增加，学习能力增强，需要且有能力掌握更为丰富的学习方法

与低年级相比，中年级学生学习的知识数量和难度逐渐增加，对于学习方法的要求更高。在这个阶段，学生由机械性、形象性学习逐渐转变为理解性、抽象性学习，学习能力逐步增强，能够掌握的学习方法不断丰富，也更为有效。学生逐渐学会精细加工、组织、调节、学业求助等学习方法。

◎ 中年级学生能够对学习的信息进行口述、概括、比较并与其他内容建立联系；纠正错误，使用应试策略，复查做过的题目；懂得寻求同伴和家长的帮助，查找资料等。

◎ 虽然中年级学生逐渐开始掌握较为复杂的学习方法，但由于自身能力发展的局限，他们仍难以掌握一些学习方法。

◎ 中年级学生还不太懂得如何克服干扰，也不太能自己合理安排时间，在主动、自发地进行自我检查和设置目标方面也有所欠缺。

> **规律2**　学习方法指导能够提升学生的学习效率与学习积极性，同时增强教师的教学成就感

现阶段，很多教师在工作中非常注重本学科教学内容及具体学科知识的传授，而忽视了对学习方法的指导，容易造成教师辛苦教学，学生也很努力学习，但学习效果平平的困境，需要重视对学生学习方法的指导。学习方法指导在中年级教学中的意义如下。

提升学生的学习效率　大部分学生是非常想努力学习的，却在短时间内迅速拉开学习上的差异，其中有智力及个性因素，但更重要的是学习方法上的差异。

提升学生的学习积极性　每个学生的智力及个性都不同，适合自己的学习方法也是个性化的。学生非常渴望找到适合自己的学习方法，摆脱盲目用功，从而提升学习的效率，更好地体验到学习的成就感，愉悦地投入学习中。

增强教师的教学成就感　和学生想要学好一样，每个教师也都非常想教好，于是花了大量时间研究教材，精进教学方法。然而，"有效的教"只有在与"有效的学"双管齐下时，才能产生最好的学习效果，让教师在教学中体验到真正的成就感。

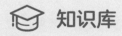 **知识库**

学习方法高水平者与低水平者的差异

不同学习水平的学生在形成、学习和使用学习方法上具有很大的差异。学习方法水平高的学生（学习成绩优异的学生）和学习方法水平低的学生（学习暂时落后的学生）在分辨何时何地完成何种任务、使用何种方法最为合适时往往存在

差异，且他们在学习方法使用的数量和质量上都存在明显的差别（见表3-3）。

表3-3　学习方法高水平者与低水平者的差距

维度	学习方法高水平者	学习方法低水平者
方法的选择能力	能根据获得的信息、遇到的问题，选择合适的学习方法。	不能抑制不必要信息的干扰，不能有效地选择线索，不能恰当地选择最合适的方法。
方法的使用情境	能自发（不需要他人提醒）地使用方法。	不能自发（需要他人提醒）地产生解决问题的方法和评价使用方法的效果。
方法的质量	不但懂得恰当地运用方法，还能在学习过程中形成适合自己的方法。	由于缺少丰富的相关经验，难以获得及使用高级的、复杂的方法。
方法的效果	能享受学习方法带来的好处。	不能充分享受学习方法带来的好处。

学习存在困难的学生往往缺乏学习方法，在使用学习方法时水平较低，具体表现为他们不能抑制不必要的信息输入，不能有效地选择线索，不能适当地利用编码策略，不能自发地产生解决问题的策略和评价使用策略的效果。

学习存在困难的学生在使用学习方法的频率和质量上也显著低于学习成绩优异的学生。当他们能够正确掌握好的学习方法时，其学习效果和效率自然会有所提升，学业成绩也会随之提高。[1]

> **规律3**　完整的学习过程包括课前预习、听讲与记笔记、解决疑难、复习整理、完成作业、巩固记忆、课外学习七个环节，掌握学习方法的核心是能够有效完成这七个环节

"学习方法"是教师经常挂在嘴边的一个词，但学习方法的内涵是什么，到底该关注哪些学习方法，很多教师却没办法给出系统的说明。其实学习方法是与学习过程的每个环节高度相关的，完整、高效的学习方法需对应学习的各个环节。一个完整、高效的学习过程包括七个必要环节，学习方法也需要关注这七个环节，缺一不可。

课前预习　提前了解新课的内容，带着问题学习。然而，很多学生虽然有预习，却

---

[1] 刘电芝：《小学儿童数学学习策略的发展与加工机制研究》，硕士学位论文，西南师范大学，2003。引用时有改动。

只是草草看一遍课本，为预习而预习，流于形式。

听讲与记笔记　这是学习中最重要的一环。高效的听讲，需要处理好听讲、思考与记笔记的关系。很多学生无法兼顾，只顾听讲或者埋头记笔记。

解决疑难　"堂堂清"，不让问题积攒影响后续学习是非常重要的，很多学生缺乏自觉主动消除疑难的意识，甚至弄不清自己有什么问题。

复习整理　先回顾课堂学习内容，整理笔记复习，再做题，能够有效提升学习效率，而这个环节恰恰常被学生忽略了。直接上来就做作业，往往效果不佳。

完成作业　作业一方面是反馈学习情况，这个反馈不只是让教师了解学生的学习情况，更是为了自我检测，是另一个复习的机会。作业中尤其需要注意的是纠错。

巩固记忆　平时多次巩固，远胜过考前昏天黑地地背书。每天写完作业后，整体对当天学习的核心知识点进行记忆，并利用睡觉前、早上起床等时间再反复多次记忆。

课外学习　课外学习是课内知识学习的补充和延伸，这是成为优秀学习者必备的步骤。

> **规律4**　学习方法具有个体差异性，认知能力、学习基础、性格特征不同的学生适合不同的学习方法

每个学生都有自己不同的喜好、性格、思维习惯、学习风格和成长经验等。学习方法的使用不是孤立的，它受到自身个性特征及学习特点的影响。不同特质的学生，需要的学习方法是差异化的。

认知能力　学习过程需要进行认知加工，消耗加工能量。学生的认知能力与自身已经具备的加工能量成正比。认知能力高的学生加工能量更加丰富，在理解和记忆过程中适合用一些抽象性强的方法。而认知能力低的学生加工能量不足，适合一些更为形象性的方法。

学习基础　学生已有知识的掌握情况对学科学习方法的掌握有着重要影响。如果学生基础知识扎实，往往对该学科的思维训练方法更容易接受，掌握该学科的学习方法也更好。如果学生对学科已有知识掌握得不牢固，往往也难以很好地掌握该学科的学习方法，从而影响之后的学习。

性格特征　性格比较内向的学生，倾向于独立在安静环境下自己学习，这样会使他们的思考更专注，解答问题也能更加严谨和全面。但是，活泼好动的学生喜欢和同学一起讨论，在讨论中思维能够得到发散、启发，学习效果更好。

🎓 知识库

不同感官偏好者适合的学习方法

　　人类具有视觉、听觉、味觉、嗅觉、触觉、动觉等感觉，每个人对不同感觉通道的敏感性有所不同。常见的感官偏好有视觉偏好、听觉偏好和动觉偏好。不同感官偏好的学生在学习方法上也有很多不同。

　　视觉学习者喜欢看图片、画画，难以理解口头指令。这样的学生学习时需要更多可视化方式，使用各种关系图表来记笔记、整理知识点，还可以进行一定的涂鸦，思维导图是很好的学习方式。

　　听觉学习者喜欢听故事、音乐，也有很好的表达能力，通常听课效果和记忆力都是同龄人中较好的，成绩一般也较好。他们可能会喜欢边学习边听音乐或者通过小声念来帮助记忆。

　　动觉学习者喜欢通过活动来学习，长时间坐着听课对他们会有很大困难，在学校很容易被当成"问题学生"。这样的学生需要有更多的活动量，可以鼓励他们边走边听边读，自习课可以站起来或者原地小幅度活动身体，记忆时将知识点与身体动作相结合以增强记忆效果，并多与同学讨论。

　　在三种感官偏好中，视觉学习者数量是最多的，约占总人数的一半，听觉学习者约占两成，动觉学习者约占三成。

规律5　学生运用新的学习方法，要经历方法的探索阶段、方法领会的初步运用阶段、方法使用的退化阶段，需要时间去理解和消化，才能发挥应有的效果

　　学生刚开始运用新的学习方法，效果并不一定会"立竿见影"。只有当学生熟练掌握这种方法、懂得正确使用这种方法时，才能真正发挥这种方法的效果。

　　有研究者对我国三～六年级学生运算策略的获得和运用进行研究发现，小学生学习方法的获得可以划分为以下三个发展阶段。[①]

　　方法的探索阶段　学生学习了某种方法后，成绩并没有表现出相应的提高，甚至出

---

① 周少贤、王福兴、徐菲菲等：《小学3～6年级儿童数运算策略的获得及策略应用无效性》，载《心理发展与教育》，2010（5）。

现下滑，亦称应用无效性阶段。

　　方法领会的初步运用阶段　随着方法使用次数和能力的增加，学生学习成绩开始逐渐上升，超过学习该方法前的成绩水平，并维持在一个比较稳定的状态。

　　方法使用的退化阶段　经过一段时间后，学生使用该方法仍有效，但所获得的效果呈略微下滑的趋势，最终停留在稳定的水平。

　　因此，在学生学习方法的使用过程中，可能会出现成绩波动甚至下降的情况，但这并不代表学习方法是无效的。从学生认识到逐渐消化、理解再到真正学会正确使用该方法需要一定时间。

育人策略

策略1　中年级学习方法指导的切入点和核心是教会学生有效完成学习的各个环节

　　"学习方法"这个概念再容易不过，但实践中很多教师会遇到困难，到底该从哪些方面来培养？学习方法包罗万象，有限的时间中该从哪些方面切入？

　　学习方法指导的本质是教会学生如何学习知识，能够从知识的主动获取、思考理解、记忆巩固和提取应用四个阶段来完成对知识的掌握。中年级学法指导的切入点和核心是对七个学习环节的指导，帮助学生了解都有哪些学习环节，每个环节的意义和要达到的目标是什么。

　　在此基础上，需指导学生根据各学科的不同，制定符合学科实际的具体学习方法，把常规的、通用的学习方法融合到具体学科中，形成具有学科特色的学法指导。

策略2　开展课程式、讲座式、渗透式、交流式、辅导式等多种形式的学习方法指导，帮助学生找到适合的学习方法

　　学习方法本质上是一种技能，相比知识性教学，更强调实际应用，必须以应用为导向。教师可根据需要，综合使用以下各种方式。

　　课程式　以班级为单位，开设专门的学习方法指导课，或者在学科教学课中专门利用一段时间进行系统的学习方法指导。这种方式的好处就是针对性强，适合放在每学期刚开学、期中、期末进行。

讲座式　讲座通常以年级为单位进行，可以放在年级集会中，每次针对一个主题集中进行，如"高效复习技巧""听课记笔记两不误"等。这种方式的好处是每次可以针对整个年级，方便、高效，适合每学期集中进行1~2次。

渗透式　渗透式是目前教师最常使用的指导方法，在学科教学讲到某个内容时，将对应的学习方法指导融入教学环节。例如，在讲授某篇课文前，为学生布置预习提纲，指导学生该从哪些角度进行预习；讲授完成后，指导学生如何复习总结。这种方式的好处是将方法与内容结合在一起，学生边学方法边在具体的学科内容情境下应用，学习效率高，教师可以在讲授过程中随时进行。

交流式　让学生相互交流自己的学习方法体会，可请一些较为成功的学生或者高年级学长向大家介绍学习方法，也可以请学生将学习方法进行书面总结，通过手抄报等形式进行展示。这种方式的好处是学生易于接受，交流气氛和谐，学生能相互启发。相比教师讲授与指导的方式，学生自己想到的方法会更贴合其身心发展特点，利于实施。

辅导式　即针对学习方法有问题的学生进行个别指导。部分学生需要个性化的学习方法，通过集中的学习方法指导无法获得有效方法。这时教师可通过一对一交流或者相似学生组成小组来进行辅导。这种方式的好处是针对性强，但大部分情况下，需要辅导的学生无法主动寻求帮助，需要教师敏锐识别出哪些学生在学习方法上遇到了困难。

> **策略3**　精心设置学习环节，调动已有经验，增加参与性，增强操作性，将方法外化，提升学习方法指导的效果

好的学习方法指导需要和学科内容教学一样，经过精心设计，环环相扣，从学生当前已有经验入手，引领学生向适合自己的方法提升。

调动已有经验　学生到了中年级阶段，已经有一定的学校学习经验，在学习方法上有了相当的积累，有自己相对固定的学习方法。中年级的学习方法指导不能无视学生的前置经验，空地架高楼，而需要先了解学生现有的学习方法，在这个基础上指引学生进行调整，更适合当前学习的特点。

增加参与性　鼓励学生积极参与到学习中，而不是被动地听教师讲。启发学生探究，并鼓励同伴间的交流讨论，让每个学生找到适合自己的个性化学习方法，而不是遵从"唯一正确"的学习方法。

增强操作性　用亲身操作代替传统的学习方法指导的讲解和讨论，以具体学习内容

为实例，边学边练，让学生能够将学到的方法加以应用。

将方法外化　学习方法是在学生头脑中看不到摸不着的，很容易看似懂了但并不准确，让学生用口头、书面方式表达出自己的学习方法，将"模糊"的方法清晰呈现，增加理解深度，便于教师了解学生的掌握情况。

 **案例库**

一堂针对预习的学习方法指导课教学设计

表3-4呈现了一个对预习方法的指导课教学设计方案。

表3-4　预习方法指导课设计

时间/分钟	形式	内容	目的	注意事项
3	教师讲授	引入本节课的教学内容和目的：帮助每个学生找到适合自己的有效预习方法。	让学生带着目标学习，调动学习积极性。	预习的目的一定要着眼于促进学生学习而不是便于教师讲授。
15	个人任务	以一篇将要学习的课文为例，请学生用自己常用的方法自行预习。	技能性学习需要人人动手，提升学生参与度，使讨论聚焦于本次预习的体验，避免泛泛讨论方法。	强调这个环节是便于后面讨论，没有好坏之分，让学生轻松展现自己当前的预习状态。
5	两人交流	与同桌交流：上述15分钟内，你都做了哪些事情，做这些事情的目的和好处是什么。	通过口头表达，帮助学生厘清自己当前的预习思路，为下一个环节集体讨论做准备。	一方面可以讲出自己的预习过程，帮助学生进一步梳理已经掌握的预习技能；另一方面可以和同伴交流，相互借鉴。
10	集体讨论	请学生分享自己做的一件事和这么做的好处，教师在黑板上记录；请所有做了这件事的学生举手，记下人数；每个学生只分享一件，直到全部预习事项都分享完并记录下来为止。	全体学生共同汇总经验，可开拓学生的思路，同时帮助教师了解学生当前预习方法的掌握程度。	教师只是记录并感谢每个学生的分享，而不评价方法合适与否；为增加趣味性、鼓励学生积极参与小组讨论，可以让学生回答时分享同桌做的事情而不是自己做的。
5	教师讲授	教师从执教者的角度，分享自己希望学生在学习新课时已经做好哪些准备。	从教师教学视角梳理预习的意义和要求，触发学生思考自己的预习方法，提升方法的有效性。	教师从分享自己授课对预习的需求出发，不去评论学生方法的适合性，学生才会自己去找方法。
2	布置作业	教师鼓励学生实践今天学习的预习方法，请学生以另一篇将要学习的新课文为内容进行预习，并做一份预习手抄报，讲讲自己的预习过程。	将技能从理论转向实践应用，并用书面描述的方法使学生对自己的预习方法进行再次深度思考和整理。	手抄报（形式自选），鼓励图文并茂，收集之后可张贴在板报栏中，供学生自行观看，学习同伴的经验。

策略4　调动学生学习新的学习方法的积极性，并及时对学生使用学习方法的效果进行反馈

调动学生学习新的学习方法的积极性　教师应积极鼓励学生尝试不断学习新的适合自己的学习方法，告知学生使用学习方法前后效果的差异、效率的提高等，让学生真正明白学习方法的益处，充分调动学生的积极性。

◎ 教师可通过观察、交流、同伴介入、日常渗透等途径帮助学生掌握新的学习方法，使学生明白学习方法的价值，了解学习方法的具体操作步骤，清楚方法的使用条件，能够根据具体任务与情境选用适当的方法。

◎ 要求学生独立评价学习方法的有效性，使他们明确方法为什么有用，以及使用学习方法比不使用学习方法更有效，从而激发学生自发使用方法的积极性。

 案例库

有效评价促进学习方法的使用与掌握

北京市平谷区金海湖第二小学开展了主题为"让朵朵桃花争芳斗艳——做有志少年"的评价研究，以评价展板为主阵地，开展同伴捆绑晋级式评价。班主任和学科教师结合学生实际情况，设立2人同伴互助小组，教师和学生依据学习方法、习惯培养、学业成就等内容开展日常互评和他评活动。

同伴互助小组获得10个"幸福花"可兑换1个"开心果"，累计10个"开心果"可兑换1个"快乐娃"。班主任依据各同伴互助小组获得"幸福花""开心果"和"快乐娃"的数量，每周按学生人数的20%评选出"银牌搭档有志少年"，每月按同伴互助小组20%的比例评选出"金牌搭档有志少年"，并上报学校。期末各班结合评价展板的结果进行表彰和奖励。

与此同时，学校还在学期初开展暑假优秀作业评选表彰，学期末进行"勤学标兵""进步标兵""作业标兵""敢于提问标兵""学习姿势标兵""书写标兵""诵读标兵"等学习标兵的评选。

各项评价工作进一步激发了学生的学习兴趣，促进了高效学习方法的使用及掌握，培养了学生自理、自立、自学、自律等良好的学习习惯。

小结：中年级学生具备更强的自我约束能力，适合一些精神上的奖励、延迟奖励，因此，教师及时、正确的评价能够有效促进学生学习方法的使用与掌握。

——北京市平谷区金海湖第二小学，项目校供稿

及时对学生使用学习方法的效果进行反馈　教师可以定期让学生主动填写学习情况调查表，使学生能够对自己的学习变化情况有一个清晰的认识，也对学习方法的使用进行自我监督，从而提升学习方法的效果。

◎ 当学生采用了某种新的学习方法，或者自发地使用某种学习方法有成效时，教师应及时给予鼓励与肯定，让学生相信自己有能力掌握新的学习方法，找到最优的学习方法，更好地掌握各种知识。给予鼓励的同时，也能有效激起其他学生训练使用良好学习方法的愿望。

◎ 学习新方法并不一定能"立竿见影"，如果学生使用学习方法遇到挫折，教师要跟学生一起分析原因，客观地看待失败，具体分析到底是学习方法使用不当、学生粗心还是其他原因导致的。要避免学生认为失败是由于自己能力不足而产生"努力也没用"的想法。

策略5　指导中年级学生掌握课前预习、做好课堂笔记、遇到问题时积极求助、积极从错误中学习等重要的学习方法

指导学生掌握课前预习的方法　学生坚持课前预习，能够更有针对性地听取教师讲解的内容重点，减少新知识学习的障碍，提高听课效率，更好地掌握新知识。

◎ 认真阅读。先粗读教材，领会基本大意，再反复细读，勾画出重点、难点、疑难问题等。

◎ 积极思考。运用已有的知识、经验或参考相关资料，对教材进行深入思考，厘清旧知识和新知识的内在联系，并将自己的体会和感受记录下来。

◎ 适当做练习。适当做些课后习题或动手操作课中实验，自我检查预习的效果，巩固和深化知识体系。

指导学生做好课堂笔记　告诉学生做课堂笔记并不是把教师讲的一字一句都原封不动地记下来，而是提纲挈领地记重点和疑难问题。做课堂笔记是多种感官综合作用的结果。[1]

◎ 课堂笔记要记下教师的思维方法、思维过程和思维结果，以便课后复习和做作业。同时，要记下自己在听课时的想法，并在课后尝试与教师的方法进行比较，寻找最佳方案。

---

[1] 马黎静：《小学高年级学生学习方法调查分析》，载《校园心理》，2009（2）。

◎ 笔记尽量完整而简洁。重点、难点、疑点要记全，尽量用自己的话或"关键词"概括教师讲授的内容，边听讲边思考。对尚未完全理解的内容，应做好标记，课后及时解决。

◎ 笔记不要写得太密，要留有空白，课后及时补上课堂上没来得及记录的内容，修改记得不准确的内容，并添加个人的学习心得，使知识更加系统化。

指导学生遇到问题时积极求助　告诉学生在遇到不懂的问题时，要积极向教师、同学、父母求助。当学生来提问时，教师可以与学生一起探索问题的答案。例如，告诉学生怎样能查到相关资料，涉及哪些相关知识等。当学生向教师求助成功后，他们往往会更主动地向他人求助。

 方法库

查找资料的方法

1. 查工具书，包括字典、词典、百科全书等。例如，教会学生按拼音、偏旁部首查字典，认识新字词的意思。

2. 从图书馆查找报刊、书籍等资料。报刊、书籍涵盖了丰富的资料。图书馆是查阅报刊、书籍资料最方便的场所，包括学校图书馆、市级图书馆、国家图书馆等。指导学生先从电子查找系统输入关键词来查找相关报刊、书籍，然后再根据索引号寻找，也可以直接按馆内的分类索引去查寻。

3. 从互联网上查找资料。信息时代，网络是最快捷的信息源。首先，让学生熟悉各种常见的搜索引擎，如百度、谷歌。然后，使用"关键词检索"法来检索相关资料。最后，对检索到的资料进行筛选和整理。

4. 调查访问。请教相关人员也是收集资料的重要途径之一。首先，思考哪些人或者具备哪些特点的人可能拥有自己想要的资料。然后，根据所需资料，有目的地访问他们，向他们请教。在访问过程中，需要做好记录，如记笔记、录音、录像等。最后，整理收集的资料，获取有用的信息。

指导学生积极从错误中学习　指导学生认真分析错误的原因，发现学习中的盲点，及时纠正错误，查漏补缺，从而减少错误发生的频率，避免同样的错误重复发生，在错误中成长。鼓励学生持之以恒地将错误整理并记录下来，写清楚错误的原因，如概念不清、用错公式、粗心等。

 **方法库**

建立"错误档案"

第一步，让学生把所有的作业、练习、考卷中的错题原封不动地抄在《错题集》上，建立"错误档案"。

第二步，让学生认真检查错在什么地方，并用红笔在错误下面画上波浪线。

第三步，找出错误原因并写出来，要写得具体，例如，是概念不清还是用错公式，是没弄懂题还是计算马虎。马虎致错的也不要只写"马虎"两字，要写清怎么马虎的，是把"+"写成"-"了，还是把"3"写成了"5"，越具体越好。

第四步，改正错误，写出正确答案。

《错题集》将学生的错题集中起来，使学生及时改正错题，并找出原因，及时总结经验教训。教师可以让学生统计因马虎而错的题的比例，加深学生对马虎危害的认识。

《错题集》是学生的"错误档案"，既便于分析学生学习存在的问题，及时弥补漏洞，同时也有利于发现学生们的"共性"，在习题课上重点讲解一些错误率较高的题目。

《错题集》还是一本很好的复习资料，平时经常翻一翻，提醒学生不要再犯同样的错误。考试前让学生重点复习《错题集》上的题，弥补薄弱环节，使《错题集》成为一本自制的参考书。

——北京市朝阳区左家庄第二小学教师　刘俊凤

第三节　指导学生使用思维导图

? 教师的困惑

为数学头疼的彤彤

我们班有个女生叫彤彤，各方面表现都很不错，就是学习一直令老师和家长头疼。她的理解能力明显比其他同学差一些，尤其是对抽象的东西，理解起来特别费劲。有的时候明明已经掌握的题目，换个方式出现就又不会做了，成绩在班里中下。这些天我仔细观察了她上课的反应和作业情况，觉得她在具体形象知识的学习方面还是很擅长的，对叙述性的语言理解力也没有问题，但抽象逻辑思维能力相比同龄人要弱，分析和逻辑推理能力也要差一些，难以有效梳理知识间的内在联系，不能够全方位、多角度地分析与思考问题。

中年级阶段对学生知识的掌握提出了新的要求，知识更为抽象，知识点之间有更多联结，要求学生具有综合运用知识的能力。然而，班里不少同学有类似彤彤的问题，在学习复杂知识的过程中需要一些更为直观形象的方式帮助他们理解新知识，找到知识点之间的联系，更为系统地思考。我想知道有没有这样的工具呢？

在由具体形象思维向抽象逻辑思维过渡的过程中，学生需要一些工具，帮助他们更好地理解抽象的概念，增强思维能力。思维导图就是这样一种将思维形象化的方法，它用图解的形式和网状的结构，加上关键词和关键图像，帮助学生储存、组织和优化信息。中年级学生有效运用思维导图可以更好地厘清思路、整理信息、管理知识，提高学习的效率和效果。

成长规律

> **规律1**　人类左右脑有不同的特点和专长，通常教学和学习过程过多应用左脑，效果有限，知识可视化是一种有效的全脑思维方法

人类左右脑有不同的特点和专长　20世纪40年代，英国生物心理学家罗格·斯佩里（Roger Sperry）通过著名的裂脑人实验，证实了大脑不对称性的"左右脑分工理论"。

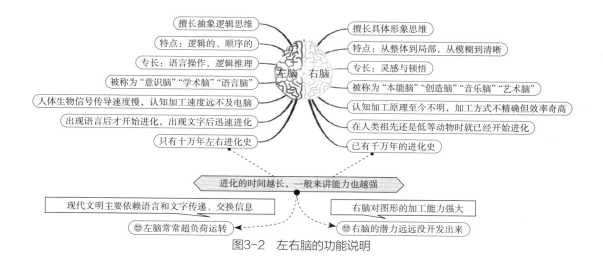

图3-2 左右脑的功能说明

综合他的研究和后续多项相关研究，左右脑的特点可用图3–2来表示。

教学和学习过程中过多应用左脑 当前教学和学习过程中，更为重视使用语言和抽象逻辑思维，过多应用左脑，而较少对右脑进行开发，这造成左脑常常超负荷运转，学生容易疲劳，且语言和逻辑思维能力差的学生学习效果难以保障。

在教育中，同时利用左右脑的优势和特点，增加左右脑协同的"全脑思维"方法，能够有效提升学生的学习效果。

知识可视化是一种有效的全脑思维方法 它将负责文字部分内涵加工的左脑与负责图形部分内涵加工的右脑整合在一起进行认知、学习，即将人们的知识、态度、情感、思维等以图形方式准确而高效地表达出来。这种方法能够更好地整合左右脑功能，降低语言通道（左脑）负荷，提高理解效率、记忆效率、回忆提取效率。

> **规律2** 思维导图是表达发散思维的一种有效的图形思维工具，是知识可视化的最常用工具

思维导图由英国学者东尼·博赞（Tony Buzan）发明，是人们围绕指定主题，运用图形、文字和线条，将丰富的信息分类呈现出来的过程。它将传统的语言智能、数字智能和创造智能结合起来，是表达发散思维的一种有效的图形思维工具，是知识可视化的最常用工具，广泛应用于教育、商业、生活等各个领域。

思维导图中的关键词和关键图像是进行记忆的关键，是刺激大脑和开启记忆之门的重要激发器。关键词刺激大脑的左半球，关键图像刺激大脑的右半球，把关键词转化为

关键图像的过程就是左右脑结合的过程，能够激发对全部相关信息的回忆。

思维导图以关键词和关键图像为中心触发点，朝着多个方向进行发散性思考。确定合适的分类概念是思维导图绘制成功的关键。把基本分类概念放在主要的位置后，次要概念就可以放在次要的放置，从而更好地构造思维导图，促进大脑自然、有序地思考。[①]

> **规律3**　思维导图将具体形象思维与抽象逻辑思维有效结合，符合中年级学生思维发展规律，有利于学生更好地运用发散思维

中年级学生思维正处于具体形象思维向抽象逻辑思维的过渡期，虽然已具备了抽象逻辑思维的基础，但在很大程度上仍是直接与感性经验相联系的，具有很大成分的具体形象性。

思维导图的核心思想就是把具体形象思维与抽象逻辑思维很好地结合起来。思维导图起始于一个中心概念，像树枝、叶脉一样向外发散，接收细节信息，如实地反映大脑的活动。例如，听到"香蕉"这个词语时，你可能会联想到黄色或弯曲的形状，也可能会联想到甜甜的香味或者软糯的口感。这些图像已经存储在大脑当中，而思维导图的作用就是运用发散思维，把关键词和关键图像一瞬间联系起来，提取和记忆信息。

在中年级阶段指导学生学习运用思维导图，符合学生思维发展的规律，有利于学生更好地运用发散思维，清晰整理知识脉络，提升记忆的速度，提高学习效率和学习成绩。

> **规律4**　思维导图能够使大脑更好地处理信息，帮助学生更好地进行思考与学习

大脑的神经细胞通过突触不断地形成联结，将功能不同的细胞联结起来，从而更好地完成"任务"。思维导图的形式与大脑神经细胞的结构、形状接近，通过线条将关键信息加以联系、扩展，具有较强的可塑性，并不断保持变化的空间，这与大脑处理事务的自然方式相吻合。

---

① ［英］东尼·博赞：《思维导图使用手册》，丁大刚、张斌译，北京，化学工业出版社，2013。

学生绘制思维导图的过程就是信息重新提取和加工的过程，去除冗余的信息，凸显关键的文字和图形。相比重点模糊、枯燥的大堆文字，思维导图颜色丰富，呈现的信息重点明确、条理清晰、内容精炼，有利于学生快速记忆。

使用思维导图，能够使学生的思维变得更加自由、更有条理，能够增强思维的有效性和准确性，并提升学习的专注度和学习的乐趣，从而更快、更有创意地进行思考与学习。

规律5　绘制思维导图能够帮助学生强化记忆，提升记忆速度

学生在绘制思维导图的过程中会根据关键词将自己的想法灵活地组合与拓展，充分运用视觉记忆、空间记忆和动觉记忆，从而更加有效地将信息存入大脑，或者将信息从大脑中提取出来，提升记忆速度。

强化记忆　绘制思维导图需要将相关知识全部梳理清楚、深入理解，及时解决自己存在困惑的问题，从而将知识点与关键词建立联系，运用发散思维将知识点串联起来，这个过程亦是强化记忆的过程。

提升记忆速度　思维导图可以清晰地显示出事物之间的内在联系，使信息变得井然有序，从而有利于学生更好地厘清各个知识点之间的逻辑关系，提升记忆的速度与质量。

规律6　思维导图方法简单易学，能够为学生带来愉悦的学习体验，适合视觉学习者的需要

对于中年级学生而言，思维导图的应用能够为学生营造良好的情绪体验，提升学生的学习积极性和学习效果，是学生非常喜欢和容易掌握的学习方法。

简单易学　小学生对于画图有天然的亲近感，画思维导图会比通过文字学习更容易，他们能够很快上手掌握这个方法，使学习过程更亲切、更容易。

带来愉悦的学习体验　思维导图是图文信息结合，用图画、颜色和线条来承载丰富的信息，相比重点模糊、枯燥的大堆文字可以带来轻松、愉悦的学习体验。鲜艳的颜色、图画很容易引起学生的兴趣，吸引学生的注意力。

适合视觉学习者的需要　视觉学习偏好者约占全部学生的一半，这类学生对于色彩、线条、图案等信息非常敏感。思维导图方法贴合他们的感官偏好，可以有效提升视觉学习者的学习效果。

规律7 思维导图分为创造型、整理型、提示型和沟通型四种类型，应用在不同的学习环节

思维导读可以应用于学习和生活中的任何一个领域，如做笔记、复习知识点、列写作提纲、做演讲准备、辅助思考等。

根据思考方式的不同，思维导图可分为创造型、整理型、提示型和沟通型四种类型。

创造型思维导图 属于"从无到有"的思考方式，是经过一番思考从而解决一件不知道如何处理的事情的过程。由于思考轨迹往往是动态的，对于很难单纯用文字方式表达的情形，可用思维导图找到尽可能多的想法，再进行分类和逻辑分析，逐步形成可行的思路。这类思维导图在学生思考解题思路、搭建写作框架、准备演讲时非常有效。

整理型思维导图 属于"从有到有"的思考方式，是将已经拥有的资料通过大脑的归纳与分析整理出较有逻辑、可以运用的信息的过程。这类思维导图在学生整理笔记要点、进行阅读理解时非常有效。

提示型思维导图 属于"从有到无"的思考方式，指内容都已经内化于脑中，只根据大纲和少数的关键词，就能流畅地讲出让别人能听懂且丰富多彩的内容。这类思维导图在学生进行要点概括和知识记忆时非常有效。

沟通型思维导图 属于"从无到无"的思考方式，开始讨论时双方是没有共识的，讨论结束后双方达成共识并把主要内容都记住了。画出来的思维导图只是留着备查，真正的思维导图已经记在心里了。这类思维导图可以用在交流讨论、师生谈话、亲子沟通等场合。

育人策略

策略1 指导学生掌握制作思维导图的步骤与技巧，形成自己制作思维导图的风格

教师可以在班会课、社团活动课等时机拿出整块的时间，指导学生掌握制作思维导图的步骤与技巧，引导学生逐渐形成自己制作思维导图的风格，如用色习惯、图形习惯等，从而帮助学生更好地记忆与掌握知识。

思维导图的制作通常包含以下四个步骤。[①]

准备纸和笔　制作思维导图首先要准备若干张大白纸和粗细不同的彩笔。白纸可以给学生充分的空间创作，建立更多的链接，随心所欲地组织关键词和关键图像，而不同颜色、粗细的线条能够增加画面的丰富程度，方便学生对不同内容加以区分。

提取关键词　对需要整理的材料进行梳理，明确制作思维导图的目标，即提取关键词。制作思维导图时要先对需要整理的材料有一个整体的、系统的了解，才能确定好思维导图的中心概念，并画在白纸中心。最好用图像和文字共同来表示中心概念，这样能够更好地激发学生的联想和思考。

梳理基本分类概念，明确分类概念和关键词的关系　在根据关键词画分支前，需要对思维导图的布局和结构有一个整体设计，确定哪些内容可以作为分类概念成为分支，哪些分支需要突出，哪些分支可以写上关键词（尽量避免使用句子）进一步拓展，哪些分支之间存在关联等。分支最好用曲线，并涂上颜色，可使用不同的颜色对应不同的分类概念，从而更好地刺激大脑进行记忆。

细读材料，补充思维导图的细节　不断对思维导图的颜色、线条、内容进行补充和完善，并使用一些小技巧使思维导图更加焦点明确、清晰简明，如使用一些特定的符号（圆圈、下划线、三角形）等作为编码，标记不同的内容，用分支线的粗细呈现分支概念的重要程度等。

案例库

将思维导图用于寒假计划的制订[②]

　　制订寒假计划有助于学生更合理地安排寒假时间，既保证良好的休息、娱乐，又能够完成学业任务，进行兴趣培养和自我提升。这个过程同时能够培养学生良好的时间管理能力（见图3-3）。相比传统的手写计划，用思维导图边写边画，制订计划，学生的兴趣更高，也更容易有条理，避免漏项。

① 边玉芳：《让孩子爱上学习》，175～177页，南昌，江西教育出版社，2018。

② 暖乎乎：《画出你的答案——用思维导图理清思路、解决问题、达成目标》，152～157页，北京，电子工业出版社，2016。引用时有改动。

首先，让学生在一张白纸上画出中心图——寒假计划。学生可以用一个自己喜欢的图代表寒假，如雪人、鞭炮、寒假作业等。此处选用的是一张可爱的日历。

其次，对寒假计划的事项进行分类。把寒假想做的事情分成几个大类，用不同颜色的水彩笔画出分支，每个分支用一种不同的颜色表示，就像一棵大树上长出的彩色树枝。之后在树枝上写出每个类别的名称。此处分为四类：学习、家人、做好事、玩。

接下来对每条枝干继续进行分类。如学习分支，可以细化为阅读、写作业、课外知识三个小类。再继续将每个小类细分成具体要完成的事项。如阅读分类可以列出要阅读的书籍。注意，相同类别的分支要"长在"同一个主要的分支上。同时注意布局安排，避免一个分支的长度过长或过短而影响美观。把字写在分支的上方，能够为后面的小分支留出充足的空间。看，这棵学习之树越长越大，枝繁叶茂了。继续按照这个方法，把家人、做好事和玩这三个分支完成。

最后，可以对整个思维导图进行美化，加入一些与文字内容匹配的小图画，让整张图更美观。一张漂亮而又实用的寒假计划思维导图就完成了，把它贴在书桌前，用来指导自己的寒假生活吧。

图3-3 寒假计划思维导图制作过程

策略2 教学前，运用思维导图归纳整体知识，培养学生的自主学习能力

教师在开展教学前，可运用思维导图归纳整个学期所要学习的全部知识点，使学生

从整体上把握学习内容，明确学习方向，从而有利于学生后续开展课前预习，帮助学生在课堂上准确把握教学重点、难点。

教师还可根据每一章节的内容制作思维导图，将单元中的知识点加以总结，让学生根据思维导图厘清学习思路，养成自主学习探究的兴趣。教师也可以让学生在课堂学习结束之后，自主填充思维导图中的具体内容，巩固记忆课堂学习的内容。例如，在教学完人教版三年级下册第五单元"面积"后，教师可运用思维导图使学生对已学知识"长方形和正方形的周长与面积"进行区分与归纳，完善学生的认知结构，提升学生的自主学习能力，并为学习其他平面图形的周长与面积做好铺垫。具体可见图3-4。[①]

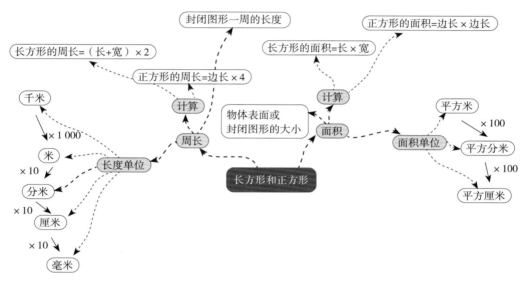

图3-4　长方形和正方形的周长与面积思维导图

策略3　课堂上指导学生运用思维导图整理笔记，用图形直观地展现知识，帮助学生更好地学习与理解；教师也可以自己制作课堂内容的思维导图

指导学生运用思维导图整理笔记　小学生的思维能力尚未得到完全开发，对知识点可能接受得比较慢。教师可指导学生采用思维导图整理课堂笔记，用简单、直观的图形帮助学生更好地学习和理解知识。

---

① 李莉、高娟娟：《运用思维导图 完善认知结构——"长方形和正方形的周长与面积"教学实录与评析》，《小学数学教育》，2018（4）。

听课过程中，学生需要同时听、记与思考，记录的笔记往往过于杂乱、条理不清。课下运用思维导图重新整理笔记，既重新梳理了知识点，又建立了各种联系，如教师讲课的线索、新知识之间的关联、新旧知识的联系等。

学习用思维导图的方式直观地记录课堂笔记，能够有效提升学生的学习效率，而将课堂笔记整理为思维导图的过程则加深了学生对知识的理解，记忆也更加牢固，有利于提升学生的学习动力，促使学生主动参与到课堂教学中，锻炼自主学习能力。例如，为了使学生更直观地认识长方形和正方形的特征，可先给学生展示一些常见物体（如魔方、纸巾盒），再给学生阐述长方形和正方形的概念。随后，教师可要求学生在笔记本某页中央自己画出一个长方形和一个正方形，并将学习到的相关知识点填充到图形上，如标注出图形的长、宽、高。教师还可让学生在课后自行制作图形，对折、观察并总结，补充记录在笔记中，从而使学生对长方形和正方形的特征了然于胸。[①]

教师制作课堂内容的思维导图　除指导学生使用思维导图外，教师自身就可以用思维导图来总结整堂课的内容，形象生动地帮助学生梳理整堂课的内容，便于标示重点和难点，吸引学生的注意力。课堂内容的思维导图最好是教师手绘的，跟随讲课内容边讲边绘制，与学生的学习进程同步。教师可以大胆加入一些图画元素，既能有效吸引学生的注意力，又能够提升教师在学生眼中的魅力。

> **策略4**　运用思维导图复习课程与整理错题，帮助学生厘清知识点间的逻辑，更好地掌握课程的重点和难点

运用思维导图复习课程　学生每天都在学习新知识，日积月累就会积攒非常多的知识点，如果不及时进行整理和复习，学生对于知识的掌握会比较零碎、不成体系。而运用思维导图，对课程重新进行组织、总结复习，就能将繁多的知识点建立成一个知识体系，同时标记出重点和难点，清晰地掌握相关内容，避免知识点之间的混淆。最好的做法是边复习边绘图，教师首先启发学生回顾知识，再绘图，或者请学生上台和自己共同完成，增加学生的参与度。例如，学生将"空间直线与平面"这一章节的内容通过"知识树"的方式画了出来，既有理论上的认识，又有直观的印象（见图3-5）。[②]

运用思维导图整理错题　在学习知识时，学生经常会遇到难以理解的知识点，出

---

① 陈海林：《运用思维导图培养学生的学习能力》，载《江西教育》，2017（12）。

② 边玉芳：《让孩子爱上学习》，179页，南昌，江西教育出版社，2018。

现错题在所难免。教师可以引导学生运用思维导图的方法，将相同知识点的错题汇总，从而使学生清楚地看到自己的学习漏洞，在教师的讲解中有的放矢，掌握学习过程中的难点，将同一类型的题全部掌握。例如，教师可引导学生将自己因概念不清、公式记忆不牢、粗心等导致的错题分类汇总，从而一目了然地把握错题，避免再次犯同样的错误。

图3-5　空间直线与平面思维导图

策略5　语文课中指导学生将思维导图应用于阅读与写作

阅读与写作是语文课的两块重要内容，也是学生经常会感到困难的部分。在语文教学中，教师可以着重指导学生将思维导图应用于阅读与写作。

将思维导图应用于阅读　阅读是一个人获取新知识的重要手段，亦是学生提升语文能力的重要途径。现实中有些学生虽然读过很多书，但读过之后不能将书中优秀的素材、表达方式等为己所用，不能有效回忆出阅读过的内容。教师可以指导学生运用思维导图完成对所阅读文本的更深层次的建构，在文本中发现丰富的线索，从而在阅读后能够回忆起更多、更完整的内容，对内容的理解也变得更加透彻。图3-6是利用思维导图整理阅读文本核心内容的例子。

图3-6　学生阅读语文课文后制作的思维导图①

---

① 叶凌宇：《一所思维奔流的学校如何炼成？》，载《新校长》，2016（8）。引用时有改动。

将思维导图应用于写作　写作就是学生运用一定的条理和逻辑将想要表达的内容表达出来的过程。很多学生拿到作文题目后不知道写什么，或者写作思路混乱。教师可鼓励学生通过绘制思维导图来组织自己的写作思路，整理与写作主题相关的素材，调整写作层次和写作逻辑，组织语言，从而写出一篇层次分明、条理清晰的好作文。

 **方法库**

运用思维导图发现阅读与写作问题

用思维导图写出在阅读及写作方面存在的问题，找出的问题越多，未来的改进就越全面。

以下是一些学生常见的阅读与写作问题，请学生对照这些问题检查自己的阅读与写作情况，发现自己的问题。[1]

视觉	恐惧	词汇	速度	疲劳
默读	理解	厌烦	选择	时间
分析	抗拒	阅读量	组织	注意力
笔记	复读	回读	保持	回忆

策略6　数学课中指导学生应用思维导图寻找解题思路

中年级时，学生的数学成绩容易出现分化。困扰很多学生的一只"拦路虎"是应用题，很多学生会无从下手。解题思路的训练是数学教学的难点，是学生从掌握基本的知识到能够灵活运用知识解题过程中的重要训练内容。因为过程比较抽象，对于很多学生来说不易掌握。思维导图可以进行有效辅助，让思考过程清楚地呈现出来，尤其对于难题的解答，效果更佳。

教师带领学生将寻找解题思路的过程用思维导图表达出来，包括题目的已知条件与问题、所属题型、对应知识点、常见解题思路和突破点等，一步步启发学生找到解题思路。

① ［英］东尼·博赞：《思维导图使用手册》，丁大刚、张斌译，北京，化学工业出版社，2013。

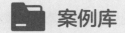 案例库

运用思维导图帮助学生解答应用题

出示问题：小猴吉吉家的果园丰收了，吉吉帮妈妈摘桃，第一天摘了40个桃，以后每天都比前一天多摘5个，小猴第三天摘了多少个桃？第五天呢？

师：我们把找到的条件摘录下来。

（出示思维导图： 第一天摘了40个 　　以后每天都比前一天多摘5个 ）

师：你怎么理解"以后每天都比前一天多摘5个"这个条件？

生1：第二天比第一天多摘5个，第三天比第二天多摘5个……

师：明白条件的意思后，该怎么解决问题？

生2：先求第二天摘了多少个桃。

（出示思维导图： 第二天摘了多少个 ）

师：根据哪两个条件可以求出第二天摘桃的个数？再根据哪两个条件可以求出第三天摘了多少个桃？

（出示思维导图：

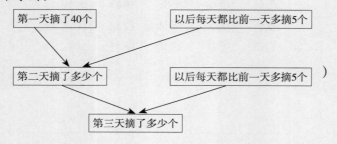

师：谁还能再说一下刚才我们解决问题的过程？

总结：教师带领学生理解条件"以后每天都比前一天多摘5个"的意思后，抽丝剥茧，提炼出与题目相关联的条件，建立思维导图。学生根据思维导图，自主分析数量关系，知道可以先根据哪两个条件求出"第二天摘了多少个"。接着，教师让学生回顾解题过程，感悟"从已知条件开始想"的策略。这样，思维导图将抽象的数学信息变得形象，降低了思维的难度。经过多次这样的训练后，教师可以逐步放手让学生自己解决问题。[1]

---

① 朱燕：《思维导图：搭建学生解题思维的脚手架》，载《小学教学参考》，2019（5）。引用时有改动。

第四节　培养学生的勤奋感

学生的干劲儿去哪里了

刚接手四年级时，我发现一个问题：学生作业总是收不齐。语文课代表思思跟我说有几个同学总是不按时交作业。经过对这几个学生的观察和与他们的交流，我发现他们并非没有能力完成作业，而是经常会犯懒。

班里一个叫小龙的男生让我格外关注。他在语文课上回答问题思路清晰、说话清脆，同学们经常投来美慕的眼光。他每次回答完问题也都会露出满意的微笑，他的成绩也是班级的中等偏上。然而，课下他的作业总是敷衍了事，字迹潦草，经常漏题，还有一两次不交作业。我问他为什么不交，他说题目太简单了，都是重复性的，他早就会了。

我自己是个"70后"，我们当年上学的时候，大家对学习都充满热情、干劲儿十足。而我现在教的这些"00后"甚至"10后"，身上好像没有了我们当年的那股子干劲儿，经常懒洋洋的，像在晒太阳的老爷爷老奶奶，而不是朝气蓬勃的"八九点钟的太阳"。我怎样才能帮助他们形成积极勤奋的学习态度呢？

这位老师说的"干劲儿"，指的是勤奋感，这是一种积极、努力、坚持的精神品质。小学中年级阶段是培养学生勤奋感的关键时期，在此阶段养成勤奋感将对学生的身心健康有着深远的影响。勤奋的学生不怕学习的辛苦，不过分强调结果，重视并善于总结学习过程中的优点，对学生未来的全面发展有重要意义。培养学生的勤奋感是中年级教师需要重视的任务。

成长规律

规律1 恰当培养中年级学生的勤奋感，有助于他们的学业发展，引导他们形成积极乐观的心理品质

勤奋感是一种积极、努力、坚持的精神品质。我们通常所说的勤奋感主要表现在学

生的学习上，表现在学生主动完成学习任务，能够欣然接受掌握知识的过程中需要的反复练习、巩固，并以饱满的精神坚持到底，积极克服学习中遇到的困难，持续付出努力。

古语有言："业精于勤，荒于嬉。"勤奋感对于学生的学业发展有着重要的影响。勤奋上进的学生往往能够顺利地完成学习任务，勇于面对学习中遇到的各种困难，取得优异的学习成绩。相反，懒惰的学生往往容易轻易放弃学习目标，导致学习成绩落后。

同时，学生通过勤奋取得更好的成绩，能够使他们深刻体验到努力带来的快乐，获得成就感，从而促使他们更加积极地看待自己，感受到自己是有能力的，对自己充满自信，凡事充满激情，减少自卑感，形成积极乐观的心理品质。

规律2　中年级阶段是培养学生勤奋感的重要时期

学校是训练学生适应社会、掌握日后生活必需的知识和技能的场所，学生在学校中需要完成各类学习任务。为了完成任务，不落后于同伴，学生需要勤奋学习，以获得积极的自我价值感。

美国著名心理学家埃里克森根据不同年龄特点，将个体自我意识形成和发展的过程划分为八个阶段。他认为小学阶段的学生正处于获得勤奋感而避免自卑感的时期。

◎ 如果学生能够顺利地完成学习任务，在学习上不断取得成就，同时也在其他活动中经常受到成人的奖励，他们就会变得越来越勤奋，在今后的独立生活和承担工作任务中充满信心。

◎ 反之，如果学生在学习上屡遭失败，在日常生活中又经常遭受别人的批评，就容易形成自卑感，导致性格内向、胆怯，做事畏畏缩缩，很难有所作为。

中年级阶段学习任务的数量和难度显著增加，学习成绩开始分化，同时学生的自我意识逐渐增强，部分学生学习及参加各种活动的积极性容易较低年级有所下降。在此阶段培养学生的勤奋感，使学生积极努力学习是非常重要的，需要教师格外注意这个问题。

🎓 知识库

埃里克森心理社会发展八阶段

埃里克森的心理社会发展八阶段理论的主要内容见表3-5。

表3-5　埃里克森的心理社会发展八阶段内容

阶段	年龄/岁	心理—社会矛盾	成功解决矛盾形成的品质	解决矛盾失败形成的品质
婴儿期	0～1.5	信任感 vs. 不信任感	对人信任,对外界有安全感。	恐惧,对外界害怕和不信任。
童年期	1.5～3	自主感 vs. 羞愧与怀疑感	能按社会要求表现目的性行为,发展自主能力。	缺乏信心,畏首畏尾,感到羞愧,怀疑自己的能力。
学前期	3～6	主动感 vs. 内疚感	主动,表现出积极性和进取心。	畏惧、退缩,产生内疚感和失败感。
学龄期	6～12	勤奋感 vs. 自卑感	勤奋,掌握求学、做事、待人等各种基本能力。	缺乏生活的基本能力,充满自卑和无价值感。
青春期	12～18	自我同一性 vs. 同一性混乱	有明确的自我观念,达到自我内部与外部环境的协调。	对于自我与他人的角色混乱,充满不确定感。
成年早期	18～30	亲密感 vs. 孤独感	建立友情、爱情,发展爱的能力。	与社会疏离,孤独寂寞。
壮年期	30～65	创造力感 vs. 自我专注	热爱家庭,关心社会,追求事业成功。	只顾及自我和"小家",缺乏社会责任感。
老年期	≥65	自我整合感 vs. 失望感	回顾一生,感到生活有意义。	悔恨旧事,消极失望。

规律3　成人的监督与鼓励有利于中年级学生勤奋感的提升,帮助学生认知与行为相统一,提升自我约束的能力

中年级开始,学生逐渐进入自律阶段,自我约束、自我管理的意识在增强。然而,虽然学生内心明白"应该怎么做",但在现实中还是不太能严格地执行,仍存在知行不一的情况。例如,学生虽然知道为了巩固知识点进行反复多次练习的重要性,但是仍然可能在练习时不耐烦,不愿意接受具有一定重复性的学习任务。

当学生懒散、自控能力较差的时候,成人的监督有利于学生及时纠正自己思想与行为的偏差,克服自己的不良行为,重新要求自己开始勤奋、上进地学习与生活。

当学生努力、认真地完成各项任务时,成人应对学生在学习活动中表现出来的勤奋感给予适当的鼓励。成人的支持与帮助会使学生充满自信,认为自己是有能力、有价值

的个体，变得更加勤奋、拼搏。

> **规律4**　家长和教师的言行举止、同伴的评价，以及社会对勤奋感的宣传等外界环境因素，均会影响中年级学生勤奋感的形成

以下因素均会影响中年级学生勤奋感的形成。

家长的言行举止　中年级学生的可塑性非常强，喜欢模仿别人做事情。家长就是学生身边最近的榜样，正所谓"近朱者赤，近墨者黑"，如果家长比较懒散、不上进，学生通常也不会很勤奋；相反，如果家长能够以身作则，成为学生"勤奋"的一面镜子，学生往往也会勤于学习和参加各种活动。

教师的言行举止　教师在中年级学生心中具有很大影响，教师的言行举止备受全班同学的关注。教师如果自身具有勤奋的品质，并善于鼓励学生勤奋的行为，对于学生勤奋感的发展会有莫大的帮助。

同伴的评价　中年级学生开始关注同伴对自己的评价，如果身边的同伴都不怕苦不怕累，敢于迎难而上，能够根据设定的目标努力完成各项任务，学生为了更好地融入团体，也必须与大家一样努力拼搏，避免成为同伴眼中的"异类"。

社会对勤奋感的宣传　学生身处社会中，无可避免地受到社会大环境的影响。当前社会价值观非常多元，一些不良的价值导向会干扰学生对勤奋的态度，如过度强调家庭背景的"拼爹"理论，认为个人的努力远不及家庭的背景；如"投机主义"，认为多年努力工作不如早早在一线城市买上几套房；如"金钱至上"和"享乐主义"的蔓延，强调物质感官享受，认为勤劳奋斗已经过时，甚至认为用功读书、工作是傻。这些不当的价值观都在一定程度上影响了学生。

> **规律5**　适当的失败体验能够促使学生更好地承受挫折，逐渐提升心理承受能力，进而更有利于勤奋感的培养

现在的小学生在家中备受父母和长辈的宠爱，往往自身应对挫折的能力比较低下，一旦遇到考试成绩下降、教师批评指责等情况，很难自我排解，容易产生挫折感及不自信的心理，严重的甚至会丧失学习兴趣。

任何事情都是两面的，挫折可以打击学生的积极性，但同样也可以磨炼学生的意志

品质。因此，在训练学生勤奋感的过程中，可以让学生有一些失败的体验，从而使学生在日后承受得住失败的挫折，更好地培养勤奋感。

育人策略

> **策略1**　借学科课堂、班会活动课等形式进行勤奋感教育，帮助学生正确认识勤奋，树立勤奋学习的意愿

在当前多元价值观的社会背景下，教师需要首先帮助学生从内心认同勤奋学习的价值，帮助学生建立对学习的主动性和责任感。

借学科课堂进行勤奋感教育　在各科课堂中，教师可以结合所教授的内容，向学生传递勤奋努力的价值观，帮助学生认识到勤奋的重要性，感受到勤奋学习带给自己的快乐和成就感。同时，帮助学生理解一定的重复性练习虽然会有一些枯燥，但是只要坚持下去，对于巩固知识、提升学习效果非常重要。例如，科学课中教师可以给学生讲爱迪生发明灯泡的故事。爱迪生发明灯泡的时候，失败了8 000多次，曾有人讥讽他傻，他却坦然地说："先生，你错了，我只不过是证明了7 600多种材料不适合做灯丝而已。"（注：爱迪生发明灯泡的过程中，对于部分材料进行了不止一次的实验。）

借班会活动课进行勤奋感教育　教师可以通过班会活动课，同学生探讨勤奋的价值。教师可以引导学生探讨一些和勤奋有关的话题，如"埋头苦学是傻吗?"。教师最好能在平时注意观察班级中学生对于勤奋的态度，进而有针对性地设计话题。教师还可以组织有关勤奋的辩论赛，正方的辩题是"天赋更重要"，反方的辩题是"勤奋更重要"，让学生通过辩论更深地理解勤奋的重要性。

 **案例库**

班会活动"对自己的学习负责"

一、活动目的

通过活动，培养学生的责任感，认识到认真听讲、独立认真完成作业就是负

责的表现。帮助学生改正学习中不正确的认识和习惯，提高自我控制能力。

二、活动过程

1. 想一想，自己的学习习惯有哪些。

（学生发言。）

2. 发现好习惯。

（1）名人的学习习惯。学生通过讲故事的方式，讲述自己所了解的关于名人的良好学习习惯。

（2）身边的好习惯。学生交流发言：在我们班里，你发现谁养成了良好的学习习惯？

（3）找找对方的好习惯。以4人为一组，同学之间互相发现，找找对方好的学习习惯，进行评价，并把这些好习惯记录下来（见表3-6）。

表3-6　学习习惯评价

评价内容	好习惯	不好的习惯	目标和措施
课堂学习习惯			
作业习惯			
课外学习习惯			

（4）说说同学给你写了哪些习惯，你看了以后，有什么感受？举例说明你为什么要这么做，介绍你是怎样养成这些好习惯的。

3. 那些习惯应该怎样养成？

（出示课件：学生平常应该养成的学习习惯。）

4. 找出自己最大的不良学习习惯，确定进步的目标和措施，分别填写在表3-6"不好的习惯"与"目标和措施"一栏中，并向全班同学发出一个邀请：请大家监督我实现这个目标。

三、活动延伸

每周一评比，看看自己的学习习惯培养是否进步了。

四、活动总结

活动促使学生严格要求自己，本着对自己负责的态度学习，养成了良好的学习习惯，提升了学习成绩，也随之带动他们产生了勤奋学习的积极性。

——北京市海淀区中关村第一小学教师　全艺

> **策略2**　因材施教，使不同学习水平的学生都能够获得成就感，激发学生的勤奋感，帮助学生巩固已经形成的学习习惯

使不同学习水平的学生都能够获得成就感　教师应努力营造"人人好学，你追我赶"的班级氛围，通过设立简单的奖惩制度、竞赛制度等，全面提升不同水平学生的学习积极性，使他们都能在学习中获得属于自己的成就感，激发所有学生更加努力上进。

◎ 对于学习成绩比较优异的学生，可以给他们单独布置一些稍有挑战性的作业，或者让他们帮扶学习稍微落后的同学，在完成任务的过程中使他们体会到克服困难的喜悦，感受到自己学习的价值，从而再接再厉，不断努力以保持佳绩。

◎ 对于部分偏科的学生，教师应对学生充满信心，相信他们具有克服自己问题的能力，坚持多表扬、少批评，多鼓励、少指责，多帮助、少埋怨，从而使他们重新燃起希望，努力追赶，弥补学习漏洞。避免学生因受到过多批评而产生挫败感，认为自己是教师不喜欢的学生，丧失对薄弱学科的学习兴趣。

◎ 对于学习困难的学生，教师应暂时降低对他们的学习要求，专门为他们设计难度适当的作业，减少他们对作业的畏难情绪，逐渐对自己的能力产生自信，勇于积极完成作业去获得学习成就感，减少自卑感。例如，教师布置作业的量不要太多，难度也要适中，可以布置不同层次能力的作业，尝试"自助餐"的方式，让学生自由选择适合自己完成的作业。

帮助学生巩固已经形成的学习习惯　教师要帮助学生纠正不良习惯，使学生在学习方面严格要求自己，对自己的学习负责任，不能偷懒、得过且过。当学生主动约束自己获得学习进步时，勤奋感亦油然而生，学生便能更加努力去追寻学习的成就感。

 **案例库**

"师徒制"营造良好学风

一、活动背景

我们班上有个学生小宇，在各个方面都爱表现自己，总想得到老师的表扬，上课经常起来问一些与课堂无关的问题，或回答问题一点儿都不沾边，使部分学

科老师为此感到很头疼。在小宇的带动下，学生中出现了一小群"捣乱分子"，有些原本认真听课的学生也开始走神、偷懒。

二、活动方案

为了营造良好氛围，树立良好的学风，我在班里设立了"师徒制"——每个学生都有不同学科的"师傅"与"徒弟"。遇到不会的问题，先向"师傅"请教，如果"师傅"有困难，再向老师请教。每月都要进行"优秀师傅"与"优秀徒弟"的评比。这样充分调动了学生们学习的积极性。

另外，我根据小宇爱表现自己、总想得到老师表扬的特点，让他担任英语学科的"师傅"。小宇耐心、认真地为"徒弟"讲解例题，遇见不会的就会主动来找老师请教。同时，作为其他学科的"徒弟"，他又虚心地向"师傅"请教。"师傅"有困难时，他会积极主动地去问老师，而后再给"师傅"讲。

三、活动效果

"师徒制"不仅激发了小宇和同学一起努力学习的积极性，也加深了师生之间的友谊，使班风、班貌明显改观，出现了"比学赶帮超"的良好学习氛围。

——北京市延庆区第八中学教师   郭丽娟

> **策略3**   定期反馈学生勤奋学习的过程，让学生及时纠正自己的不良行为，并激励学生坚持良好的行为表现

定期反馈学生勤奋学习的过程   在培养学生勤奋感的过程中，教师要坚持对学生勤奋学习的行为表现进行监督、检查、评价和调整，并定期将结果反馈给学生，告诉他们哪里做对了、哪里做错了。

让学生及时纠正自己的不良行为   对于学生存在的不良行为表现，如先玩再学、上课睡觉、不认真完成作业等，要迅速指出来，并给出调整和控制的方法，从而使学生的不良行为及时得到纠正，养成良好的学习习惯。

激励学生坚持良好的行为表现   对于表现较好的学生，应不失时机地给予奖励和肯定，如在学期末或者大型活动后对学生勤奋学习的行为进行奖励。奖励建议以精神性的表扬为主，正向的激励能够促使学生将良好的行为表现坚持下去。

🎓 知识库

及时反馈的重要性

一、实验目的

美国心理学家罗斯和亨利（Ross & Henry）设计了有趣的实验，以考察结果反馈对学习成绩的影响。

二、实验设计

研究者将一个班级的学生随机分成3组，每组学生需要学习的内容相同，但接受不同的反馈。实验分为两个阶段，共持续了16周（见表3-7）。

表3-7　实验处理的情况

组别	实验前8周	实验后8周
第一组	每天学习结束后被告知学习结果。这属于反馈频率较高条件。	从不被告知学习结果。这属于无反馈条件。
第二组	每周被告知学习结果。这属于反馈频率较低条件。	每周被告知学习结果。这属于反馈频率较低条件。
第三组	从不被告知学习结果。这属于无反馈条件。	每天学习结束后被告知学习结果。这属于反馈频率较高条件。

三、实验结果

第一组：前8周的成绩最好；而后8周由于得不到学习结果的反馈，成绩呈下降趋势。

第二组：成绩始终处于中等水平。但由于能持续获得学习结果的反馈，成绩也稳步提高。

第三组：前8周的成绩最差，由于无法了解学习结果，处于盲目状态；后8周由于得到了学习结果的反馈，成绩迅速提高。

四、实验结论

是否及时反馈对学生的学习结果有重要影响。及时、有效的反馈有助于学生学习新的知识、技能。[1]

---

[1] Ross C C & Henry L K，"The Relation Between Frequency of Testing and Progress in Learning Psychology"，*Journal of Educational Psychology*，1939，30（8）.

> **策略4**　利用教材和课外书中的榜样、教师榜样、身边的榜样、名人榜样的力量潜移默化地影响学生，激励学生向榜样学习，养成勤奋学习的好习惯

教材和课外书中的榜样　榜样的力量是无穷的。树立直观、形象的榜样，能够激励学生向其学习，养成勤奋学习的习惯。榜样的来源很多，教材和课外书中的素材都可以成为学生参照的榜样。

教师榜样　言传不如身教。小学生最喜欢模仿教师的一举一动，教师不仅要以自己丰富的学识教育学生，更重要的是做学生的好榜样，在平时的工作和生活中勤奋、认真、积极乐观，潜移默化地影响学生。

身边的榜样　身边的榜样由于直接与学生有近距离的交往，他们的行为往往更能触动学生的心灵，产生更为持久的影响。教师可以布置学生以"一位勤奋的人"为题进行写作或者图文并茂创作绘本，鼓励学生发现身边的同学、朋友、家长，甚至不认识的陌生人在自身的学习、工作、生活中勤奋努力的故事，并可以在全班进行交流展示，激发学生向榜样学习的热情。

名人榜样　教师还可以给学生讲述名人榜样奋发图强的故事，播放与勤奋相关的名人视频，创设勤奋上进的氛围，从而激发学生学习的热情，激励学生立志读书，养成良好的学习习惯。

　案例库

不教一日闲过

　　齐白石是我国著名的国画大师。最初，他不过是个书画店的小学徒，后来，他慢慢对绘画产生了兴趣。应该说，齐白石并不具备过人的绘画天赋，但他凭借着刻苦努力，成为一代国画大师。

　　他成名之后，并没有得意忘形，反而给自己定下一个规矩：每天至少画五幅画。为了督促自己，他写下"不教一日闲过"六个大字，挂在墙上。几十年来，齐白石一直坚持着这个习惯，从不间断。

　　那一年，齐白石已经90多岁了，是文化圈有名的老寿星，因此，他的朋友们早就开始商量，要给他办一个热闹的生日。

　　这天是齐白石的生日，一大早就有客人登门祝寿。虽然齐白石并不主张大操

大办，但既然客人已经来了，总不能扫大家的兴。他想："等客人们走了之后，我马上开始画画。"

于是，齐白石热情地接待了大家。谁知这一批客人刚走，又来了一批客人，没办法，只能继续招待。一天下来，上门祝贺的朋友络绎不绝，等他送走最后一批客人时，已经是深夜了。现在，不仅没有时间更没有精神画画了，因为齐白石累了一天，非常疲倦，于是便上床休息了。

第二天一大早，齐白石就起床了。他匆匆忙忙地洗漱一番，便进入了画室。

开饭时，家人没看见他的人影，就知道他一定在画室，于是过去催他："吃完早饭再画吧！"

但齐白石充耳不闻，继续挥动着手中的画笔，直到画满了五幅，他才走出画室吃早餐。刚刚放下碗筷，齐白石又跑进了画室。

家人非常奇怪，不解地问："今天的任务不是已经完成了吗？怎么还要画啊？"齐白石说："昨天过生日忙了一天，没有画画，所以我今天要多画几张，弥补昨天浪费的时间。我的原则就是不教一天闲过。"

家人一听，也不好再劝他注意身体，只得让他待在画室忙活了。

齐白石就是这样"不教一日闲过"的，他凭借着刻苦勤奋努力，终于成为一代国画大师。[①]

> **策略5**　提升学生应对挫折的能力，把握挫折的度，激发学生的勤奋感，避免学生在挫折中变得自卑

提升学生应对挫折的能力　教师可以在课堂教学或班会等活动中，讲述一些历史伟人或者身边榜样应对挫折的事迹，让学生正视挫折，认识到挫折的意义，体会挫折是进步路上的台阶，对于磨炼意志、培养能力具有重要的作用。同时，让学生不再把挫折想象得那么可怕，不会因为遭遇挫折就变得不自信和自卑，而是迎难而上，继续努力拼搏。

把握挫折的度　小学生的心理承受能力有限，过多过严重的挫折体验容易打击他们的热情。如果教师或者家长设置的目标总是过于宏大长远，可能使学生产生"反正我也做不到"的悲观想法，大大降低他们学习的积极性，容易产生自卑感。另外，每个学生的心理承受能力是存在差异的，教师应根据学生的具体情况，有针对性地开展挫折教育。

---

① 刘志尚：《不教一日闲过》，载《政工学刊》，2018（11）。引用时有改动。

◎ 大家口中的"好学生"往往有着天生的优越感，在成长过程中遭遇的挫折较少，但一旦有了小小的失败，他们便可能无所适从。对于这样的学生，教师可以适当地设置一些"小麻烦"，给他们一点小小的打击，培养他们的抗挫折能力。

◎ 学习落后的学生已经屡次体验学习上的挫败感，教师应多给他们一些鼓励，帮助他们寻求应对挫折的办法，指导他们走出困境。例如，组建学习互助小组，帮助学习落后的学生克服困难，恢复自信。

策略6 家校合作，深入了解学生，科学合理地培养学生的勤奋感，督促学生勤奋学习

教育是一种合力。学生勤奋感的培养离不开教师的努力，更离不开家长的配合。家校协同，重视并督促学生勤奋学习，将产生"1+1>2"的合力，更好地促进学生勤奋感的提升。

教师应注重与家长及时进行沟通，让家长清楚了解学生的在校表现，并掌握勤奋感培养的具体内容和要求。同时，教师应通过家长的反馈，探索学生表现背后的内在原因，深入了解学生，以更好地促进学生在学习、生活等方面努力上进。

教师和家长应注意不要随意打断学生的学习过程，避免他们在学习的时候被电视、电话、聊天等信息干扰，也不要在学习的过程中强行批评、教育学生。鼓励学生专心学习、不偷懒，坚持先完成学习任务再玩。

教师和家长可根据学生的实际情况，制订具体的培养计划，给学生立规矩、定目标，并给予监督，不给学生偷懒的机会。

定期对学生的完成情况进行评价，表现好的学生给予适当奖励，表现差的学生则增加学习时间、减少娱乐时间，通过合理的奖惩促进学生勤奋学习。

 案例库

家校合作，培养学生的作业习惯，提升勤奋感

积极主动完成作业是学生勤奋学习的一个重要标志，中年级学生的作业习惯至关重要。然而，我发现部分家长过于相信自己的孩子，以至于放松对孩子的教

育，导致孩子养成不良学习习惯，如不重视平时作业的准确率、不能自觉修改作业中的错误等。

我将学生的努力程度与他们的日常学习行为表现相联系，并及时采取以下几种方式与家长进行沟通，取得了良好的效果。

1. 随时联系。及时跟全体家长沟通学生的作业情况，包括学生的作业完成情况、易错题的简单思路讲解、重难点提示等。对"问题学生"则单独和家长沟通。不按时完成作业的学生终于越来越少。

2. 家长会沟通。重点剖析学生的课堂作业情况及其反映出的问题，如学生的学习态度、学习效率、对知识的掌握情况等。肯定优秀的学生，不指名批评作业习惯不好的学生。会单独和个别家长就孩子情况进行沟通，效果较好。

3. 作业展示。家长会上，我对字迹工整、准确率高的作业拍照进行展示，同时在家长所坐的每个座位上都摆放自己孩子的作业供家长对照，能感受到家长的重视程度不尽相同。

总结：家长和教师一起关注学生的作业完成情况，有利于学生养成及时、认真完成作业的好习惯，促进学生勤奋感的提升。

——北京市通州区史家小学通州分校教师　韩珊珊

第四章

自主管理能力
提升

第一节　提升学生的情绪管理能力

？ 教师的困惑

发脾气的小玉

我是四年级的班主任，我们班上有个男孩叫小玉，动不动就爱发脾气，经常一不高兴就摔自己的文具，还时常和同学吵架。有一次，班里举办绘画比赛，他的画被选为优秀作品，他很高兴。然而，有个同学说了句"我觉得我比他画得好"，他就生气了，与那个同学大吵了一架。还有一次，他没有打扫好自己座位旁边的卫生，我说了他几句，他立马就不高兴了，小嘴一嘟，闷闷不乐。

后来我了解到，小玉在家里十分受宠，尤其是爷爷奶奶，凡事都会顺着他的心意来。他在家里但凡遇到不顺心的事，就会大吵大闹，家里人最终总是会满足他的各种要求。然而，这样的性格在学校很不受同学欢迎，一些同学甚至有些怕他，他自己也为没有好朋友而感到苦恼。

当前班里大多是独生子女，在家很受宠，像小玉这样性格的学生还不少，我该如何帮助他们更好地管理自己的情绪呢？

情绪管理是指对自己的情绪进行认识和控制，从而保持良好的状态。小学中年级正处于情绪的发展阶段，情绪调节能力的发展成为学生社会情绪发展的核心，学生逐渐学会独立地调节情绪。在这个过程中，需要教师的积极指导。

成长规律

> **规律1**　情绪管理能力包括情绪理解能力、情绪表达能力和情绪调节能力，它们对学生的认知学习、心理发展和人际关系均有着重要作用

情绪是人对事物的态度体验以及相应的行为反应。这种体验因为人的需要是否满足而产生，对人的行为具有促进或抑制作用。情绪对每个人的生存和发展都具有重大影响，我们将其功能水平称为情绪管理能力。

具体而言，情绪管理能力是指学生察觉、理解自己与他人的情绪，并在此基础上进

行适当表达、调控，以帮助自己应对挑战、达成目标、有效参与社交互动的情绪反应。

根据情绪表现形式，学生的情绪管理能力可以分为三部分：情绪理解能力、情绪表达能力和情绪调节能力。

情绪理解能力　是学生能够根据情绪线索和情境信息进行解释的能力，即学生能够察觉和识别自己与他人情绪状态的过程。

情绪表达能力　是学生感受到情绪时，脸部、声音和身体活动出现的他人可观察到的变化。

情绪调节能力　是学生用社会认可和接受的方式，对各种情绪做出反应的能力。这需要学生掌握一定的情绪调节策略。

学生情绪管理能力的发展与认知的发展具有重要联系。情绪管理能力在学生认知学习、心理发展和人际关系中均起着十分重要的作用。

◎ 良好的情绪管理能力与学生大脑认知能力和学习效果的提高息息相关。当学生保持积极、愉快的情绪时，学习效率往往更高；当学生长期处于消极的情绪时，会对学习和认知不断产生负面影响。

◎ 值得注意的是，积极情绪强度差异与学习效果间呈倒U形关系，即适中的愉快情绪能使学习效果达到最优，过度兴奋和不感兴趣一样，反而不利于学习效果。而消极情绪的程度越强，学生学习效果越差。

◎ 善于管理自己情绪的学生往往心境乐观，更容易积极地处理出现的问题；而不善于管理自己情绪的学生则容易出现情绪失调，有可能影响学生的身心健康，使他们更容易感到焦虑或出现暴力和攻击等行为。

◎ 情绪管理和社会能力也有着紧密的联系。能够较好地调节自己情绪的学生会有更好的社会行为能力，人际关系更加和谐；相反，缺乏情绪调节能力的学生会表现出更少的亲社会行为和更多的负性行为，难以建立良好的人际关系。

🎓 **知识库**

情绪强度对认知操作效率的影响

一、实验目的

耶克斯和多德森（Yerkes & Dodson）设计了一个实验，研究不同情绪强度对人的认知过程的影响。

二、实验设计

研究者设计了三种难度的任务，分别是复杂的代数问题（难度较大）、基本的技术技能（中等难度）和简单反应时任务（难度较小）。要求被试在不同情绪强度（情绪平静、情绪愉快和情绪激动）下完成以上三个任务。

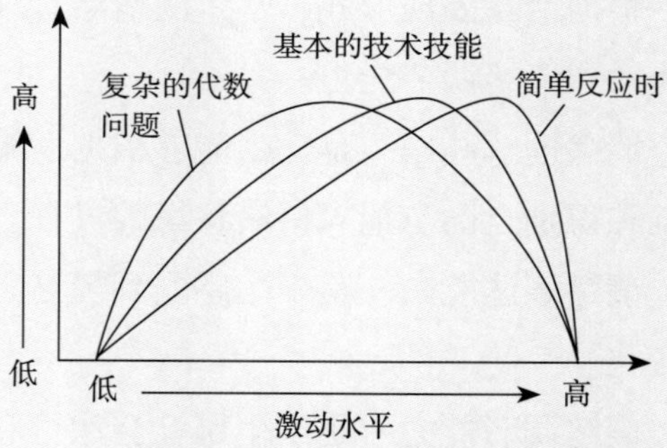

图4-1　激动水平与认知操作效果的关系

三、实验结果

根据被试的反应，两位研究者发现了情绪的不同激动程度对完成任务情况的影响，即当任务的难度水平不同时，最适宜的情绪强度也存在一定的差异。当进行认知操作活动时，中等强度的积极情绪最有益于操作的顺利完成。当认知操作活动的难度较大时，情绪强度的适中点偏低；而当认知操作活动的难度较小时，情绪强度的适中点偏高（见图4-1）。[①]

> **规律2**　中年级学生能够正确理解自己和他人的情绪状态，并能理解情绪产生的原因

能够正确理解自己和他人的情绪状态　随着年龄的增长，学生的认知水平不断提高，个体经验越来越丰富，情绪体验更加深刻。中年级学生已经能够正确理解自己和他人的情绪状态，能够准确分辨喜、怒、哀、乐等基本情绪。

中年级学生能够逐渐开始理解人在一次情绪体验中会存在两种或两种以上不同性质的情绪。例如，学生能够理解自己的同学小明在放暑假的时候既高兴又有些害怕。高兴是因为他暑假要去参加夏令营，这是他第一次独自出门旅行，他很期待。而害怕是因为他第一次离开家，不确定自己能否适应独自生活。而在低年级的时候学生只能理解两种同一性质的情绪，例如，小明获奖后的开心和激动。

理解情绪产生的原因　在此基础上，中年级学生能够明白自己产生某种情绪体验的原因，同时也能对他人情绪产生的原因进行合理的解释。

通常来说，学生会对消极情绪更为敏感，能够更敏锐地觉察到他人的消极情绪，并

① 边玉芳等：《教育心理学》，272～273页，杭州，浙江教育出版社，2009。引用时有改动。

找到情绪产生的原因。这是因为未成年学生在社会上是相对弱小的群体，一定程度上需要成人的支持和帮助才能生存。出于对自我的保护，他们会对他人的消极情绪非常警惕。

> **规律3**　中年级学生能够掌握一定的情绪表达策略，有选择地表达自己的情绪

掌握一定的情绪表达策略　在理解情绪的基础上，中年级学生对情绪表达的规则也有了更深的认识，学会一些情绪表达策略。学生逐渐从"所有情绪都表现在脸上"转变为"分场合、看情况表达自己的情绪"。

有选择地表达自己的情绪　在社会生活中，情绪表达都是有一定规则的，有些情绪应该表达，有些情绪尤其是负面情绪，则不应该不分时间、场合地表达。中年级学生能够逐渐明白出于保护自己、尊重对方、向对方表示友好等原因，有时不能直接表达自己真实的情绪。例如，生日时收到了朋友或者长辈赠送的礼物应该表达出兴奋和感谢，即使是自己并不喜欢的礼物。

 **知识库**

学生情绪表达策略

学生常见的情绪表达策略有四种，见表4-1。

表4-1　常见的情绪表达策略[①]

表达策略	策略内容	示例
平静化	面部没有表情，很平静的样子。	学生跟同学玩耍时不小心摔倒了，明明很疼，但为了面子，就强忍着痛，一脸平静地说："没事，不疼。"
掩饰	表现出不同于真实情绪性质的表情。	学生收到不想要的礼物，但碍于礼节，也笑着对赠予者说："谢谢，我很喜欢。"
弱化	减少真实情绪的强度。	学生参加比赛获得了一等奖，很高兴，但为了不让没得奖的好朋友伤心，一直不让自己显得过于兴高采烈。
夸大	增加情绪的强度。	学生不小心摔倒了，不是很疼，但为了得到妈妈的呵护，就大哭不停，一直说："妈妈，好疼！"

---

① 边玉芳：《读懂孩子——心理学家实用教子宝典（6～12岁）》，111页，北京，北京师范大学出版社，2014。引用时有改动。

学生这种根据场合有选择地表达情绪的方式就是情绪表达策略。在常用的几种情绪表达策略中，小学生使用平静化策略最多，掩饰策略次之。

规律4　中年级学生情绪调节能力增强，逐渐采用以问题为中心的应对方式调节情绪

中年级学生情绪调节能力增强　学生的情绪调节能力与大脑发育程度密切相关。随着年龄的增长，学生大脑皮层及神经系统的发育不断成熟，情绪趋于稳定和理智，情绪管理的能力不断增强。中年级学生不再像低年级那样容易冲动，自我调节情绪的能力逐渐增强。

逐渐采用以问题为中心的应对方式　进入小学后，学生开始掌握对自身消极情绪进行调节的策略。低年级学生更多使用的是以情绪为中心的应对方式，进入中年级后，学生逐渐发展出建设性的、以问题为中心的应对方式来调节自己的情绪。

◎ 以情绪为中心的应对方式。控制和改变已经产生的消极情绪，包括远离、情绪伪装等方式。例如，考试考砸了，学生就吃很多零食、不停地玩游戏，通过饮食和玩耍的快乐替代考砸的悲伤。

◎ 以问题为中心的应对方式。确定困难所在，从根本上解决诱发情绪的来源，包括寻找原因、解决问题、寻求支持等方式。例如，学生考试失败之后，总结经验，继续认真学习，期待下一次取得好成绩。

📖 知识库

学生情绪调节策略

学生常见的情绪调节策略见表4-2。

表4-2　常见的情绪调节策略[1]

类型	策略	定义	示例
以情绪为中心的应对方式	远离	与导致情绪产生的事物保持距离，以调节情绪。	与同学吵架后，为了避免相见时闹矛盾，总是躲着他。

[1] 边玉芳：《读懂孩子——心理学家实用教子宝典（6～12岁）》，116页，北京，北京师范大学出版社，2014。引用时有改动。

续表

类型	策略	定义	示例
以情绪为中心的应对方式	转移或宣泄	将注意力转移到令自己开心的事情上，从而调节情绪。	不开心的时候吃东西、购物、玩游戏。
	情绪伪装	隐藏真实的情绪，通过表现出另一种情绪来试图调节情绪。	考试失败，假装若无其事，躲避别人的询问，以免勾起伤心的情绪。
以问题为中心的应对方式	内化	接受情绪，为情绪寻找一个合理的转化途径和理由。	与好朋友吵架后感到很愤怒，试着从好朋友的立场了解他们的苦衷，降低自己的愤怒程度。
	问题解决	直接解决产生情绪的根源，实现"治本"。	考试失败很伤心，努力准备下一次考试，通过考取好成绩来消除此次考试成绩不良的伤心情绪。
	寻求支持	向他人寻求帮助与支持，以帮助自己调节情绪。	比赛失利后，向父母、朋友寻求安慰和支持。

以问题为中心的应对方式更具有建设性，从长远来看，能够帮助学生提升应对情绪问题的能力，减少消极情绪；而以情绪为中心的应对方式也具有一定的意义，能够帮助学生快速从消极情绪中走出来，尤其在面对强烈的情绪时，可以减少情绪带来的不适感和不良影响。

规律5 学生的情绪管理能力与性格、性别有关，女生好于男生

情绪管理能力与性格有关 不同性格的学生在相同的环境下情绪管理方法会有所差异。外向的学生更可能采用以问题为中心的应对方式，积极寻求他人的支持；而内向的学生可能会采用逃避、远离等以情绪为中心的应对方式。

情绪管理能力与性别有关 学生的情绪管理能力往往存在性别差异，女生在情绪理解和调节方面往往比男生要好一些。

◎ 在情绪表达规则的理解和遵守方面，女生的表现往往要好于男生。女生情感比较细腻，更容易观察到环境中富有情绪色彩的信息，如对方的表情、脸色等。女生也更倾向于遵守规则，且教师和家长给女生制定的规则往往比男生更多、更详细。

◎ 在情绪调节方面，女生的表现同样优于男生。由于女生的语言表达能力更强，她们更易于进行情绪的自我疏导，能够直接将情绪发泄出来或选择跟朋友倾诉；而男生则更可能掩饰自己的不良情绪，较少向教师、父母、同学倾诉，独自承受一切。

◎ 情绪失控对男生和女生造成的影响也是不同的。情绪调节能力差的女生容易感到焦虑、紧张、坐立不安；而情绪调节能力差的男生往往充满敌意，容易出现暴力和攻击行为。

规律6　情绪具有传染性，教师与家长的情绪管理能力对学生情绪管理能力的发展有重要影响

情绪具有传染性　每个人的情绪都会受到身边人的影响，对于中年级学生而言，教师和家长是重要他人，在学生情绪社会化及情绪管理能力的发展方面扮演着重要的角色。教师与家长的情绪管理能力都会对学生的情绪管理能力发展有重要影响。

教师的情绪管理能力对学生有重要影响　学校是学生重要的学习和生活场所，教师内在的情绪表现、师生间的情绪互动对学生的情绪发展都有着某种程度的影响力。

◎ 教师情绪对于学生的情绪具有示范效果。教师展现适当的情绪行为，尤其是如何调节自己的消极情绪，有利于学生掌握正向的情绪经验。

◎ 教师应给学生提供情绪管理的策略和情绪表达的机会。例如，探讨故事中人物的情绪感觉，帮助学生理解情绪触发的原因；让学生进行角色扮演，认识、理解人物的情绪并发展情绪调节能力。

◎ 积极的师生关系有利于营造正向的情绪互动，学生能够从师生沟通中学会表现及讨论情绪的适当方式，促进情绪调节能力的发展，从而更好地适应学校生活，改进班级内的人际互动模式。

家长的情绪管理能力对学生有重要影响　家长自身的情绪管理能力、对孩子情绪的反应和亲子间关于情绪的谈话都会对孩子的情绪管理能力造成影响。

◎ 孩子的情绪管理能力与家长的情绪管理能力密切相关。如果家长的情绪大多比较积极，孩子的情绪也会更为积极。如果家长倾向于使用以问题为中心的方式调节情绪，孩子亦如此；相反，如果家长总是以吵架、摔东西来发泄愤怒，孩子也会认为消极发泄消极情绪是合理的。

◎ 如果家长对孩子的情绪反应比较关注，孩子往往也会逐渐养成关注自己情绪的习惯，避免情绪起伏过大。很多家长受传统文化影响，希望孩子不要有强烈的情绪表达，会干涉孩子情绪的表达，这会使孩子倾向于隐藏自己的情绪而非自我调节，影响情绪调节能力的提升。

◎ 有研究表明，家长与孩子关于情绪的谈话与孩子的情绪调节能力发展存在显著

📖 知识库

踢猫效应

　　情绪具有一定的传染性，每个人的情绪都会受到身边其他人的影响，也都会影响到其他人。典型的情绪传染理论有"踢猫效应"，其大意如下。

　　某公司董事长为了重整公司事务，许诺自己将早到晚回。有一次，他在家看报太入迷以致忘了时间，为了不迟到，他在公路上超速驾驶，结果被警察开了罚单，最后还是误了时间。这位董事长愤怒之极，赶到办公室时，为了转移他人的注意，他将销售经理叫到办公室训斥了一番。

　　销售经理挨训之后，气急败坏地走出董事长办公室，将秘书叫到自己的办公室并对他挑剔一顿。秘书无缘无故被人挑剔，自然是一肚子气，就故意找接线员的茬儿。接线员无可奈何、垂头丧气地回到家，对着自己的儿子大发雷霆。儿子莫名其妙地被父亲痛斥之后，也很恼火，便将自己家里的猫狠狠地踢了一脚。[①]

相关。[①]如果家长经常与孩子展开关于情绪的谈话，谈论调节情绪的方法，久而久之，孩子也会懂得应该如何调节自己的情绪，提升自己情绪管理的能力。

育人策略

策略1　指导学生敏锐觉察并深入理解自己和他人的情绪，找到情绪产生的原因

　　教师应积极关注学生在校内的情绪状态，引导学生定期反思自己的情绪。当学生情绪起伏较大或出现一些比较消极的情绪表现时，教师可以待事后静下心来与学生沟通，问问学生情绪爆发的原因，并告诉学生怎样才是健康的情绪表达方式。

---

① 陆芳、陈国鹏：《儿童情绪调节的发展研究》，载《心理科学》，2003（5）。
② 边玉芳：《心理健康教育读本（高中二年级）》，46～52页，杭州，浙江教育出版社，2002。引用时有改动。

方法库

情绪脸谱

我们每个人在处于某种情绪时都会产生相应的表情。当我们高兴时，有人会心里暗喜，而有人则会高呼庆祝，每个人的情绪反应可能是不同的。请你回忆出现以下情绪时自己的表情，在下面的空白脸谱上画出来，并写出当时自己可能产生的想法，以及与平时不一样的生理变化。

高兴 ◯

当＿＿＿＿＿＿＿＿＿＿＿＿＿＿＿＿＿＿＿＿＿＿＿＿，我真的很高兴。

当我高兴时，我会＿＿＿＿＿＿＿＿＿＿＿＿＿＿＿＿＿＿＿＿。

愤怒 ◯

当＿＿＿＿＿＿＿＿＿＿＿＿＿＿＿＿＿＿＿＿＿＿＿＿，我真的很愤怒。

当我愤怒时，我会＿＿＿＿＿＿＿＿＿＿＿＿＿＿＿＿＿＿＿＿。

害怕 ◯

当＿＿＿＿＿＿＿＿＿＿＿＿＿＿＿＿＿＿＿＿＿＿＿＿，我真的很害怕。

当我害怕时，我会＿＿＿＿＿＿＿＿＿＿＿＿＿＿＿＿＿＿＿＿。

难过 ◯

当＿＿＿＿＿＿＿＿＿＿＿＿＿＿＿＿＿＿＿＿＿＿＿＿，我真的很难过。

当我难过时，我会＿＿＿＿＿＿＿＿＿＿＿＿＿＿＿＿＿＿＿＿。

引导学生敏锐地觉察情绪，正确理解自己和他人情绪产生的原因，逐渐学会换位思考，能够站在对方的立场上考虑事情的前因后果，从而更好地管理自己和他人的情绪。例如，处理学生因撞到别人而发生冲突吵架时，可以询问撞人的学生一系列问题："如果别人撞到你，你是不是会不高兴？那他是不是也会不开心？吵架后你的心情变好了吗？如果别人撞到你后立即道歉，你会原谅他吗？吵架后再见面尴尬吗？"让学生从内心深处理解对方的心情，更好地与同学相处。

> **策略2**　积极情绪和消极情绪都很重要，教师应指导学生根据情境来表达情绪，学会健康的情绪表达方式

　　积极情绪很重要　它有利于学生的身心健康，能够促使学生更好地学习、生活。教师可以指导学生积极与他人建立关系、积极参与各项活动、积极欣赏自己的成功和努力，在这个过程中体验积极正向的情绪。

　　消极情绪也很重要　它是生活中必不可少的组成部分。教师应指导学生正确面对自己的消极情绪，了解消极情绪的存在本身对人具有一定的积极作用。例如，焦虑往往是因为预测到未来有某种危险，它可以提示人们提前做好准备，防患于未然。然而，过多过强的消极情绪会影响人的心情，对身体健康造成不良影响，学生需要学会恰当表达和纾解消极情绪。

　　指导学生根据情境来表达情绪　教师在平日里应引导学生将情绪与事件相关联，能够根据情境来适当表达自己的情绪。鼓励学生正确看待自己的情绪，做自己情绪的主人。[①]

　　◎ 开心的时候，可以展露出自己的笑容，让周围的人都感受到你的高兴，将快乐传递下去。

　　◎ 生气的时候，可以进行深呼吸，让自己平静下来，或者尝试运动一下，找一个适合自己的方式来发泄自己的愤怒。

　　◎ 悲伤的时候，可以哭出来，或者跟教师、父母、朋友倾诉自己的遭遇，也可以尽情书写，在日记里真实记录自己的感受。

　　◎ 害怕的时候，可以直接告诉教师、父母或者其他信任的人，不要将恐惧埋在自己心里，要积极寻求大家的帮助。

---

① 边玉芳：《读懂孩子——心理学家实用教子宝典（6～12岁）》，113页，北京，北京师范大学出版社，2014。

 **案例库**

情绪分区表

　　加拿大温哥华的U小学为帮助学生有效识别自己的情绪状态并调节不良情绪，特别设置了情绪分区表（见表4-3），张贴在学校的走廊、教室、公示栏等区域。情绪分区表根据行为表现区分情绪状态，并提供具体的情绪应对之法。学生可以对照情绪分区表的指示，随时观察自己和他人的消极情绪，并根据相应的情绪调节措施，及时进行调整。

表4-3　情绪分区表

弱 ——情绪变化强度—→ 强

分区	蓝区	绿区	黄区	红区
表现	受伤 悲伤 无聊 不舒服 害羞 疲惫 …………	准备好学习 冷静 平和 很好 放松 愉悦 …………	受打击 焦虑 糊涂 心烦 兴奋 害怕 …………	刻薄 疯狂 生气 好斗 恐惧 叫喊 …………
相应的调节情绪方法指导	聊天 告诉师长 休息一下 写写日记 画画 …………	继续学习 做运动 写作和阅读 进行创造性活动 和朋友玩耍 …………	深呼吸 独立空间 去花园 散步 去运动 …………	休息一下 大口呼吸 到安静的地方 去跑步 向师长求助 …………

　　情绪分区表以学生熟悉的颜色作为区分要点，将颜色与有关情绪相对应。在实际展示中，不同的情绪分区还配有解释性的图画供学生辨识，以帮助学生确认情绪状态并进行调适。

　　以柔和的蓝色对应学生的情绪低落区，当学生出现疲惫、悲伤等情绪状态时，可以稍做休息，或做些感兴趣的事情以转移注意力。

充满生机的绿色，则对应积极的情绪，这时学生普遍处于愉悦、放松的状态，学习效率较高，可以尝试有挑战性的任务。

当学生的情绪处于黄色区域时，相对应的是心烦、焦虑的状态，可采取深呼吸、散步等方式让自己冷静下来。

当学生的情绪亮红灯时，可以主动寻求师长的帮助和疏导。[①]

> **策略3**　指导中年级学生通过适当的哭泣、倾诉、转移等方式合理宣泄消极情绪，注重以问题为中心的情绪调节策略

教师应在平时的教学与生活中，指导学生一些应对消极情绪的科学方法，从而快速化解自己遭遇的种种不快。同时，鼓励学生积极调节自己的情绪，刺激大脑相应区域的快速发展，促使大脑控制情绪能力的提高。

适当的哭泣　当学生陷入极度悲伤时，痛哭一场会使心情变得舒畅一些。哭也是一种心理保护措施，能够释放积攒的负能量，从而调整机体状态，使之恢复平衡。

倾诉　向教师、家长、朋友等主动说出内心的痛苦和烦恼，能够帮助学生摆脱沉重的精神负担，厘清混乱的思路，找到解决问题的方法。不想跟人倾诉的时候，学生也可采用书写日记的方式进行倾诉，找出导致消极情绪的不合理观念。

转移　让学生做一些自己喜欢的事情，将导致自己不快的事情抛之脑后，如进行体育运动、听自己喜欢的音乐、看自己喜欢的节目、出去散步等，从而转移消极情绪。

值得注意的是，教师需要有意识地引导学生采用以问题为中心的调节情绪的策略。当学生在使用远离、分散注意力等方法克服消极情绪的时候，教师应提醒学生思考"怎么引起的这种情绪""应该怎么解决这件事"，从源头上解决消极情绪的产生。

---

① 徐琼、吴坚：《加拿大小学情绪管理实践策略探析——以U小学为例》，载《中国德育》，2018（10）。引用时有改动。

📁 **案例库**

我和学生们的"悄悄话"

为了让学生和我成为真正的朋友，让他们愿意把内心的话说给我听，我在班里设立了"悄悄话"本。

透过这个本子中的记录，我能感受到学生是不是快乐的。当然，也有学生跟我诉苦，问我问题。"老师，为什么今天上课不叫我回答问题？""老师，×××今天打我了。""老师，您能帮我个忙吗？昨晚我爸爸和妈妈打架了，我不开心。"……

在这些"悄悄话"的背后，是学生们真实的消极情绪，我会认真地写下自己的建议，让学生们正确面对问题，帮助他们走出不良情绪。例如，有个学生说："老师，今天×××说了我的坏话，气死我了。"我会为他写下建议："你为什么生气呢？这件事值不值得生气？生气能解决问题吗？我建议你和他沟通一下……"有些不好意思当面跟老师说的话，可以用"悄悄话"的方式告诉老师。一句又一句"悄悄话"，成为我和学生们有效交流的途径，使学生们与我推心置腹。

通过小小的本子帮助学生宣泄心中的烦恼，给他们传授调节情绪的策略，我感到很幸福。

——北京市东城区培新小学教师 金吉佳

策略4　指导学生根据自身特点，选择适合自己的情绪调节策略

对于性格比较外向的学生，教师可以与学生分享日常学习、生活中情绪调节的事例，耐心倾听学生倾诉自己的情绪变化，共同讨论不良情绪产生的原因，从源头入手解决问题，控制和调节情绪。

对于性格比较内向的学生，教师需要让他们意识到逃避、远离等消极的方式并不能从根本上解决问题，只能暂时缓解不良的情绪。教师需要引导学生直面问题，积极思考情绪爆发的原因和控制情绪的方法。

对于不同性别的学生，教师也应采取不同的教导方式。女生更善于向他人倾诉自己的痛苦情绪，教师应及时予以回应。而男生则比较容易把情绪直接爆发出来，甚至直接与同学产生冲突，教师应多加耐心指导，帮助他们采取合适的方式进行自我情绪调节。

策略5 通过倾听与认可、帮助学生表达情绪、和学生一起解决问题三个步骤，应对学生的消极情绪爆发

很多教师都遇到过课堂或者集体活动中学生突然爆发情绪的问题，如突然有强烈的难过、害怕和生气等消极情绪爆发，影响到学生继续听课或者参加活动，或者影响其他同学听课，甚至干扰教师的教育教学活动正常进行。这种情况需要教师及时介入处理，教师可以做好以下三个步骤。[①]

倾听与认可 这个步骤非常重要，是顺利解决学生情绪问题的基础。倾听并不是单纯地用耳朵收集信息。能够感同身受的"听众"懂得用眼睛去观察学生的行为，捕捉他们情绪发出的信号；懂得通过自己的想象力站在学生的立场上体会他们所处的情形；懂得用安慰性的话语，不带任何批评地回应自己听到的一切；最重要的是，用自己的心灵去感受学生体会到的一切，与学生在同一个情绪频道上。

帮助学生表达情绪 教师可以帮助学生为自己的情绪贴标签。贴标签可以帮助学生定义他/她正在经历的处境，如"紧张""担心""害怕"，这些词语帮助学生把含糊不清、令人害怕、不适的感觉变成了有界限、可以被定义的事物。为情绪贴标签这个简单的行为对神经系统有安抚作用，能帮助学生尽快从消极情绪中平复。当我们表达自己的情绪时，需要调动掌控语言和逻辑思维的左脑参与，这个过程帮助学生集中注意力，恢复平静，进而调动学生内在的解决问题的资源。

和学生一起解决问题 在理解学生的情绪基础上，帮助学生一起解决其当下的情绪问题。此处有三个要点。

◎ 指出情绪表达的不当之处。教师已经认可了学生的消极情绪，同时一定要让学生知道，情绪没有对错，但有些行为是不恰当的，不能够被接受。例如，"你很生气，因为亮亮把水泼在了你的作业本上。如果换作是我，我也会很生气。但是你打他就不对了。想想还有别的解决方法吗？"。

◎ 确认目标。教师需要耐心了解学生自己的想法而不是理所当然地给学生自己认为对的东西，这样才能真正彻底缓解学生的消极情绪。也许被弄湿作业本的学生想让亮亮道歉，也许他想尽快把作业本弄干。

◎ 寻找解决方案。为自己的情绪问题找到解决方案是学生的责任，教师只是辅助

---

① ［美］约翰·戈特曼、琼·德克莱尔：《培养高情商的孩子》，付瑞娟译，86～104页，杭州，浙江人民出版社，2014。

而不要把责任都放在自己身上。可以询问学生想要怎样做，让学生多找一些方案，再来选择一个最优的。

需要说明的是，如果教师没有充分的时间在课堂或者集体活动中完成这三个步骤，可以先完成前两个步骤，待学生的情绪稳定后，跟学生约定另找时间，单独进行第三个步骤。

 方法库

表达倾听与认可的三个小技巧

1. 专注的身体姿态。你一定在努力读学生的心，他是不是眉头皱起，下巴僵硬，双脚不安地扭动？这个时候，学生恰恰也在读你！他在感受你是不是全身心地和他在一起。

举例：和学生眼睛平齐，深呼吸，放松，专注，用你的表情和声音表明你在用心和他在一起。

2. 映射法进行回应。当学生表达自己的负面感受时，你是否会着急地告诉他不要这样想，快点好起来？这就错了，你只需要用映射法来回应，通过重复听到的话语，说出自己观察到的现象。这个简单的方法可以有效让学生知道你在认真倾听。

举例：琳琳连着举了几次手都没有被老师叫到。

琳琳：这不公平！

老师：你希望老师也能叫你。我想正是这一点让你感到不公平。

3. 表达情感上的理解。在情感上与学生联结，而不是理性地纠正、指导或者询问。教师听学生说话时，常常有冲动要去纠正和指导。但真正重要的是感同身受地倾听、认可学生的情绪。

举例：思思总爱大喊大叫，在分组进行游戏时，同学们都不愿意和他一组。

思思：没有人喜欢我！

老师：你看起来很沮丧。我小时候要是同学不愿意带我玩游戏，也会很沮丧的。

策略6　教师做好自身情绪管理，营造良好的班级情绪氛围，为学生做积极情绪的榜样

教师应注重自己对学生的情绪感染，恰当调节自己的情绪，在学生面前一直保持成熟、稳定的情绪状态，从而为学生做积极情绪的榜样，使他们产生健康的情绪，并了解健康情绪的重要性。

教师在教育教学过程中应创设良好的课堂氛围，在调动学生学习积极性的同时营造乐观向上、充满正能量的班级情绪氛围。

教师与学生进行沟通时，应避免以教师的身份强行说教，控制好自己的情绪，切不可与学生"硬碰硬"，自己先失控。教师要接纳学生的消极情绪，对学生遇到的困难给予理解，再处理具体问题。

 方法库

教师消极情绪调节策略

1. 情境选择。教师可通过改变固定的模式（如特定的场合、时间等）来避免消极情绪的发生，如重新安排座位来避免关系好的学生在课堂上讲话而引起教师的消极情绪。

2. 情境修正。直面问题，努力改变情境，从而控制情绪事件的发生。例如，教室停电，无法展示多媒体教学内容，教师应立刻改用黑板展示或用言语描述的方式完成预定的教学任务，迅速调整沮丧的情绪。

3. 正确表达。当学生出现违纪行为时，教师对学生进行批评教育要做到对事不对人，不要直接对学生说诸如"你很差"等具有攻击性的语言，而要向学生表明自己的态度与感受——"我对你的行为感到生气"，同时也避免触发消极情绪。

4. 注意分配。当教师遇到一些不愉快的事情时，可以有意识地做一些其他的事情，努力将自己的注意力从当前的消极情绪转移到令人兴奋的活动中去。

5. 认知改变。教师可采用认知自我陈述的方法，重新评价环境，并从中发现积极的方面，形成对环境的理智反应。例如，爱发怒的教师可以暗示自

己"没什么大不了的，要保持平静"，从而对自己所处的情境做出积极的控制与评价。

6. 反应调整。处于消极情绪状态的教师，可通过积极的自我谈话、放松等方式让自己冷静下来思考并处理问题。教师亦可通过控制面部表情，使自己的情绪表达得到修正，尽量展现心平气和、友善的态度与行为举止。[①]

策略7　引导家长积极关注孩子的情绪，鼓励孩子表达情绪，帮助孩子恰当处理消极情绪

引导家长关注孩子的情绪　在孩子情绪发生波动的时候，家长应鼓励孩子充分表达自己的情绪，找到情绪产生的原因。家长认真倾听孩子真实的感受，接纳孩子的情绪，做孩子忠实的听众。在孩子充分表达后，引导孩子正确认识自己的情绪，并合理宣泄消极情绪。避免批评、压制、讲大道理等不利于孩子情绪能力发展的行为。

帮助孩子恰当处理消极情绪　当孩子沉浸在某种消极情绪中时，家长可以告诉孩子自己处理情绪问题的方式，再分析哪种方法最适合解决他此时的情绪问题。例如，当孩子生气时，应引导孩子思考："我为什么生气？这事或这人值不值得我生气？生气能解决问题吗？生气对我有什么好处？"鼓励孩子用理智来控制发怒的情绪反应，尝试在发怒时给自己设定目标：不要生气，坚持1分钟，再坚持1分钟，再坚持1分钟，一直坚持下去。又如，当遭到同学的冒犯时，可鼓励孩子站在同学的角度想一想，看看同学的行为是否情有可原，运用心理换位法来克制自己的情绪。

[①] 刘迎春、徐长江：《教师情绪调节的机制与策略》，载《浙江师范大学学报（社会科学版）》，2013（2）。引用时有改动。

方法库

常见的情绪引导错误方法

家长在处理孩子的消极情绪时，应避免以下错误方法。

1. 禁止孩子发泄消极情绪，不准孩子哭泣、大吼大叫等。

2. 认为孩子经历的事情没什么大不了的，不能理解孩子的情绪为什么会波动那么大，无法与孩子"感同身受"。例如，告诉孩子："没什么大不了的，用不着伤心成这样。"

3. 放任孩子沉浸在消极情绪中，或者草率地安慰孩子，放任孩子安于现状，逃避问题，而不是寻找解决问题的方法。例如，考试失利，孩子很沮丧，通过带孩子出去玩来调节心情，却没有和孩子讨论未来应该如何做、怎样提升。

4. 处理孩子的情绪问题时，直接指挥孩子应该怎么做、不应该怎么做，剥夺孩子独立思考的空间。

5. 居高临下，一味地批评和责备孩子，说一些马后炮的话。例如："我早就跟你说过了，你就是不听，活该！"

第二节　提升学生的自我管理能力

老师一离开，教室就"炸锅"

　　这学期，我新接了一个四年级的班。开学不久，我就发现班里的学生有个特点：老师在的时候表现很好，但老师一离开，班级就乱了。有一次我安排全班同学自习，前脚刚走没几步，就听到班级里乱得跟菜市场一样。我回去透过门缝一看，有的学生在扔粉笔，有的学生在吃零食，还有的干脆离开座位，几个人围成一圈玩了起来。班长在班里扯着嗓子喊"别说话了，请大家安静"，但是没有人理会他……

　　这件事让我想起前阵子朋友圈疯传的英国纪录片《培养》（*Nurture*）中做的实验：让10个11～12岁的男孩在没有大人管理的情况下，独立入住一栋别墅5天。结果是他们想方设法地破坏规则，一连3天不洗澡、不换衣服，吃糖、喝可乐，拿冰激凌当饭，互相争吵扔东西，半夜制造噪声不睡觉，几乎损坏了所有的玩具。临走前，他们决定不再互相攻击，而是合力来"拆房子"，他们尽情地拆房子里的东西，打碎了玻璃，弄得屋子里到处是垃圾。这个实验的结果看得我倒吸了一口冷气。我真的不希望自己的学生也是这样的！我希望学生能够做自己的主人，而不是总依赖老师和家长的监督，我该如何提升他们的自我管理能力呢？

　　每个学生既是管理的对象，又是管理的主体。自我管理能力对于中年级学生未来的学习和生活有着重要的意义。教师充分发挥学生的主体能动性，提升学生的自我管理能力，最终是要实现"管，是为了不管"。教师在中年级阶段培养学生的自我管理能力，能够促使学生更好地适应学习与生活。这对于学生能力的健全与人格的培养至关重要，有利于学生的终身发展。

成长规律

> **规律1**　自我管理有利于提升学生的学习效果和社交能力、提升教师的班级管理效率。小学中年级正处于他律向自律转化的关键阶段，是培养学生自我管理能力的关键时期

　　自我管理是指学生主动采取一定的措施以实现正确的自我认知、合理的自我评价和长

远的自我发展。著名教育家苏霍姆林斯基说过："真正的教育是自我教育。"这指出了自我管理能力的重要性。自我管理对于学生的成长与班级管理的提升有重要作用。

提升学生的学习效果　能够自主学习的学生往往善于对学习过程进行监控与反思，合理分配自己的学习与娱乐时间，主动探寻适合自己的学习方法，并不断调整学习过程以高效完成学习目标。能够自主学习的学生往往拥有较强的学习动机，更容易取得良好的学习成绩。

提升学生的社交能力　自我管理能力强的学生在社交方面能够更好地了解自己和他人，控制自己的情绪，调整自己的行为，运用恰当的社交技能，明辨事理地处理问题，从而更好地在群体中与同伴交往和合作。

提升教师的班级管理效率　提升学生自我管理能力，使学生以更积极的心态参与到班级各项管理和事务中，可以改善班级常规情况，有效提升班级管理效率，促进班级良好氛围的营造，节省班主任和任课教师用于管理班级的时间、精力，融洽师生关系，提升教师工作幸福感。

美国著名心理学家皮亚杰指出，9～10岁的小学生正处于他律向自律转化的关键阶段。处于他律阶段的学生需要他人监督和控制自己的行为，处于自律阶段的学生则可以自己控制和监督自己的行为。因此，中年级阶段不同学生的自我管理水平开始出现较大差异，此时是培养学生自我管理能力的关键时期。

◎ 在中年级之前，学生大都处于他律阶段，他们行事的原则主要是依赖成人制定的规则，需要他人对自己的行为进行监督和控制。这一阶段学生的自我管理能力发展较慢。

◎ 进入中年级之后，学生逐渐进入自律阶段，开始有自己评判事情的标准，逐渐学会将规则内化，从内部控制和监督自己的行为，进入自我管理能力发展的迅速期。

规律2　中年级学生自我管理主要涉及个人生活、学习和行为三个方面

自我管理涉及学生日常生活、学习的方方面面。根据学生的能力特点和生活、学习需要，中年级学生需要自我管理的主要是以下三方面内容。

个人生活方面　照顾自己的每日生活，保障身体健康。具体包括按时起床和休息，一日三餐合理饮食，控制零食摄入，根据天气情况和学校规定选择恰当的着装，保持仪容仪表干净整洁，根据日常生活所需管理好自己的零用钱等。

个人学习方面　按照学校和教师的要求按时到校上课，不迟到早退，根据各门课程的不同需要准备学习所需的各项用品，积极遵守课堂常规，按教师要求和个人情况制订学习计划并按时完成各项学习任务。

个人行为方面　在校期间遵守学校及班级常规，外出时遵守公共场合基本行为规范，如过马路不闯红灯、不在公共场所大声喧哗，具有基本的礼仪，能够与他人文明交往，有节制地使用电子产品。

> **规律3**　学生的自我管理能力发展需经历自我计划、自我评价和自我强化三个阶段

学生在自我管理能力发展的过程中，需要经历自我计划、自我评价和自我强化三个阶段。学生只有按照顺序，依次发展出相应的能力后，才能够完全发展出自我管理的能力。

自我计划　自我计划是指使学生主动意识到自己的行为，建立自我管理意识。学生需要首先选择一个希望建立的自我管理行为，例如，一个经常迟到的学生的目标可能是每天按时到校。之后在此基础上制订详细的计划，例如，提前一天晚上准备好第二天要带的东西，上好闹钟，起床后30分钟之内穿衣服、洗漱、吃早饭，在6：30准时出门。中年级学生制订计划还需要教师和家长的一定指导。

自我评价　自我评价是指学生在根据自我管理目标进行自我管理实践的过程中，定期评价自己是否完成了设定的目标，并随时根据自己的实际情况进行调节。如果在自我评价的过程中，学生成功完成该任务，就会进入下一阶段，即自我强化。如果失败，则需要调整目标。中年级学生有时还会需要教师和家长的指导，例如，当学生情绪失控或发出噪声时，教师可在一旁指导他们管理自己的不良行为，直至学生能够在做出不良行为时就立即意识到这些行为是不被允许的。

自我强化　自我强化是指学生在设定的目标完成后给予自我奖励。例如，如果设定的目标是在一天内不发脾气，当目标达成后，学生可以给予自己奖励，如增加半小时的自由活动时间。开始时，教师和家长可以给予学生奖励，但随着学生的良好自我管理行为逐渐建立，建议让学生进行自我强化。

> **规律4**　自控能力是学生进行自我管理的保证，女生的自控能力明显优于男生，他人监督有利于自控能力的提升

自控能力是学生进行自我管理的保证　自控能力是自我管理能力的一个重要方面，拥有自控能力的学生才能做好自我管理。然而，中年级学生容易受到外界环境的各种诱

惑，缺乏在日常学习和生活中有效调节和控制自己的方法，往往自控能力不强，导致自我管理的效果不佳。

中年级学生的辩证思维能力开始发展，能够主动实践自己的想法并积极进行自我检验，从而促进自控能力的发展。同时，学生在自我管理后开始进行自我反思，从而能够有效改进自控效果，逐渐形成一种良性循环，使学生获得自控成功的满足感。

女生的自控能力明显优于男生　由于生理特征的差异，与男生相比，女生的自控能力更好，自我管理能力也强于男生。中年级的男生通常意识不到自己做了不应该做的事情，更容易被他人认为是淘气、不听话；而女生的表现往往较好，成绩优异，通常被认为比较乖巧。

他人监督有利于自控能力的提升　在他人的监督下，学生往往会受到公众压力的影响，要求自己根据制定的目标按时执行计划，进行自我管理，保证自我管理的效果，从而获得良好的评价。

规律5　提升学生的自我管理能力需要家长的重视和引导

家庭是孩子自我管理能力培养的关键场所，家长较教师更多承担孩子日常生活中行为习惯的教育与管理。家长的观念和教养行为等都会影响孩子对自我管理的态度及自我管理能力发展的空间，对孩子自我管理能力的发展至关重要。

家长如果认为学习是孩子成才的唯一路径，只要学习好就行，为了孩子能够心无旁骛地学习，学习以外的事情全部都安排得很妥帖，可能会导致孩子离开家长就寸步难行，限制了孩子自我管理能力的发展。

家长对孩子的宠爱和不放心，容易使家长习惯于包办孩子的一切事务，从而导致孩子缺乏自我管理的能力，并可能使孩子习惯于被管理，逐渐丧失自我管理的积极性。如果家长给孩子更多的空间进行自我管理实践，并在这个过程中积极给予孩子指导，则能够有效提升孩子的自我管理能力。

育人策略

策略1　在班级管理中引入学生自我管理机制，制定班级公约，班干部竞争上岗，自主管理班级，定期轮换管理角色，让学生成为班级的主人

让学生参与班级管理，有利于学生责任感的提升，进而增强学生的自我管理意识，

逐渐增强自我管理的能力。

制定班级公约　班级公约应当是全班学生同意并遵守的一种约定，因此，班级公约的制定过程应当是公开的，要经过每一个学生的认可，方能使所有学生都愿意主动接受班级公约的约束。

◎ 可以利用班会课时间，教师和学生同伴帮助学生分析自身存在的不足，共同制定促进自身发展的小目标，如上课认真听讲、加强体育锻炼等。经过反复讨论、修改，班级公约正式出台并生效，学生会主动维护班级公约的执行，因为班级公约往往被看成集体的意志。①

 方法库

班级公约制定的注意事项

1. 班级公约的内容表述应当柔和，让学生意识到班级是一个大家庭，每个学生都应该做好自我管理，履行自己的义务。不要使用强硬的命令语气，如"不准""不许"等，避免学生望而生畏，产生消极的对抗情绪，不利于班级管理工作的开展。

2. 班级公约的制定应充分尊重学生的意见，以生为本，可通过"议""谈""说""想"等环节让学生发现问题、解决问题、反思问题，从而使学生意识到班级公约的重要性，充分调动他们参与班级管理的积极性。

3. 班级公约不是一成不变的，当公约规定的内容学生能够轻而易举地实现时，教师可以在原先规定的基础上对学生提出更高的要求，或者与学生一起讨论当前阶段存在的新问题，更新班级公约。②

班干部竞争上岗，自主管理班级　班干部是教师与学生沟通的桥梁，教师应设立竞争机制，在班级民主组建班委会，在对班干部进行培训后，赋予他们充分的自主权，对班级事务进行管理。班干部往往能够游刃有余地处理各种班级事务，学生也会对自己选举出的班委的管理决定更加信服。教师可根据班级管理的需要，让每一个学生都有当班

---

① 赵静：《培养小学中年级学生的责任感　逐步树立自我管理意识》，载《基础教育参考》，2009（3）。

② 顾梅颖：《以生为本 从心而"约"——兼谈小学中年级班级公约的制订》，载《江苏教育》，2018（6）。引用时有改动。

干部的机会，从而在约束他人的同时促进自我管理能力的提升。

定期轮换管理角色 可以采取轮值的方式，让学生尽量参与到班集体不同层面的管理中，避免学生在某一层面总是处于被管理的地位。管理角色轮换后，可以让之前负责的学生传、帮、带，进行较为系统的培训，提升学生的责任感，增强自我管理的能力。

> **策略2** 精心设计班会和各项活动，提升学生自主管理的意识，培养自我管理的能力，化被动为主动，化他律为自律

丰富多彩的班会和各项活动能够吸引学生的兴趣，促使学生全身心地投入，并在体验的过程中切身体会到自我管理的益处，理解自我管理的重要性。在活动开展的过程中，教师要给予学生充分的信任和关爱，使学生树立自主管理的意识，提升自我管理的积极性，从而发自内心地愿意主动参与、自主实践。

教师在开展班会和活动前需要制订详细的活动计划，充分调动学生参与活动的积极性，采用引导、启发等方式对学生进行指导，敢于放手，避免全程包办整个活动，努力使每个学生都得到锻炼的机会，掌握自我管理的方法。活动后，教师应重视对活动结果的评价，及时肯定学生的表现，帮助学生挖掘自我潜能，找到适合自己发展的方法，在自我管理中不断进步。例如，课外组织学生集体参观植物园，教师可事先选出10个小组长，再由每个小组长选出3名本组成员。活动前，每组发放一张"实践活动记录表"，教师指导填写方式，小组成员分工、合作完成表格。活动后，每组派一名成员在班会课上展示表格并进行讲解。教师与全班同学一起评价，指出不足，给出建议。

 **案例库**

"一颗糖的诱惑"班会课设计

一、切入点

心理学中有一个著名的"延迟满足"实验。研究者在孩子面前摆放一颗糖，告诉孩子说自己将离开一会儿，请孩子先不要吃糖，如果能做到的话，回来将会给他/她两颗糖作为奖励。实验结果发现，能够顺利通过实验的孩子具有更好的

延迟满足能力，自我管理水平更高，他们具有更好的社会适应性和独立自主的能力，在未来的生活里更成功。这个实验让我很受触动，我希望以此为切入点，帮助学生学会自我控制，更好地实现自我管理。

二、教学目标

1. 了解从小培养自我管理能力更容易取得成功。
2. 指导小学生自己制定目标，学会自我计划、自我控制。

三、教学准备

1. 学生做好课前调查：你对自己的行为满意吗？对现实的自己，你想说什么？你的榜样是谁？将来想要怎么做？让学生清楚自己的目标和行为，在班会课上交流讨论，教师和主持人可以因势利导，使学生形成正确的思想，真正学会自我管理。
2. 学生收集图片和视频材料。
3. 主持人准备上课环节的歌曲。

四、教学过程

（一）运用绘本，导入新课

主持人让全班学生阅读绘本故事《我的嘴巴回来啦》；学生读故事，说体会，导入新课。

（二）学习文本，提炼观点

1. 在"延迟满足"实验里，你觉得那些迫不及待吃掉糖的孩子是怎么想的？
2. 那些能够坚持到最后再吃糖的孩子是怎么做到的？
3. 如果身在其中，你会怎么做呢？

（三）联系实际，深化认识

1. 如果你也参加这个"延迟满足"实验，你会迫不及待地吃掉糖还是会选择坚持到最后呢？
2. 主持人播放学生喜爱的歌曲——周杰伦演唱的《听妈妈的话》，读一读歌词所写的话："为什么别人在那看漫画我却在学画画，对着钢琴说话，别人在玩游戏，我却靠在墙壁背我的ＡＢＣ？"思考：歌曲中所描述的"我"能获得成功吗？他是怎样做到自我管理的？有什么值得我们学习借鉴？

（这个环节主持人带动大家一起讨论，教师相机指导，让学生明白能获得成功的人都具有较强的自我管理能力，特别是自我控制能力。）

（四）运用知识，指导行为

1. 通过班会课的学习，说一说你会怎样做，让自己在这个实验中获得更多的糖。

2.　周末在家的时候，你本来打算做作业，但是又想看好看的动画片，你会怎么做？周日你本来计划好了要帮妈妈做家务，但是同学叫你出去玩，你会怎么做？自习课你本来打算预习课文，但是有同学叫你去走廊玩耍，你会怎么做？遇到类似的情况你是怎么想的？最后又是怎么做的？说说你的经历。

3.　主持人带领全班学生一起唱周杰伦的歌曲《听妈妈的话》。

4.　经过这节班会课的学习，你在遇到诱惑时有哪些新想法？你觉得自己在自我管理、自我控制方面有没有新进步？跟同学分享你的新感受吧。

五、课后实践

1.　请你在同学、教师或家长中做一个调查，完成表4-4。

表4-4　课后调查表

姓名	经历过的诱惑	如何克服	他的感言

2.　请你把班会课学到的内容讲给家长听，并邀请家长跟你一起设计一个"延迟满足"实验，记录下实验的过程和结果。

六、教师对班会课完成情况的小结

"一颗糖的诱惑"班会课的设计目的是让学生了解从小培养自己的自我管理能力才更容易取得成功，小学生要自己制定目标，学会自我计划、自我控制。整个课堂以学生为主体，让学生有话可说，争取做到100%的发言率。整节课从内容到形式贯穿着培养小学生自我管理能力这条主线。设置课后调查表，让学生在课后实践中深化对自我控制的认知，有助于学生将自我管理能力内化，达到从认识到行为的全方位转变。[1]

---

[1] 叶晓芬：《基于培养小学生自我管理能力的班会课建设研究——以深圳市BH小学为例》，硕士学位论文，深圳大学，2018。引用时有改动。

> **策略3** 创设良好的环境，营造浓厚的氛围，为学生发展自我管理能力提供支持

创设良好的环境 学生的发展处于环境之中，环境既会为学生的发展提供需要的资源，也会引导学生逐渐适应环境。因此，一个强调自我管理的环境氛围，会促使身在其中的学生逐渐发展出相应的能力。例如，《三字经》中"昔孟母，择邻处；子不学，断机杼"便是指孟母深知环境对孟子的巨大影响，故而三次搬家，改变住所周围的环境，以利于孟子的健康成长。

营造良好的氛围 学校应充分利用班级墙报、文化长廊、橱窗、红领巾广播站等信息传递方式，向学生宣传自我管理和自我教育的信息，让学生在不知不觉中浸染文化馨香，以此对学生的思想和行为产生良好的影响。

用积极向上的语言武装文化阵地，令校园文化为学生的成长起到示范引领的作用，成为学生无声的老师，对学生产生积极的心理暗示，潜移默化地促使学生养成自我管理的习惯，进而慢慢地理解自我管理的作用，将这些行为内化为自我管理的主动意识，从而发展出自我管理能力。

 案例库

校园里的"星球行为习惯棋"

深圳市南山区香山里小学以银河系星球作为学校的文化象征。学校一楼大堂有一部星球主题的3D动画片，这可不只是一部用来欣赏的动画片，它还是一盘"星球行为习惯棋"。这盘棋将学生的行为分成家庭、社会和学校三方面，针对每方面的具体要求，设计不同的图画、情境，例如，"见到老师主动问好，进两步"；"随地扔垃圾，退三步"。学生掷出硕大的橘黄色骰子，根据数字前进到相应的方格，对应方格中的习惯描述而前进或后退，比赛谁先到达终点，成为"具有良好习惯的学生"。

这个游戏很受学生的喜欢，在玩的过程中，融入学生良好的行为习惯培养，使学生自然而然地养成这些习惯，逐渐建立良好行为自我管理意识。同时，"星球行为习惯棋"颜色鲜艳，符合小学生的心理发展特点，与学校的星球文化相呼应，成为学校一道亮丽的风景。[①]

---

① 张光：《为面向未来的创新者而设计》，载《新校长》，2019（9）。引用时有改动。

> **策略4**　通过多元评价、适当给予奖励、及时反馈、小组评比等途径，激励学生自我管理

中年级学生十分看重自己在教师心目中的位置，期待得到教师的肯定与赞扬。教师应对全班同学的行为表现给予合理的评价，及时表扬遵守自我目标和班规、班训的同学，鼓励他们再接再厉。

多元评价　教师对学生自我管理行为的评价宜多样化，通过自评、组评、班评等多种方式对学生进行全方位的、公正的评价，使学生在与同伴的竞争和自我反思中认识到自己的不足，提升责任意识，完善自我管理的能力。

设立学生成长档案，每月由学生通过自评、组评记录自己的点滴进步。对于表现突出的学生，教师可将其事迹在班会、家长会等场合进行宣传，充分调动学生的积极性，在评价中挖掘学生的个人潜能，促使学生不断自律、自信、自强。

适当给予奖励　当学生表现较好时，教师应适当给予奖励，对行为进行强化，达到事半功倍的效果。科学的奖励可以促使学生获得自信和愉悦感，激励学生更好地进行自我管理。例如，当学生在学校里做出良好行为时，可以获得相应的代币作为奖励。代币只起表征作用，只是一个符号，可以是小红花、五角星，也可以是记分卡、点数等。有时代币也可以与实际的奖励相联系，使其更具有吸引力，例如，一定数量的代币可以换取一些小奖品。但小奖品应以表征荣誉为主，价值不要过高，避免学生将获得奖品作为唯一的目标。

及时反馈　当学生在自我管理的过程中遇到困难和挫折时，教师可通过及时的反馈（如公布自我管理成果、开展自我管理经验交流等）来激励学生，使学生维持积极的行为。同时，可制定一些具体的有关自主管理的制度与规范，使学生对照执行并进行考核。教师应根据学生能力的发展及外界环境的变化，对规范不断进行调整，以更有针对性地激励学生自我管理。

小组评比　以小组为单位进行自我管理，在学习、纪律、卫生等多个方面开展评比，通过小组长对小组成员的管理、小组成员之间的相互监督、小组内和小组间的合作与竞争，每个学生都是管理者与被管理者，促使学生在集体中找到自己的位置，有效提升自我管理能力。例如，自习课上安排小组成员坐在一起，相互监督，保证每个学生都能安安静静地温习功课、写作业。教师可以在每天放学前公布纪律表现最好的小组，并给予适当表扬。为确保结果的公平公正，教师可以让每个小组派代表陈述本组今天的纪律表现，并由全班同学监督、确认，再做出最后的决定。

案例库

康康的成长

班里有一个男孩叫康康，思维十分活跃，无论多难的数学题，他都能很快就解决，方法也很巧妙。然而，他在写作业和考试时从不检查，经常会因为粗心出错。

有一天，我把他叫到面前询问："康康，这么简单的题，你都做错了。""不可能。"他接过本子，看了看。"老师，不就是把6写成9，小数点点错位了吗？没什么大不了的，下次改正。"他嘴上说要改正，可再做题时毫不在意，还是经常出很简单的错误。

针对康康不愿检查、对自己要求不高、总是依赖老师管理的问题，我设计了三个循序渐进的措施，并配合及时的评估、奖惩。

1. 提高认识，认识到粗心的危害。
2. 明确规范，知道如何自我管理。
3. 明确做事要按顺序，有规范。

我设计了"警察抓逃犯"的游戏进行训练，游戏规则如下。

先由康康自己检查一遍做好的作业，仔细核对题目的要求、数字、计算符号和计算结果，将"逃犯"（粗心造成的错题）抓住。之后，我再来抓。如果没有"逃犯"，说明康康已顺利地完成了任务，是一名合格的"警察"，可获得勋章1枚。如果我发现仍然有"逃犯"，康康就要再从头检查，直到把"逃犯"抓住为止。一周内累计获得3枚勋章，就可得到1份神秘礼物。各次游戏记录见表4-5。

表4-5 "警察抓逃犯"记录

时间	周一	周二	周三	周四	周五	周六	周日
评价（奖励）							

　　使用以上方法几个月后，我欣喜地发现康康有了完成作业后进行检查的意识，因粗心而导致的错误明显减少了。尽管他仍不能完全杜绝粗心和差错，但他在做事情的时候变得有心了，懂得管理、约束自己的行为。现在每次做题都能按照要求去做，学习成绩有了明显的进步。

——北京市朝阳区左家庄第二小学教师　刘俊凤

> **策略5**　引导家长与学校协同，减少过度的保护和溺爱，以鼓励、表扬为主，寻找榜样，共同提升学生的自我管理能力

　　自我管理不限于在学校的行为，更反映在日常生活中。因此，家长与学校的配合就显得特别重要。为了全面培养学生的自我管理能力，教师可以引导家长与学校协同，提升家长培养学生自我管理能力的意识，共同提升学生的自我管理能力。

　　减少过度的保护和溺爱　家长需要放手让孩子进行自我管理，例如，让孩子自己定好起床的时间，独立完成起床、穿衣、洗漱、吃早饭、整理上学的用具等任务。同时根据孩子的能力，为孩子分配一些家务劳动，并定期检查，如整理、打扫自己的房间，洗小件衣服等。

　　以鼓励、表扬为主　当孩子动手做自己的事时，难免会出现一些问题或纰漏。此时如果家长进行批评指责会打击孩子的积极性，家长包办则会剥夺孩子锻炼的机会。家长需要善于发现孩子在自我管理方面的进步，多鼓励、表扬孩子，同时告诉孩子如何做得更好。

　　寻找榜样　榜样的力量是无穷的，家长要有一双慧眼，及时发现孩子身边的榜样，引导孩子模仿。榜样的力量能够有效激发孩子的上进心和进取精神，促使孩子从接受、模仿榜样的行为逐渐主动内化为自己的行为，这个过程亦是孩子自我教育和管理的过程。

第三节　培养学生的时间管理能力

时间总不够用的晴晴

进入三年级后，我发现班里的小姑娘晴晴有些精神不振，上课经常打瞌睡，有时甚至都有黑眼圈了。我问她晚上几点睡觉，她说经常要到十点甚至十一点。我问她为什么这么晚，得到的答案是"作业写不完"。我很惊讶，我们学校给学生布置的作业并不多，在我看来，每天不超过一小时就能完成，她学习并不差，为什么要写到这么晚呢？

为此，我联系了她的妈妈，结果却听到了她的诉苦："我们家晴晴呀，作业真是个老大难，每天回家要先吃零食，休息，吃过晚饭还要玩一会儿游戏才写。写个作业磨磨蹭蹭，一会儿喝水，一会儿上厕所，一会儿又找东西。为了催她快点写完作业，我们各种方法都用上了，真是没办法……"

真的有这么严重吗？在班级的家长群里，我做了个完成作业情况小调查，发现班里一多半的家长都有类似的烦恼，觉得孩子写作业特别磨蹭。前阵子，网上疯传过陪孩子写作业心肌梗死的妈妈，有"陪写作业是送命题"的戏谑说法，可见磨蹭是个很严重的问题。作为老师，我怎么能够帮助学生充分利用时间，摆脱磨蹭呢？

每个人每天的时间是均等的，有的学生能够充分合理地利用自己的时间，但更多的学生可能让时间从自己的指尖滑过而不自知。培养学生的时间管理能力，指导学生根据轻重缓急来处理事情，能够帮助学生高效率地完成学习任务，并安排好自己的业余时间，使其有时间充分休息、发展各种兴趣爱好。

成长规律

> **规律1**　时间管理能力包括时间价值感、时间监控感和时间效能感三部分，能够帮助学生有效利用时间，合理规划任务，快速达到设定的目标

时间管理是指人们有效地利用时间，合理地决定哪些事该做、哪些事不做，哪些事

先做、哪些事后做，通过事先的规划，提高完成任务的效率，减少不确定性，快速达到设定的目标。

时间管理能力可以划分为三部分，即时间价值感、时间监控感和时间效能感。[①]

时间价值感　时间价值感是指学生对时间价值的看法。中年级学生往往还不能充分认识时间的珍贵，无法深入理解时间对于个人发展的重要意义，故不能从内心深处珍惜时间与合理安排时间。

时间监控感　时间监控感是指学生对利用和管理时间能力的看法。中年级学生已经对时间利用有一定的想法，如自己之前的做法是否合适，但时间管理的能力较弱，仍需在成人指导下进行计划和安排。

时间效能感　时间效能感是指学生对自己时间管理能力的信心。中年级学生容易高估自己的时间管理能力，倾向于相信自己能够高效率地完成任务，而实际却无法达到。

> **规律2**　有效的时间管理能够提升学生的主动性和自控能力，有利于提高学生的幸福感

学生养成时间管理的习惯后，能够主动地把写作业、看书等学习任务当成一个目标来完成，对自己的学习负责，努力克服拖拉的不良习惯，坚持按照预定的计划完成甚至提前完成学习任务。

按时完成学习任务是一件需要有目标感和自控力的事情，学生如果懂得时间管理，就会努力集中注意力，尽量克服拖延的坏习惯，想方设法提高自控能力，充分利用时间完成目标。

时间管理的好坏会影响学生的主观幸福感。学生时间管理不好就会总是疲于应付各种事情，学习时间不够，玩耍时间也不够，容易产生消极情绪。如果学生能把时间管理好，就能够劳逸结合，有条不紊地完成各项任务，从而更好地学习与生活，并有效提升自我成就感和自信心。

---

① 边玉芳：《读懂孩子——心理学家实用教子宝典（6～12岁）》，122页，北京，北京师范大学出版社，2014。

> **规律3**   中年级学生缺乏时间管理能力的表现为学业中的拖延和生活中的拖延

中年级学生缺乏时间管理能力的最主要表现是拖延，也就是常说的磨蹭，具体表现如下。

学业中的拖延   最主要表现在写作业上，只顾着玩，很晚才开始写作业，或者边写作业边玩，一会儿吃东西，一会儿上厕所，一会儿削铅笔。另外还包括上课和各项活动中完成教师的各项指令和要求很慢。

生活中的拖延   主要表现在起床、吃饭、睡觉拖延上。早上起床要家长反复叫，经常因为磨蹭而迟到。一顿饭可以吃一个小时，中午在学校吃饭，每次都是最后一名。晚上睡觉前找各种理由拖延，不肯上床。

> **规律4**   中年级学生缺乏时间管理能力的主要原因是缺乏时间管理意识、时间管理意愿和时间管理素养

中年级学生缺乏时间管理能力，造成拖延的主要原因有以下三个。

缺乏时间管理意识   时间是一个抽象的概念，看不见、摸不着，中年级学生的思维开始向抽象思维过渡，但仍以具体形象思维为主。对于无法直接感知的时间概念，中年级学生很难意识到时间的珍贵和价值，且他们往往认为最不缺的就是时间，对于实际时间的感知通常存在误差，倾向于低估时间的长度。

缺乏时间管理意愿   即不愿意管理。部分学生习惯了从小被父母过度照顾，父母会反复催促学生做各种事情，进而使学生失去了主动安排、管理时间的意愿，往往是父母催促了才开始写作业，就像一个木偶，推一下动一下，不推不动。还有部分学生缺少可以自由支配的时间，课余时间被父母报了各种兴趣班、补习班，还有父母额外布置的练习册，缺少休息和娱乐的时间，学生就用磨蹭来消极抵抗。

缺少时间管理素养   即不会管理。受到思维发展水平的限制，中年级学生的时间管理水平有限，不懂得利用零碎的时间，不能很好地制订适合自己的计划与安排。部分学生存在注意力水平较低、易受外界干扰、无法集中注意力完成作业或者其他任务的问题，例如，写作业的时候窗外有小鸟叫就会走神。还有的学生天生就是慢性子，神经系统的反应速度会相对较慢，也就是常说的"慢半拍"。

🎓 知识库

自主时间很重要

自主就是自己能够做主，不受他人支配。而自主时间就是学生想做什么就做什么，只要没有干扰他人，对他人、自己都没有危害的行为都可以做的时间。在此段时间，学生可以自由选择，可以看书，可以运动、画画，可以和同学聊天、玩耍，可以上网、玩游戏、看电视，也可以单纯地休息，发呆、躺着、晃来晃去、无所事事，教师和父母无权干涉。

对于学生来说，一天24小时中，除了睡眠，其他大部分时间就是在一个个的目标和任务中度过的，在学校有课表和教师的监督，在家里有作业和父母的监督，学生会一直处在相对紧张的状态，没有机会放松。而自主时间就是主动留出时间，让学生的神经放松，随心所欲。

这种放松对学生的健康成长至关重要，可以让学生从学习生活的各项任务中放松下来，恢复精力。就像成人无法保障8小时一直高强度工作，需要有时间喝点水、聊聊天、活动身体、看看手机等稍作放松；而工作一天回到家希望休息，很多人想要看电视、看手机或者躺着发呆。凡是有目标的事情都会造成紧张，紧张之后有放松，这样的松弛有度能够让大脑神经保持良好的弹性，提升紧张阶段的效率，舒缓情绪压力，使学生以愉悦的状态完成各项学习生活的任务。[①]

规律5 学生的时间管理能力受学校、家庭、社会等环境因素影响

学校对时间管理的重要性的认识与学生的时间管理能力密切相关。学校教师如果认同时间管理的重要性，加强对学生时间管理现状的关注，并运用时间管理的方法，教会学生合理分配和利用时间，往往学生时间管理的能力也会比较高。

家庭环境也会对学生的时间管理能力产生影响。家长自身的时间管理行为就在时刻潜移默化地影响着孩子的时间管理行为。另外，家长有意识地培养孩子的时间管理能力，指导孩子时间管理方法，并给予孩子自主的空间去安排自己的时间，都对孩子的时间管理能力有重要作用。

随着社会经济的发展，平板电脑、手机等高科技设备在学生群体中广泛使用。学生

[①] 钟思嘉、王宏、李飞等：《儿童时间管理训练手册——30天让孩子的学习更高效》，37～38页，北京，清华大学出版社，2015。引用时有改动。

🎓 知识库

时间管理训练实验

一、实验目的

研究者考察时间管理对于小学生学业拖延的干预效果。

二、实验设计

首先，研究者挑选了20名时间管理能力比较低、学业拖延严重的五、六年级学生，并随机分为训练组和非训练组，两组学生的时间管理能力和学业拖延情况没有差别，每组10人。

对训练组的学生进行时间管理训练，每周1次，每次1小时，共9次。非训练组的学生未接受任何时间管理的训练。

三、实验结果

经过训练后，训练组的学生时间管理能力明显提高，学业拖延的情况明显减少。而非训练组的学生则没有变化。三个月之后再次进行测试，训练取得的效果仍然存在。这说明，经过适当的训练，学生的时间管理能力可以得到明显提高，学习拖延的情况也能够得到改善。[①]

使用平板电脑、手机等电子产品看视频、玩游戏、与同学聊天，常常在不知不觉中就消耗了大量的时间，甚至影响了睡眠时间，降低了学习和生活的效率。还有部分学生对网络产生了依赖，逐步丧失了时间管理的能力。

育人策略

策略1　通过有趣的体验式活动，如时间触觉、1分钟、撕纸条等，帮助学生更好地认识时间的意义，体验时间的珍贵，提升时间管理意识

提升学生的时间管理能力首先要让学生有时间管理的意识，树立正确的时间价值

---

① 李杰、李晓丽、七十三等：《时间管理团体辅导对小学生学业拖延的影响》，载《中国健康心理学杂志》，2012（9）。引用时有改动。

观，从而使学生感受到时间的稀缺和宝贵，愿意主动思考和尝试时间管理的相关方法。

教师可以通过开展丰富有趣的活动，通过体验而不是教条式的灌输，让学生在充满趣味的体验活动中真切地感受到时间的意义，体会到时间的珍贵，从而提升时间管理的意识。

时间触觉 教师带领学生感受时间的长度，可先从30秒、1分钟等较短时间开始，逐渐延长时间，增加难度。学生闭上眼睛，当感觉约定的时间（如1分钟）到了时，就喊"停"，看谁估计的时间更接近约定的时间。通常，学生对于时间的感受要比实际时间短，活动可以让学生对时间有更深刻的理解。

1分钟 教师组织学生比赛，约定一件事情，看1分钟谁能完成得更好。例如，1分钟能背几个单词，1分钟能写几个字，1分钟能跳多少次绳，1分钟能走多远……活动能够使学生感受到1分钟其实可以做很多事情，学习如何充分利用碎片化时间。

撕纸条 教师为每个学生准备一根1厘米宽、1米长的细纸条，让学生将纸条折成24等份，代表自己一天的24小时。要求学生将自己一天内吃饭、交通、上课、学习、上网、睡觉等所有活动花费的时间都在纸条上记录并撕去。活动能够帮助学生直观地看到自己一天的时间是怎么度过的，从而产生更多的感性认识。

 **方法库**

班级时间公约

为了帮助学生体验时间的珍贵，提升时间管理的意识，教师可与学生协商制定班级时间公约。班级时间公约应遵循以下原则。

1. 在班级课表的基础上创建班级时间公约。
2. 师生共同参与班级时间公约的制定。
3. 班级时间公约中详细规定每个具体时间段的要求。例如，午休时间（12:00-13:00）需保持教室安静，聊天或者活动请在教室外面进行。
4. 师生需严格遵守班级时间公约的安排。
5. 学生根据班级时间公约明确时间安排，自由支配休闲时间和学习时间。
6. 如需临时调整时间安排，应提前告知学生并解释原因。

> **策略2** 指导学生观察自己的时间使用情况，了解自己的精神状态，找到合适的时间管理方法

　　学生观察并了解自己的时间使用情况和自己完成任务时的状态，更有利于找到适合自己的时间管理方法。

　　观察自己的时间使用情况　学生将自己的时间安排计划与实际完成的情况进行对比，从而发现自己把时间究竟都消耗在什么事情上，并不断反思任务未完成或拖延完成的干扰因素及改善措施，找到适合自己的最优时间管理方法。

 方法库

时间日志

　　将学生每日活动详细记录在表4-6中，明确时间消耗在什么事情上，从而调整方法，更好、更快地完成任务。

表4-6　时间日志模板

序号	活动内容	预计时间	实际时间	备注
1	起床洗漱	6:30-6:45	6:40-6:55	磨蹭。
2	吃早餐	6:45-7:00	6:55-7:10	上一项磨蹭。
………				
6	写作业	18:30-20:00	18:30-19:30	课堂知识掌握很牢固，写作业很顺利。
7	背课文	20:00-20:30	19:30-20:40	收到好朋友的微信，视频聊天半个多小时。
………				

　　了解自己的精神状态　每个学生一天中的精神状态分布是不一样的，精神状态好的时候往往事半功倍，相反，精神状态差的时候通常事倍功半。例如，有的学生早睡早起，清晨学习效率高；有的学生则喜欢晚睡晚起，晚上学习效率更高。学生了解自己的精神状态，就能够更加合理地安排时间，从而更有效率地完成任务。

方法库

效率曲线

　　结合上面的时间日志，让学生记录一天的效率情况，找到效率最高和最低的时刻，这往往也是学生精神状态的波峰和波谷（见图4-2）。

　　连续记录一周，学生能够对自己的精神状态更为敏感，找到自己的状态规律，从而合理安排时间，高效完成任务。

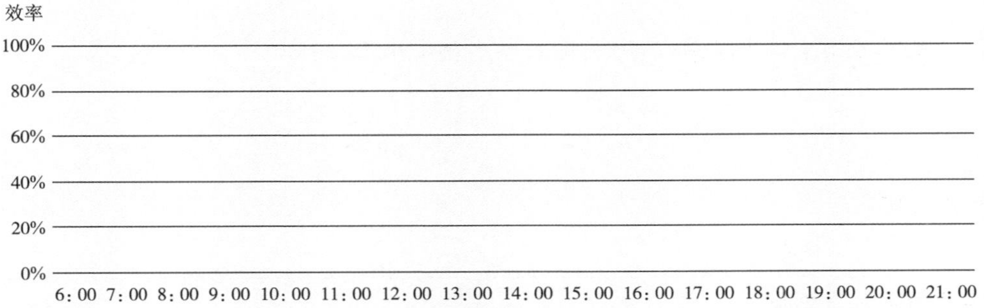

效率

```
100% ───────────────────────────────────────────
 80% ───────────────────────────────────────────
 60% ───────────────────────────────────────────
 40% ───────────────────────────────────────────
 20% ───────────────────────────────────────────
  0% ───────────────────────────────────────────
     6:00 7:00 8:00 9:00 10:00 11:00 12:00 13:00 14:00 15:00 16:00 17:00 18:00 19:00 20:00 21:00
```

图4-2　效率曲线记录图

策略3　指导学生确定合理的目标，为时间管理提供方向

　　管理时间的第一步是确定合理的目标。只有明确了目标，学生才能制订可行的计划，高效利用时间。

　　鼓励学生树立一个长期目标，从而为了实现目标而努力克服困难，自觉调整自己的行为，更加积极主动地进行时间管理。例如，教师在学期初指导学生确定整个学期的总目标，使学生带着新的目标迎接新的开始。

　　指导学生将长期目标合理分解为阶段性目标和短期目标，从而能够根据目标制订具体可执行的计划。例如，教师可以指导学生将学期目标分解为月目标和周目标，并根据目标制订每天具体的计划。

　　目标的呈现方式既可以用文字、表格，也可以用图画，但应确保目标是具体的，且能够衡量目标是否实现。学生确定的目标一定要坚持记录下来，以定期检查完成情况，提升学生实现目标的动力，并在学生努力实现目标后及时给予一定的物质或精神奖励。

　　根据目标的完成情况，定期与学生讨论目标完成的质量以及未完成的原因，并根据学生的反馈不断调整目标的合理性。确定目标和调整任务量都要由学生自己提出来，教师和家长与学生一起协商，给予合理的评估。

 方法库

目标卡

教师可指导学生采用表4-7中的目标卡确定个人目标。

表4-7　个人目标卡

姓名：可可　　　　　　　　　　　　　　　　　　　　　　　　第 5 周

学习目标	语文	
	数学	
	英语	
座右铭	相信自己的目标，努力，努力，再努力。	
周计划	周一：	
	周二：	
	周三：	
	周四：	
	周五：	
	周六：	
	周日：	

策略4　指导学生根据事项的轻重缓急，合理安排优先级，将精力更多用于重要的事项

　　学生的日常任务可根据重要程度和紧急程度两个维度进行划分。

　　重要且紧急的任务　例如，复习明天马上就要进行的英语单元测试内容，重要程度和紧急程度均很高。

重要但不紧急的任务　例如，梳理今天学过的数学知识点，不是十分紧急，但对巩固数学的学习很重要。

不重要但紧急的任务　例如，准备明天放学后的故事演讲比赛，时间上比较紧急，但较准备考试的重要性低。

不重要不紧急的任务　例如，和朋友打电话或视频聊天，有一定的社交意义，但在学习很紧张的阶段可以适当延后。

教师可以指导学生正确分辨自己学习和生活中事项的轻重缓急。请学生根据图4–3的四种任务类型，找到自己的时间日志中对应的事项，在框中写出自己的四类事项都有哪些。

根据事项的优先级顺序，合理分配给每件事情的时间，并填入自己的作息时间表，从而准确地控制时间，将最有效率的时间安排给1级中重要且紧急的事情，再保证2级中对自己长远发展有益的重要但不紧急和3级中不重要但紧急的事情，之后在有时间、精力的情况下完成不重要不紧急的4级事项。

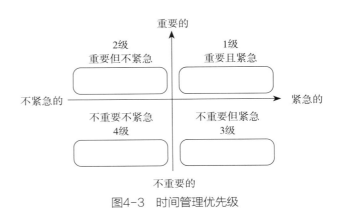

图4–3　时间管理优先级

 方法库

我的时间管理容器

1. 准备篮球、排球、网球、铅球、乒乓球等大小不一的球和一个方形容器作为活动道具。
2. 引导学生思考如何摆放球，才能把所有的球都放入容器中。
3. 活动理念分享：大小不同的球代表学生在学习和生活上的各项任务，只有采用优先级管理，分清任务的轻重缓急，才能对有限的时间做出合理的规划，完成全部事情。[1]

---

① 张森：《小学毕业生时间管理能力培养的实践策略》，载《中小学德育》，2018（5）。引用时有改动。

> **策略5**　提升专注力，合理安排学习时间，克服拖延症，利用零碎时间，定期检查，充分休息，以提升时间管理计划的执行力，在有效的时间内高效完成任务

　　行动大于一切，目标只有化作脚踏实地的行动才能实现。因此，目标确定后，教师要指导学生将目标分解为具体可操作的详细计划，从而在有效的时间内高效率地完成任务。提升时间管理计划的执行力可从以下方面着手。

　　提升专注力　指导学生在规定的时间内集中精力、高效率地逐项完成任务，如在审题的过程中将题目的要求、条件用笔勾画出来，以防止走神。同时，根据学生专注的情况，逐渐延长单次专注的时长，中年级能够保持专注的时间通常在30分钟左右。

　　合理安排学习时间　教师应指导学生根据学科的特点合理安排学习的时间。例如，语文、英语等包含大量需要记忆知识点的学科，可以选择早上学生头脑最清醒的时候学习。

　　克服拖延症　了解学生做事情拖延的原因，是没有掌握操作的技巧还是容易贪玩而分心，抑或是高估了自己完成任务的速度，从而对症下药。当学生克服拖延症按时完成任务时，可以鼓励学生利用节省下来的时间做一些自己感兴趣的事情，充分感受到"做得快是值得的"。

　　利用零碎时间　指导学生见缝插针地学习，充分利用自己的零碎时间，处理一些重要性程度不高的事情，提高时间的利用率。例如，可以在散步时与朋友探讨一些学习中遇到的疑难问题，或者在坐车的时候回忆一下需要记忆的基础知识等。

　　定期检查　要求学生坚持定期检查自己的日程表，已经完成的各项学习任务要及时勾画掉，未完成的任务应认真反思并备注原因。而且，计划不是一成不变的，要指导学生根据实际情况及时对计划做出灵活的调整和优化。

　　充分休息　早睡早起、适当午休等休息方式能够消除学生学习后的疲惫，从而使学生更有干劲地完成学习任务，保持良好的学习状态，高效地管理自己的时间。

 **案例库**

学生的时间管理"魔力宝典"

　　教师在指导学生学习这些时间管理方法后，可以让学生结合自身的特点，整理

出自己的时间管理诀窍，并在班级中展示，帮助学生相互借鉴彼此的好方法。鼓励学生尽量用有创意、图文并茂的形式表达，以增加学生完成个人"宝典"和阅读他人"宝典"的兴趣。以下是一位学生写的时间管理"魔力宝典"（见图4-4）①。

图4-4　我的时间管理"魔力宝典"

> **策略6**　家校协同，教师通过指导家长适当调整预期，让孩子对自己的行为负责，用奖励代替惩罚，采用倒计时增强孩子的紧迫感，给予孩子一定的自主时间，提升中年级学生的时间管理效果

教师可以指导家长协助学生共同确定时间管理目标，并记录每天的时间管理完成情况。请家长定期（建议开始时每天，坚持半个月之后改为每周）与孩子进行时间管理完成情况的总结，对孩子的进步及时肯定，做得不足的地方，给出改进的建议。

---

① 雨露、钟思嘉：《儿童时间管理案例手册——30天让孩子的学习更专注》，148页，北京，清华大学出版社，2017。引用时有改动。

 **方法库**

家校联系记录表

家长可以采用表4-8来了解、监督孩子的时间管理情况。

表4-8　家校联系记录表模板①

姓名：	日期：	学生评价：	
起床时间：	睡觉时间：	家长评价：	
学科	作业内容	完成作业时间	情绪感受
语文			
数学			
英语			
其他			

　　面对孩子的磨蹭行为，教师可以引导家长认识到责备和发脾气是难以产生效果的，反而可能会引起孩子对进行时间管理的抵触。家长需要调整自身的不恰当心态，配合学校共同指导孩子合理、高效地使用时间，减少磨蹭。

　　适当调整预期　对于孩子而言，一天在校的学习生活是很辛苦的，其强度可能不亚于家长一天的工作。家长在工作一天之后都会想要休息，孩子其实也一样，回到家想先玩一会儿也是合理的，家长需要接纳和理解孩子的需要。

　　让孩子对自己的行为负责　让孩子体验磨蹭的后果，例如，孩子早上起床上学总是很磨蹭，家长再三提醒也没有效果，不妨让孩子亲身体验几次上学迟到的后果，这样孩子才会深刻认识到因为磨蹭而迟到给自己带来的害处，主动改变自己的行为。

　　用奖励代替惩罚　如果孩子能够合理安排时间，高效完成任务，节省的时间家长不要再布置额外的学习任务，以免打击孩子时间管理的积极性，而是奖励孩子进行自由安排。这个小小的奖励远比家长的督促更加有效。

　　采用倒计时增强孩子的时间紧迫感　相比家长的督促，一只计时器或者沙漏能够更形象地帮助孩子感受到时间的流逝，适合中年级学生的年龄特点。家长可以指导孩子用计时器或者沙漏进行时间管理，从而增加孩子的紧迫感，促使孩子合理安排任务进度，提升孩子的时间管理效果。

① 唐静：《家校协同改善学生时间管理》，载《江苏教育》，2018（6）。

给予孩子一定的自主时间　教师可以帮助家长认识到给孩子增加过多课外学习内容的负面影响，建议家长精选课外班和课外学习的内容，结合孩子的兴趣和能力特点，避免给孩子造成压力。建议周一到周五每天至少给孩子一小时的自主时间，周六、周日至少有两个半天的自主时间。

 **方法库**

合理管理游戏和电视时间

如何监管孩子玩手机、打游戏、看电视，是很多家长非常头疼的问题，甚至会演变成很多家庭的"炮火硝烟"。

很多家长会担心孩子过度沉迷于游戏和电视中，担心损害视力、影响学习等。然而，游戏和电视已经成为当前社会主流的娱乐形式，试问家长和老师又有几个人能够完全避免呢？即使孩子真的能够不玩，也很可能会因此而与同学失去共同话题。所以家长和老师要做的不是简单地阻止，而是帮助孩子有效管理游戏和电视时间。事实上，进行游戏和电视的时间管理过程，恰恰是最能够有效培养孩子自制力、提升时间管理能力的方法。

进行游戏和电视的时间管理，首先需要家长和孩子共同约定规则，包括玩多久、什么时候玩、延长时间机制等。以玩游戏为例，双方可以约定如下规则。

1. 每周一至周五最多玩1小时，周末和节假日最多玩2小时。
2. 每次玩游戏的时间是30分钟，两次玩游戏中间至少休息15分钟。
3. 玩游戏的前提是完成了当天的任务，包括学习、运动等。
4. 每次用定时器记录时间，30分钟到，可以有5分钟延长，以完成当前的游戏，如果延长时间超过5分钟，则要减少一次玩游戏的机会（30分钟）。

当然，制定规则不等于孩子就会自觉遵守。家长要定期和孩子总结完成情况，当遇到孩子没有遵守规则时，调整自己的心态，心平气和地和孩子交流，如有必要，可以对规则进行修订，有突发事件时也可以适当调整。家长一定要坚持下去，相信如果孩子能够遵守约定，抵制游戏和电视的诱惑，自我管理和自控能力都会得到大幅提升，还愁孩子做不好时间管理吗！[①]

① 钟思嘉、王宏、李飞等：《儿童时间管理训练手册——30天让孩子的学习更高效》，68～70页，北京，清华大学出版社，2015。引用时有改动。

第四节　培养学生的成长型思维

? 教师的困惑

努力到底有没有用

四年级上学期期末考试成绩等级出来了，这次数学试卷难度偏大，大家的成绩普遍有些低。我找成绩不理想的学生去谈话，他们的态度分为两类：一部分学生对老师的批评建议完全不放在心上，认为自己不是学习的材料，再努力也得不了A。另一部分学生则十分重视老师提出的意见和反馈，认真从自身角度反省失败的原因，表示今后要更加努力地学习，争取在下一次考试中突破自己。

学生应对自己学习的方式，有的积极，有的被动。有些学生更注重学习的过程，积极剖析错误，相信即使当次成绩不理想，也能够通过自己的努力而获得提升，他们积极的态度会让自己在未来更容易成功。而有些学生只盯着眼前的成与败，容易在错误和失败面前选择逃避。我觉得相比本身的聪明或者能力强，这种积极应对的态度更为重要。我怎么才能够帮助学生培养积极态度，使他们相信只要努力就会有所改变，乐于不断接受挑战呢？

学生的思维模式不仅影响自身对待学习的态度，也深深影响着自身在面对挫折时的人生态度。有些学生会更重视过程，他们能够从过程中享受到乐趣，做事有毅力，遇到困难也不易放弃。中年级以后，学生在学习生活中面临的各种挑战逐渐增加，这样的思维方式对于学生的健康成长和全面发展具有重要意义。帮助中年级学生建立积极的思维模式，需要得到教师的关注和引导。

成长规律

> **规律1**　思维模式会影响人的心态。具有成长型思维的人相信人是有变化的，遇到困难时愿意付出努力、迎接挑战；而具有固定型思维的人常常拒绝改变

生命的美好不在于最终的结果，而在于一路走来的各种经历，即使会遇到各种困难和挫折。具有这样的心态能够帮助人更好地面对生活中的起伏、波折。

人们能够观察到生活中有两类人：一类人积极向上，遇到困难的时候能够不气馁，愿意努力尝试未知，接受挑战；而另一类人惧怕犯错，不愿接受挑战，认为人的能力与生俱来，即使努力也不会有大的提高。

美国斯坦福大学心理学教授卡罗尔·德韦克（Carol Dweck）对这两类人的智力和能力发展等各方面进行了深入研究，指出他们的差异在于思维模式，她将前者命名为成长型思维，后者命名为固定型思维。[①]

具有成长型思维的人相信智力、能力和天赋是在不断变化、不断成长与进步的，愿意包容自己的缺点，欣赏他人的优点，相信智力和能力不仅仅是天赋决定的，还能够在后天进行培养，通过努力而改变。

具有固定型思维的人则往往认为智力、能力和天赋很难改变，总是静态地、片面地看待人或事，习惯于寻找消极因素，在面对自己或者别人的缺点与不足时，更多的是打击与否定。

 知识库

固定型思维与成长型思维比较

表4-9呈现了固定型思维与成长型思维的表现差异。

表4-9　固定型思维与成长型思维的表现对比[②]

情况	固定型思维	成长型思维
对待挑战 （例：一天上课时，你意识到这个课程很有挑战性——比你预期的难得多。）	避免挑战来维持聪明的形象。"我要离开这里！不管怎样，我都要待在我的舒适区。"	渴望学习而迎接挑战。"值得一试！最坏的情况无非是我学到的东西少一点。"
对待障碍 （例：呃，第一个作业看上去很难。）	遇到障碍与挫折时，通常的反应是放弃。"我想，并不是每一个人都擅长这个。"	遇到障碍与挫折时，通常的反应是展现出百折不挠的精神。"哇哦！我必须重新调整安排，在这道题上投入更多的时间。"

① ［美］卡罗尔·德韦克：《"培养"天才少年》，冯泽君译，载《发现》，2008（9）。

② ［美］安妮·布洛克希瑟·亨德利：《成长型思维训练》，张婕译，221页，上海，上海社会科学院出版社，2018。引用时有改动。

续表

情况	固定型思维	成长型思维
对待努力（例：一个大项目要求你熟悉一些新概念，练习一些新技能。）	尝试与付出努力被视为否定性的行为，如果必须尝试，说明自己不够有才华。"我就做我已经知道的事情吧，其他的都不必理会。没必要为了一些无关紧要的事情陷入这些麻烦之中。"	艰苦奋斗，用努力为成功与成就铺平道路。"这对我来说需要做很多工作。然而，如果我能理解这些技能与概念，我就能了解更多。"
对待批评（例：老师对你提出的方案给了一些批评性的反馈。）	否定性的反馈，无论多么有建设性，都会被忽略。"反正我也不是很重视老师的反馈。显然，从我进门的那一刻起，他就讨厌我。"	批评提供了重要的反馈，能够对学习有所帮助。"老师对于我怎样提高给了一些很好的建议。我想问问他有没有时间课后聊聊，再多给我讲讲。"
对待其他人的成功（例：××得了A，而自己没有。）	其他人的成功被视作威胁，会引发不安全感或者脆弱感。"你看到××在哪个项目上付出了怎样的努力吗？她显然没有那么聪明。"	其他人的成功可能是灵感与教育的源泉。"哇哦，××的想法独具一格！我得好好向她学习。她是能够帮我提高的最好资源。"

成长型思维能够使学生面对自己时更加自信从容，面对他人时更加宽容大度。教师要帮助学生正确地面对挫折，理解努力对于自己学习成长的积极作用，使其成为学生发展的内部动力。

> **规律2**　成长型思维对于中年级学生非常必要，中年级是培养学生成长型思维的重要时期

中年级学习难度较低年级增大，学生开始出现成绩下滑、学习困难等情形，培养成长型思维能够帮助学生积极地面对困难和挑战，相信自己的潜力，对学习新知识充满热情和信心。同时，培养成长型思维也能够提升学生的自信心、培养问题解决能力、改善人际关系等，对学生的健康成长和全面发展有积极的影响。

中年级学生正处于具体形象思维向抽象逻辑思维的过渡时期，学生独立思考、解决问题、自控等多方面能力提升。在此阶段，学生能够体验通过努力实现自己在学习和生活各方面的目标，以收获成功，并享受学习过程的乐趣，为自己的进步而感到骄傲。这些变化的出现对培养成长型思维非常重要，能够促进学生由固定型思维向成长型思维转变。中年级是培养学生成长型思维的重要时期。

📁 **案例库**

晓晨的转变

晓晨是北京市海淀区一所小学三年级的学生。她每次做作业时，遇到数学中不会做的题目都会非常焦虑，然后生气，最后总要大哭一场。一闹就是一个小时，全家都被这负面情绪"交响曲"吓出了"数学恐惧症"。

她在参加了成长型思维教育培训后，能够从新的角度看待自己，不再被困难吓倒，而是主动应用相关技能，让自己的学习过程焕然一新。参加培训后，晓晨告诉妈妈："每个人都能变得更聪明，而思考难题正是把自己变强的机会。""只要努力，每个人都能学会。"结果不仅是她的整个思维和学习状态发生了转变，更令人惊喜的是，她的数学成绩也有了很大提高。①

> **规律3** 成长型思维强调努力比天赋更为重要，智力和能力可通过后天的学习与努力培养和提升

成长型思维认为人的智力和能力不是由基因单一决定、固定不变的，而是可以通过后天的学习与努力进行培养和提升的，而且努力往往比天赋更为重要。

具备成长型思维的学生通常乐观积极、敢于挑战，不惧怕失败和挫折，有更强的心理弹性和抗挫折能力。学生正视困难、跳出舒适圈的过程会促使大脑神经产生新的联结，而学生迎难而上、解决问题的过程会使这些联结更加紧密。

德韦克团队对373名学生进行了为期两年的跟踪调查，研究结果表明，当学生被表扬努力而不是天赋时，他们会更注重学习过程而不是学习成绩，也更容易从学习中享受更多的乐趣，并能在实际任务中取得更好的结果。②

---

① [美] 安妮·布洛克希瑟·亨德利：《成长型思维训练》，张婕译，2页，上海，上海社会科学院出版社，2018。引用时有改动。

② [美] 卡罗尔·德韦克：《"培养"天才少年》，冯泽君译，载《发现》，2008（9）。

> **规律4** 具备成长型思维的学生更加重视学习的长期目标，注重自己学习能力提升的过程

具备成长型思维的学生往往拥有积极的学习态度，把学习看成一项长期任务，能够在长期目标的引领下不断努力，注重自身能力的提升和长远的发展，正确看待学习的价值。

具备成长型思维的学生通常会在努力的过程中进行自我反思，善于审视自己的学习状态和总结经验，认真分析自己的优势和不足，寻找适合自己的方向和策略。

具备成长型思维的学生往往时间管理能力也比较强，具有很强的自控能力，保证自己在恰当的时间进行合适的学习活动，从而坚持不懈地朝着自己的长期目标奋进。

> **规律5** 具备成长型思维的学生能够进行恰当归因，激励自己主动提升，实现自己的目标

归因是指根据有关信息、线索对行为原因进行推测与判断的过程。学生会对自己在学习、生活各方面取得的成果进行原因的解释，不同的解释会带给学生不同的主观感受，影响学生对于自己能力的看法和之后是否愿意继续付出努力。具有成长型思维的学生和具有固定型思维的学生在归因方式上有很大的差异。

具有成长型思维的学生倾向于认为学习成败是自己的原因，且是可控的，往往更加相信努力的作用。他们在解释原因时更为乐观，认为失败或者不好的结果是暂时的，如考不好是之前没有充足的时间复习。而他们对于成功则认为原因是持久的，例如，赢得拼写比赛是因为自己是个努力的人，并且做好了充分准备。

具有固定型思维的学生则倾向于认为学习成败是自己不可控的，往往在学习失败后会认为是自己能力不足或外部原因（如运气）导致的，努力对改善学习没有用，从而容易对学习提不起兴趣。他们悲观的解释风格在成功后常常认为发生的原因是暂时的，例如，虽然这次通过努力赢得了拼写比赛，但很难预料之后的成绩。但在面对失败时，他们则会认为原因是持久的，如考不好是因为自己笨，怎么学都学不会。

 知识库

归因的不同类型

根据所推断原因是否与自己相关，归因可分为内部归因和外部归因；根据所推断原因是否可以控制，归因可分为可控归因和不可控归因。

内部归因：认为事情的结果是自己造成的，例如，认为取得好成绩是凭借自己的努力。

外部归因：认为事情的结果是外部原因导致的，例如，认为取得好成绩是凭借运气或题目过于简单。

可控归因是指把事情的结果归因为自己可以控制的原因，例如，认为学习成绩的好坏与自己的努力程度密切相关，而努力程度是自己可以控制的。

不可控归因是指把事情的结果归因为自己不可以控制的原因，例如，认为学习成绩的高低与当时的运气、试题难度密切相关，而这些因素是自己不能控制的。

稳定归因是指把事情的结果归因为在不同情境下稳定的因素，例如，认为学习成绩的高低与自己的能力有关，而个体的能力水平在一定时间内是相对稳定的。

不稳定归因是指把事情的结果归因为随着情境而变化的因素，例如，认为学习成绩的高低与自己的运气有关，而个体的运气好坏是相对随机的。[1]

各类归因关系见表4-10。

表4-10　归因关系表

可控性	内部原因		外部原因	
	稳定	不稳定	稳定	不稳定
可控制	持久的努力	临时的努力	他人偏见	他人帮助
不可控制	能力	心境	任务难度	运气

---

[1] 边玉芳：《读懂孩子——心理学家实用教子宝典（6~12岁）》，62页，北京，北京师范大学出版社，2014。引用时有改动。

> **规律6** 具有成长型思维的学生善于向教师、同学寻求帮助，充分借助各种资源，努力实现学习目标

具有成长型思维的学生往往会拥有更为开放的心态，能够坦然面对教师、同学等身边人的反馈，尤其是负面反馈。他们不会认为同伴的成功是对自己的一种威胁，也不会因为同伴的成功而对自我产生否定。

具有成长型思维的学生能够从同伴的成功中积极学习，认真吸取同伴宝贵的学习经验，并选择适合的方法应用于自己的学习中，从而更好地实现自己的学习目标。

具有成长型思维的学生会对自己和同伴充满信任，敢于在需要的时候向同学、教师和家长及时寻求支持和帮助，充分借助各种资源的力量，努力实现自己的学习目标。

育人策略

> **策略1** 对学生的评价应多使用正面语言，表扬学生的学习过程而不是结果，且注重学生自身发展的纵向评价

对学生的评价应多使用正面语言 教师应培养学生的积极思维，并启发学生善于变换思维，把事情往自己可控的方向想。例如，天赋控制不了，但努力的程度是学生自己能够掌控的，只要花足够的时间和精力，一切皆有可能。

表扬学生的学习过程而不是结果 教师不要随意表扬学生聪明，而应更多地表扬学生在学习过程中努力拼搏的精神，赞扬学生的行动而不是他们的天赋，从而使学生有明确的方向，形成正确的人生观、价值观。

注重学生自身发展的纵向评价 教师在评价时，应尽量避免将学生与其他同学相比较，而应注重引导学生关注自身的成长，不要过多关注自己在别人眼中的形象。例如，"自己和过去比较进步了吗？怎么做能让自己变得更好？"

📷 方法库

"你真棒"的替代性说法

相比直接夸赞学生聪明，教师可利用以下15句话来表扬学生日常行为的方方面面，以培养学生的成长型思维。

1. 你很努力啊！（表扬努力）
2. 尽管很难，但你一直没有放弃。（表扬坚毅）
3. 你做事情的态度非常不错。（表扬态度）
4. 你在……方面做得真棒！（表扬细节）
5. 你很有创意哦！（表扬创意）
6. 你和同学合作得真棒！（表扬合作精神）
7. 这件事情你负责得很好！（表扬领导力）
8. 你一点都不怕困难，太难得了！（表扬勇气）
9. 你帮……完成了她的任务，真不错！（表扬热心）
10. 你把自己的……整理得真好！（表扬责任心和条理性）
11. 我相信你，你一定……（表扬信用）
12. 你今天参加活动时表现得很好！（表扬参与）
13. 你很重视别人的意见，这点做得非常好。（表扬开放、虚心的态度）
14. 真高兴你做出这样的选择！（表扬选择）
15. 你记得……，真棒！（表扬细心）

> **策略2**　构建成长型思维系列课程，引导学生积极看待学习和生活中的挑战与挫折，提升学习的自主性

开展面向学生的成长型思维系列课程，可以帮助学生理解、接纳并应用成长型思维的理念，积极看待学习和生活中的挑战与挫折，促进学生自主发展。[①]

课程首先要突出学生对成长型思维基本概念的认知，使学生了解大脑的可塑性，相信努力比天赋更重要，在面对挫折时拥有积极的心态。教师可借助丰富有趣的脑科学经

---

① 梅海燕、金泠、张果等：《基于脑科学的成长型思维培养：发展每一个学生的潜能》，载《中小学管理》，2018（6）。

典实验研究的结果，引导学生深入理解成长型思维背后的科学依据，提升学生的心理弹性，从而积极面对学习和生活中遇到的挑战与挫折、批评与指责，正确看待他人的成功。

课程要注重激发学生学习的内在动力与主动性，指导学生制定长期学习目标，并据此制定短期目标与具体实施步骤，从而将学生当前的学习行为与长期学习目标挂钩，使学生体会努力的意义，不断坚持和付出。同时，指导学生更好地进行情绪管理和时间管理，这有利于学习目标的实现。

 案例库

成长型思维训练课教案：《你的努力脑知道》

一、课程目标

1. 认知目标：理解自己努力时大脑里的神经元之间会发生联结，让大脑变得更"智能"。

2. 情感目标：对努力产生更多积极情绪。

3. 行为目标：能够将自己的目标计划与不同阶段的神经元状态相联系。

二、课程方案

1. 教师说明任务。

我们每个人都在为自己的小目标而努力完成行动计划。请大家想一想，在你努力完成这个行动计划的过程中，你大脑里的神经元会发生什么变化呢？你的哪些能力会因为大脑的变化而得到提升呢？

示例：如果我的行动计划是每天练习钢琴半小时，那么我大脑中和弹钢琴相关的神经元就会慢慢拉起手来，我对乐曲的记忆、手指的灵活度也因为大脑的变化而得到了提升。

2. 完成"脑细胞大作战"作业纸（见图4-5）。

（1）写下自己目前在努力完成的行动计划，或者一项想通过练习提升的能力。

（2）在你还没开始行动之前，你的能力是

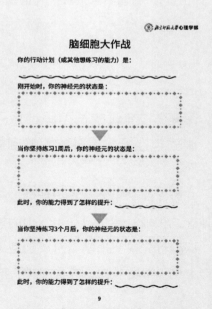

图4-5 "脑细胞大作战"作业纸

什么样的？此时的神经元之间的关系是什么样的？画在相应的方框中。

（3）当你坚持练习1周之后，你的能力会变成什么样？写下来。此时的神经元之间是什么样的？画在相应的方框中。

（4）当你坚持练习3个月之后，你的能力又会有怎样的提升？此时的神经元之间会变成什么样？画在相应的方框中。

3. 邀请3～4个学生分享自己的作品。

4. 教师对本节课内容进行总结，鼓励学生积极完成自己的计划，让大脑"看到"自己的努力。

——北京师范大学心理学部"成长型思维"项目组

课程还应着重培养学生的自尊自信，鼓励学生积极利用身边的资源，看到来自家庭、学校及社会的支持与力量，增强归属感，提升应对挫折与挑战的自信与智慧，体验成就感。

 方法库

培养学生成长型思维的措施

1. 开展角色扮演、情景模拟、行为演练、身体雕塑等多种体验活动，使学生在课堂中充分体验角色的感受，激发对自我的探索，在体验中觉察，在觉察中感悟，在感悟中成长，培养成长型思维。

2. 通过设计层层递进的问题和活动，如询问学生"假如你是……你会怎么想、怎么表达？"，促进学生积极反思，将学习中的体验逐步内化并在真实生活中活学活用。

3. 运用作业纸、技能卡片等可视化工具，帮助学生在学习和生活中使用课堂上学到的策略与方法，正确面对挑战、挫折、批评等情形，将"成长型思维"落实为"成长型行为"。[1]

---

[1] 梅海燕、金泠、张果等：《基于脑科学的成长型思维培养：发展每一个学生的潜能》，载《中小学管理》，2018（6）。引用时有改动。

> **策略3** 引导学生注重长期学习目标，允许学生犯错，并及时对失败和错误进行反馈，使他们从失败中得到成长

引导学生注重长期学习目标 培养学生的成长型思维，首先要让学生意识到犯错并不可怕，对失败有一个健康的认识。能力是能够通过努力不断增长的，错误和失败只是学习中一个必然的环节，只要不断努力，就能够掌握知识、取得学习进步。眼下的表现和成绩都只是暂时的，长期学习目标才是真正的目标。

允许学生犯错 教师要积极鼓励学生从失败中得到成长，把错误当作学习的机会，通过努力探究解决问题，不断深入思考，打破思维的限制，寻找新的机会，从而获得成就感。久而久之，学生将更有信心解决难题，且遇到任何问题都善于思考。

及时对失败和错误进行反馈 教师要把错误归因于学生可以改变的、不稳定的原因，如失败是由于不够努力而非能力不足，从而使学生对失败拥有建设性的反应，改变习得性无助的现象，提升学习的积极性，帮助学生逐渐从失望的状态中摆脱出来，获得成功。

 方法库

创建"成就档案"

1. 让学生建立一个长期学习目标，并将实现目标需要的所有条件列举出来，从而让学生更清晰地看到自己的实力和弱点。

2. 让学生分阶段将自己实现学习目标的相关成就收集起来，并记录自己实现目标过程中遭遇了哪些挫折，又是如何克服的。

3. 学生收集的进步必须是具体的，例如，真正掌握了一个难懂的知识点，完成了一个原本以为无法实现的目标等。

4. "成就档案"应保持较高的更新频率，并督促学生定期回顾，从而帮助学生总结自己获得成就和克服困难的原因，唤醒学生的成长型思维，使学生在接下来的时间中表现得更加出色。

> **策略4**　引导学生对学习结果进行归因，帮助学生建立正确的归因方式，恰当看待自己的学习结果，相信努力的重要性

引导学生对学习结果进行归因　学习任务完成以后，不能让学生只沉浸于学习结果优异的喜悦中或者学习结果差劲的悲伤中，教师还应让学生尝试着找出造成当前学习结果的具体原因。

帮助学生建立正确的归因方式　教师要帮助学生找到对自身学习有积极意义的归因，尤其是看到努力在学习中的重要性。避免学生在遭遇不理想结果时产生"自己能力不足"等消极的归因，使学生认为学习结果是自己可控的，从而产生积极的学习动力。

🎓 知识库

归因训练对成绩提升的效果

一、实验目的

验证归因训练是否有效。

二、实验过程

奥沃瓦里（Overwalle）等人以大学生为被试进行研究。他们挑选了130名在入学第一学期经济学考试失败的大学生，将这些大学生分为三组，一组为对照组，另外两组为实验组。其中，一组实验组只看录像，另一组实验组在看录像外还要进行学习技能的训练。

录像的内容是归因训练，其中呈现了对入大学第一年经历过学习困难的高年级大学生的采访，受访者在谈到入学第一年的学业失败这一事件时，分析的原因各不相同。有人指出大学的学习和生活需要一个适应的时间，有人提到自己当初对课程内容缺乏深刻的、整体结构性和连贯性的理解，有人承认自己那时候努力不够，有人认为自己当初缺少有效的学习策略。这些谈话都是对第一年的学业失败进行的比较合理的归因，而非把学业失败解释为自己能力过低。

三、实验结果

归因训练的结果是，实验组学生实验后的经济学考试成绩比对照组明显更

好，而且这一进步在其他学科的考试中都显示出来。实验结果还表明，两个实验组的提高程度是同等的。这说明录像提供的归因训练产生了有效的作用。而且，归因训练在学生对自己的学习能力不太清楚的情况下和对年龄较小的学生更为有用，因为他们比较容易接受别人的建议，相信努力的作用。[①]

策略5　鼓励学生建立学习支持系统，善于向同学、教师、家长求助，积极从他人的成功中吸取经验

鼓励学生建立学习支持系统　即鼓励学生与同学、教师、家长等建立良好的关系，使他们成为学生的学习支持系统，使学生相信对方对自己是信任的、尊重的，不用担心会遭到对方的嫌弃或者抛弃，从而敢于在对方面前充分展露自己的弱点与消极情绪感受。

善于向同学、教师、家长求助　当学生在学习中遇到困难时，教师应鼓励学生积极向学习支持系统中的同学、教师、家长求助，大胆敞开心扉。引导学生明确求助对方的目的是使自己达到最好，他们应当看重的不是学生的分数，而是学生克服障碍与积极挑战的过程，不应急于评判学生一时的错误，而应注重学生的长期发展。

积极从他人的成功中吸取经验　引导学生面对自己的失败不要灰心丧气，要从失败中不断总结教训，避免再次犯同样的错误。同时，引导学生积极看待他人的成功，勇于从别人的成功中吸取经验，并应用到自己的学习中来。

策略6　建设成长型教师团队，打造成长型校园文化氛围，创立成长型家校协作模式，全面、持久地培养学生的成长型思维

学校应尝试打造以学生为核心的成长型环境，创设与成长型思维相符的文化氛围，使成长型思维的培养更加全面化、持久化，真正促进学生的发展。[②]

建设成长型教师团队　教师是学生成长型思维的培养者，需先于学生掌握成长型思

[①] 边玉芳等：《教育心理学》，182～183页，杭州，浙江教育出版社，2009。引用时有改动。

[②] 梅海燕、金泠、张果等：《基于脑科学的成长型思维培养：发展每一个学生的潜能》，载《中小学管理》，2018（6）。

维，才能以成长型思维去看待自己的工作及遇到的学生问题，不断丰富教学手段，开展"成长型思维导向"的日常教学和学生管理工作，努力发挥成长型思维的积极作用。

打造成长型校园文化氛围　学校可通过布置成长型思维海报、建立成长型班规等途径，将成长型思维的理念和培养融入校园生活的方方面面，记录并鼓励学生符合成长型思维的行为，创设积极、坚韧、接纳的成长型校园文化。

创立成长型家校协作模式　学校可通过举行家长开放日、开设家长课堂等方式，指导家长将成长型思维应用到学生的生活情境中去，充分发挥家庭教育的作用，实现成长型思维培养的全程化。

 方法库

建立"成长日志"

1. 学校为每个学生都建立一本"成长日志"，由教师、学生和家长共同填写。
2. "成长日志"需要学生每日坚持填写，教师和家长也要坚持每周填写。
3. "成长日志"主要记录学生在学校和家庭中的小进步、小挫折和小挑战。
4. 引导学生定期反思，感受运用成长型思维给自己带来的支持与接纳，以及对自己产生的变化与积极影响。

 方法库

适合教师和家长阅读的成长型思维相关书籍

1.《成长型思维——从平凡到优秀的七种思维模式》。作者经过14年对世界各地领导者的研究，找到了他们成功的秘诀——思维方式。这本书帮助读者了解如何展现自己最好的一面，聚焦于自己的优势，以便在未来拥有不同的可能性。

2.《如何在课堂中培养成长型思维》。作者通过200多个范例问题和60多个教学策略、活动和技术，帮助教师将成长型思维真正落实在教学中，帮助学生变得更有弹性、更有耐心，更乐于接受挑战，改变学生对待错误和失败的方式，使学生认识到有针对性的努力是通往学业成功的首要途经。其中的很多方法，家长也可以在家中使用。

3.《习惯的力量》。习惯能够让大脑进入省力模式，好的习惯对于个人的健康、效率、幸福等有巨大的影响。习惯是可以塑造的，具有成长型思维的人能够更加积极培养自身的好习惯。

4.《异类：不一样的成功启示录》。这本书阐释了著名的一万小时理论。作者指出："人们眼中的天才之所以卓越非凡，并非天资超人一等，而是付出了持续不断的努力。一万小时的锤炼是任何人从平凡变成世界级大师的必要条件。"

5.《刻意练习：如何从新手到大师》。想要成为任何一个行业的专家，你都需要刻意练习。在工作、生活、学习中进行刻意练习，能够帮助人们事半功倍地迈向自己的目标。

第五章

良好品质培养

第一节　培养学生明辨是非的能力

？ 教师的困惑

谁对谁错

　　升入三年级之后，我发现班里的学生越来越爱争论，经常一群学生为一个问题争得脸红脖子粗。

　　最近学校搞"光盘行动"，评比学生是否能够全部吃完午餐，不剩饭菜。班里大部分学生基本能做到"光盘"，但浩浩是"吃饭困难户"，只吃米饭和肉，不肯吃青菜。评比时，他剩了很多青菜，给班里减了不少分。从食堂回来，好几个同学纷纷批评他不爱惜食物，还影响了集体荣誉。还有的学生说："平时不吃青菜可以，但是今天评比，可以为了班级荣誉吃一次。"可是浩浩振振有词，他说："我就是不爱吃，也不能强迫我吃呀！我交了饭费的，吃不吃，别人管不着。""我从小就不吃青菜，吃青菜会恶心。""不能为了班级荣誉就让我牺牲呀！"

　　还有一次，我在班会课上问大家："如果你们被欺负了，应该怎么办呢？"有的学生说："打回去，给他点颜色看看！"有的学生说："这次先不跟他计较，下次还回来！"有的学生说："不理他，打坏了还得找家长花钱给人家看病。"还有的学生说："告诉老师，让老师批评他。"……

　　听着学生的争论，我发现中年级阶段的学生已经开始有意识地思考事物的是非对错。我该如何更好地引导学生明辨是非，培养学生良好的道德情操呢？

　　道德发展是儿童成长中非常重要的内容，中年级阶段正是学生道德发展的重要转折期，学生逐渐掌握是非判断标准，并依据这些标准采取相应的道德行为。引导学生认识道德、学会正确的道德判断、建立适当的道德情感是中年级教师不容推卸的教学任务，每位教师都应有意识地引导学生的道德发展，促进学生明辨是非、知荣耻、懂道德。

成长规律

> **规律1**　小学中年级阶段是学生道德品质发展的关键时期，逐渐由他律转向自律

　　明辨是非是指学生能够自己分清楚是和非、正确和错误。指导中年级学生掌握明辨

是非的能力，有利于引导学生抵制不良诱惑，在学习与生活中做出正确的决策与选择。明辨是非的能力是学生道德发展非常重要的指标，而学生是否能够明辨是非也与其道德水平发展息息相关。

随着自我意识的提升，中年级学生的道德判断逐渐摆脱成人的影响，能够根据行为本身的好坏做出独立的自我判断，并根据内心的道德原则和道德信念来调节和控制自己的行为。根据瑞士著名心理学家皮亚杰对于儿童道德发展的理论，小学阶段的儿童道德发展处在从他律道德阶段（5～10岁）向自律道德阶段（10岁以上）的过渡，而中年级学生则处在从他律向自律发展的关键时期。在这一阶段，教师关注学生的道德发展具有重要意义。

 知识库

小学生道德认识发展阶段

中年级小学生的道德认知从他律转向自律，具体表现见表5-1。

表5-1　小学生道德认识发展的两个阶段[①]

项目	他律阶段	自律阶段
年龄段	5～10岁。	10岁以上。
特征	需要他人的监督和控制。	可自己控制和监督自己的行为。
关于"谁来制定规则"	规则由权威人物（如警察、父母、教师）制定。例如，认为"红灯停，绿灯行"是警察规定的，必须遵守。	社会规则是主观的协议。当规则受到质疑，或在制定者（如父母、教师）同意的情况下，可对其进行调整。例如，认同救护车在紧急的时候可以闯红灯。
关于"为什么要遵守规则"	为了取悦成人，孩子会服从成人制定的规则。	开始有自己的看法，并逐渐将规则内化，约束自己的行为。
关于"黑与白"	道德观念相对简单，非黑即白，任何问题都有对错之分，任何人都可以分为好人和坏人。例如，认为无论何种原因，超速行驶就是不对的。	逐渐明白有时为了满足需要是可以违背规则的。同一件事情，在不同情境下，性质不一样。例如，认为着急要送一个患重病的人去医院而超速行驶的行为并不是错的，虽然他违反了交通规则。
关于"判断标准"	倾向于根据行为的客观结果来判断行为的恰当性。例如，认为因为帮妈妈拿东西而打碎15个杯子的孩子比因为偷吃果酱而打碎1个杯子的孩子更坏，因为打碎杯子的数量更多。	根据行为者的意图而不是行为的客观结果进行判断。例如，认为因为偷吃果酱而打碎1个杯子的孩子比帮妈妈拿东西而打碎15个杯子的孩子更坏，因为偷吃果酱是不好的。

① 陈会昌：《道德发展心理学》，84～87页，合肥，安徽教育出版社，2004。引用时有改动。

续表

项目	他律阶段	自律阶段
关于"惩罚"	主张"为了惩罚而惩罚"的抵罪式惩罚。例如，赞成用打屁股的方式来惩罚一个打碎窗户玻璃的孩子。	认为惩罚的行为能够帮助犯错的人理解自己的错误行为，避免以后再犯。例如，赞成让打碎窗户玻璃的孩子用自己的零用钱来赔偿。
关于"公正"	相信内在公正，违背规则就免不了会受到惩罚。例如，犯错后会受到教师、家长的责备。	不再相信内在公正，知道违背规则的行为如果没有被发现就不会受到惩罚。例如，说谎只要不被发现，就不会受到指责。

中年级阶段，随着各方面能力的提升和经验的增长，学生不再像低年级那样容易屈服于别人的观点，对权威的顺从性和受暗示性逐渐减弱，能够依据自己的道德标准，对现实生活中的行为是否符合道德给出自己的判断。积极的道德情感是良好道德品质形成的动力源泉，学生能够以正确的情感状态去评价行为是否恰当，有利于明辨是非能力的发展。

规律2   学生对道德概念的理解水平与其思维发展水平有关，中年级学生对是非的理解逐渐成熟

学生进入中年级后，思维能力逐渐发展，抽象逻辑思维水平逐渐提升，对道德概念和内容的理解逐渐从表面深入内在含义，对是非对错的理解变得逐渐成熟。例如，低年级学生可能把"勇敢"等同于"冒险"，认为别人不敢做的事自己敢做就是"勇敢"；而中年级学生能够逐渐分清二者的不同含义，理解"勇敢"是与做好事联系在一起的行为品质，做坏事不能叫"勇敢"。

中年级学生抽象思维能力已经初步发展，但他们日常运用最多的依然是具体形象思维，学生对于外界是非好坏的判断通常是直观的、表面的，更多会通过事物之间相同点、不同点的相互比较以及自己的亲身体会判断。

由于小学生的经验思维较为匮乏，缺乏对客观现实的社会关系和道德规范的了解，他们可能对事物的认识存在片面性，对于一些自己不熟知的事物特征有所忽略，在这样的情况下，很难做出准确的是非判断。

🎓 **知识库**

两难故事：衡量学生明辨是非的能力

在皮亚杰对儿童道德发展研究的基础上，美国儿童发展心理学家柯尔伯格通过存在道德价值观两难选择的故事来衡量儿童的道德发展水平。在这些两难故事中，通常会有两个主要人物：一个是遵守规则、法律的权威人物；另一个是为了满足自己或他人的需要，采取某些与规则和命令相冲突行动的人物。

一个最经典的两难故事是：有个妇女患了癌症，生命垂危。医生认为只有本城的一个药剂师新研制的药能治好她。配制这种药的成本为200元，但售价要2 000元。病妇的丈夫海因茨到处借钱，可最终只凑到了1 000元。海因茨恳求药剂师，他妻子快要死了，能否将药便宜点卖给他，或者允许他赊账。药剂师不仅没答应，还说："我研制这种药，就是为了赚钱。"海因茨没有办法，他晚上打碎窗户潜入药店，为他妻子偷了一剂药。海因茨应该受到惩罚吗？

学生在读完两难故事后，需要做出判断并说明理由。学生的判断并没有绝对的正确与否，而是主要看学生给出判断的理由，从中可以看出学生的道德发展水平。例如，同样认为海因茨需要受到惩罚，有的学生的理由是偷窃是违反规则的，只要偷窃就是错误的；而有的学生则认为海因茨想尽一切方法救妻子是应当的，只是他的行为并不恰当。

> **规律3** 中年级学生存在明显的道德从众现象，信任权威，同伴对于学生的影响逐渐增强

存在明显的道德从众现象 中年级学生往往还没有自己内在的道德判断标准，对于事物的是非判断容易出现"随大流"的情况，选择跟随大多数人做出的决定，即存在明显的道德从众现象。

信任权威 对于低、中年级的学生，成人（如家长、长辈、教师）的道德观念对他们的影响非常明显。对学生来说，成人就是权威，他们信任权威、崇拜权威，当周围的成人对事件都有相对一致的判断的时候，学生就会更加倾向于跟随成人的观点。

同伴对于学生的影响逐渐增强 进入中年级后，身边的同龄人对于学生的影响越来越大。同学和朋友的道德观念对他们的影响更加明显。随着自我意识的增强，学生不再完全接受成人的"教导"，同伴的言行举止会成为他们首选的参照系统。例如，戴眼镜的悠悠被班里几个同学嘲笑后，其他同学也会跟着一起嘲笑，并给她取了绰号"小四眼"。其实，他们并不是有意要伤害悠悠，更多的是从众行为。

🎓 知识库

道德判断的从众现象

一、实验目的

研究者设计了四个不同的情境，考察儿童在由他人存在的情境中做道德判断是否会存在从众行为。

二、实验设计

研究者招募了300多名8岁、10岁、12岁的儿童参加实验。这些被试分别被安排到以下四种情境中。

1. 微型群体情境：只有2名同龄人陪伴，一起参加实验。
2. 小型群体情境：有4名同龄人陪伴，一起参加实验。
3. 成人权威情境：有1名同龄人和1名成人陪伴，一起参加实验。
4. 友伴群体领袖的情境：有1名同龄人和1名友伴群体领袖的朋友陪伴，一起参加实验。

研究者向参加实验的人讲一些包含道德价值的故事，让参加的儿童做出判断，回答哪种行为更不好，为什么？

先让陪伴参加实验的同龄人或成人做出规定的判断（他们充当假被试，只会做出研究者事先要求的评价，营造一个群体情境），再让儿童（实验参与者，真被试）做出自己的判断并说明理由。

三、实验结果

1. 在群体情境中进行道德判断时，儿童容易出现从众行为。其中，在成人权威情境下，儿童从众行为更明显，小型群体和友伴群体领袖情境次之，微型群体情境又次之。这表明，成人的言行和指导很重要，可以帮助儿童形成讲公德、讲道德的习惯；需要引导儿童正确看待同伴的观点和要求，学会拒绝一些不合理的要求，学会不"随大流"。

2. 结果显示，刚刚进入小学中年级的8岁儿童的从众比例是最高的，明显多于10岁和12岁的儿童。这表明，小学中年级学生的从众现象比较明显，需要教师和家长的恰当引导。[1]

---

[1] 岑国桢、刘京海、盛逸民等：《8～12岁儿童道德判断的从众现象》，载《心理学报》，1992（3）。引用时有改动。

> **规律4**　教师的行为示范和引导有利于学生更好地明辨是非

教师在学校中扮演着教育教学、管理育人的重要角色，其道德观念及行为是小学生的主要模仿对象。对于道德判断仍未脱离外部价值标准的中年级学生而言，教师的行为举止和评价会成为学生对道德进行判断的标准，教师传授的社会标准、提倡的社会期望也会成为学生在日常生活中需要遵守的准则。

如果教师在对学生进行批评教育时使用了一些不文明的词语，这些词语可能很快就会成为学生的用语，他们会认为跟随教师的做法是无伤大雅的。

同时，教师在进行班级管理的过程中，难免会遇到学生在相处过程中的各种矛盾与纠纷。教师正确处理这些问题，对于学生间存在的不良行为表现会有良好的抑制作用，有利于班级全体学生更好地明辨是非，形成良好的道德品质。

> **规律5**　家庭环境和网络对中年级学生的道德品质发展有重要影响，适当的引导有利于学生道德品质的发展

家庭环境对学生道德品质发展有重要影响　家庭环境是学生社会化过程中第一个重要的社交环境，父母的教导和言行举止是孩子最早模仿的对象。倘若父母平日里善于运用积极的、支持性的方式向孩子展示自己的道德推理，并通过适当的方式检验孩子对观点的理解程度，孩子的道德品质将快速发展。

相反，倘若父母对孩子的行为举动控制过严，可能会使孩子产生叛逆心理，对父母萌生"敌意"，从而故意做出一些违反道德准则的行为；也可能使孩子将规则过度内化，认为世界"非黑即白"，各种事情和行为都被条条框框限定，对自己的要求过于严格，一旦违反了父母的规定，内心便会感到矛盾和焦虑。例如，涵涵的父母每天严格控制她玩的时间，一旦发现玩的时间多了，就会严厉批评她。久而久之，涵涵多玩一会儿游戏就会备受内心的谴责，甚至觉得自己是有罪的，是在玩物丧志。

网络对学生道德品质发展有重要影响　学生身处在社会大环境中，网络对于他们具有很强的吸引力，纷繁复杂的网络信息对他们的道德认知能力发展有着潜移默化的影响。教师和家长适当地引导，能够使学生通过网络了解和学习社会上道德模范与身边榜样的光荣事迹和道德精神，并在自己的生活中进行实践。

缺乏引导、过度使用网络可能使学生减少现实中的人际交往，被一些虚假、负面的

信息所误导，导致学生孤僻、冷漠，对他人漠不关心，影响学生道德情感的发展。不良的网络游戏也可能造成学生在游戏中为所欲为，撒谎、欺骗、伤害他人等不良行为在游戏中也不会受到制止和惩罚，导致他们在现实生活中容易产生是非不分、行为冲动、犯错后无悔意、对人没有礼貌等不良行为。

育人策略

> **策略1**　在课堂中，采用与学生道德发展水平相符的语言和形式进行品德教育，提升学生的道德观念

　　课堂是提升学生道德品质的主阵地，教师开展品德教育时应采用符合中年级学生道德发展水平的语言和形式，注意联系熟悉的事物和生活情境，帮助学生采用全面、发展的观点来分析问题和解决问题。特别在培养学生的是非观念时，教师应有目的地引导学生进行分析，一步步地深入分辨是非，提高道德认识。例如，在辨别"莽撞"与"勇敢"的概念时，教师可分三步进行引导：首先，帮助学生搞清楚什么是勇敢；其次，联系实际，了解莽撞与勇敢的区别，可举例让学生分析；最后，可以联系最近媒体报道的具体事例让学生分析，充分体会光有胆量但缺少智慧是不够的。

　　对学生道德意识的培养不应局限于德育课堂，其他学科蕴含的道德内容也相当丰富。例如，在语文、英语等学科教学中，教师可通过课文中那些发人深省的故事，让学生深刻体会故事背后所蕴含的道德意识。在数学、自然等学科教学中，教师可以让学生了解科学家刻苦钻研、不畏艰难的精神等。

　　中年级学生容易出现言行不一致的行为表现，教师需要增强耐心，理性看待他们的行为表现，避免将一些不良行为过度延伸为品德问题。例如，教师要明白有的学生在课堂上说话并不是故意为之，他知道要遵守课堂纪律，但不能有效地监督自己。

 **案例库**

利用讲故事的方式进行道德教育

　　当学生出现淘气、违反纪律、学习不努力等诸多问题时，教师总是循循善诱

地给学生讲道理，期待他们能够明辨是非、主动改正错误，但往往收效甚微。学生写检查时，大道理讲得比教师都好，但只说不做，着实令人头疼。

有一次，早晨走进教室，我习惯性地检查教室的卫生，大体上还过得去，但是讲台下面和一些角落显然没有清扫过。看来，值日生又遗忘了这些地方。我正准备批评值日生，忽然脑子里灵光一闪，想起了在《细节决定成败》中看到的一个故事。我先跟学生们讲述了宇航员加加林是如何因为注重细节而成为遨游太空第一人的故事，使学生深入体会注重细节的好处。接着，我从故事引申到今天值日的事情，对大家说："做值日扫地忘记了一些角落，看起来无关紧要，其实从更深层次看，它反映出一个人的责任心如何。细节决定成败，我希望同学们能够养成关注细节的好习惯。"随后，教室里一片静默，同学们陷入深深的思考中，从那之后，我发现这个问题不用我再一遍遍地提醒了。

还有一次，早上非常冷，我在街上看到一对母女等车，等了很久都没有来，小女孩被冻得不行。这时好不容易来了一辆出租车，却被一个中学生抢先一步打开了车门。我想，这也是对学生道德的一种考验，于是把这个故事在班会上讲了出来，引起了大家的热烈讨论和深入思考。

总结：中年级学生虽已脱离了幼儿期，但他们依然是爱听故事的孩子，故事中蕴含的道理往往是耐人寻味、印象深刻的。选择适当的故事在恰当的时机讲出，引发学生讨论和思考，从而使学生深受启发。在班级管理中，特别是在批评和教育学生时，讲故事比讲道理更易于让他们接受。他们能很快从故事情节中认识到谁对谁不对，能推动他们积极思考、明辨是非，提升了教师的教育效果。

——北京市东城区培新小学教师　王岩宏

策略2　在班会、少先队活动中渗透道德情感教育，用角色扮演、实际体验、游戏训练等体验式道德教育，使学生易于接受社会的道德规范，加强对自己行为的道德价值判断

苏联教育家赞科夫说过："教学一旦触及学生的情感和意志领域，触及学生的精神需要，便能发挥其高度有效的作用。"体验式活动能够使学生身临其境，产生预定的主观感受，加深情感体验，改变以往偏重理论说教、强行训练的弊端。

在班会、少先队活动中渗透道德情感教育　班会、少先队活动所创设的特有情感氛围，对学生道德意识的培养起到诱发、感染的作用。例如，可以利用升旗仪式、唱国

歌、国旗下讲话等方式来激发学生的荣誉感和自豪感，促使学生主动遵循正确行为规范的要求，以维持积极的道德情感。

开展体验式教学活动　针对当前的道德教育目标和学生道德情感状况，教师可根据学生所处的环境，开展内容丰富、形式多样的体验式教学活动。例如，可以在德育课堂上让学生进行角色扮演、游戏体验等，从而使学生能够用正确的标准衡量自己，更好地感悟道德情感。

体验式教学活动要触及学生内心深处，才能更好地激发学生的道德情感，使学生产生真切的道德体验，进而使其更易于接受社会的道德规范，在实际生活中加强对自己行为方式的道德价值判断，懂得明辨是非，形成良好的道德品格。

体验式道德教育有以下三种。

◎ 角色扮演。当发现某个学生做了不恰当的行为时，教师需要正确引导其理解该行为引发的后果。可以通过角色扮演的方式，让学生们进行换位思考，深刻体会不恰当行为所产生的不良后果。例如，让欺负人的学生与被欺负的学生互换角色，让欺负人的学生体验被欺负的感受，认识到欺负同学是不对的。

◎ 实际体验。实际体验往往比空洞的说教更有效。例如，在教育学生学会珍惜、不要浪费时，可以让学生留意学校饭堂每天被倒掉的饭菜，了解每天浪费粮食的量是多么惊人；可以组织学生去农庄、种植区等地方，切身体验农民种植粮食的艰辛，认识到食物的来之不易。实际体验活动能够使学生明白浪费粮食是对农民劳动的不尊重，从而发自内心地珍惜粮食。

◎ 游戏训练。通过游戏的方式，学生明白遵守游戏规则才能使游戏顺利进行，进而理解遵守规则的真正目的是维持秩序而非取悦他人。例如，课余时间可举办一些棋类、球类竞赛，让学生们体会在生活中遵守文明规范与遵守游戏规则一样，不仅是要遵守成人的要求，更是为了有秩序、更好地生活。

 方法库

通过辩论的方式提升学生明辨是非的能力

中年级学生思维能力越来越强，开始喜欢就一些模棱两可的事情进行辩论。很多时候"是非"并不是那么明确，很多看似清楚的事情其实是可以再细细想一想的。用辩论的方式，选择一些具有一定争议性的道德问题，让学生在辩论中有更深、更全面的认识，对于提升学生的道德思辨性很有好处，能够帮助学生对"是非"有更清晰的认识。

可以辩论如下题目。

1. 关于"说谎"。说谎真的是不对的吗？人可不可以从为其他人利益着想的角度，说一些谎话呢？例如，只剩一份好吃的时说自己不爱吃而让给自己的家人吃；又如，对年迈的老人隐瞒儿女不幸离世的噩耗。这样的讨论能够帮助学生更好地认识谎言。正方的题目可以是"人在任何情况下都不能说谎"，反方的题目是"必要的时候，可以说善意的谎言"。

2. 关于"节约"。每个学生都听过"节约光荣，浪费可耻"，但每个人的内心喜好和身体状态是不是也需要考虑呢？当自己不喜欢吃学校的营养午餐时应该怎么办？如果身体不舒服，吃不下能剩饭吗？这样的讨论能够帮助学生认识到做"对"的事和照顾自己身体与心理的需求都是重要的，需要平衡，也许有"两全其美"的选择。正方的题目可以是"爱惜粮食，营养午餐不能剩"，反方的题目是"不想吃或者吃不下的时候，可以剩饭"。

3. 关于"风险"。有个很受热议的话题是见到老人摔倒，该不该扶，不同的人有不同的观点。帮助别人是中华民族的传统美德，但这个过程也可能会有不可预知的风险，那么该做还是不该做呢？通过这样的讨论，学生能够深入了解"做好事"可能遇到的风险，进而做出更理智的选择。正方的题目可以是"见到摔倒的老人，应该主动扶起来"，反方的题目是"扶老人有风险，小学生不该管"。

策略3　创设民主的班级氛围，引导学生意识到不良行为的后果，并学会具体问题具体分析，分化消极小团体，减少同伴带来的负面影响

教师努力帮助学生构建内部道德准则，让学生逐渐培养自己约束自己的习惯，并积极注重同伴的影响，分化消极小团体，营造良好的道德环境。

创造民主的班级氛围　与学生共同制定各项规章制度，尊重学生的意见，逐渐让学生提升自控能力，实现自我管理，自主管理自己的言行举止，教师辅以定期检查和必要时的教导，即逐渐让学生学会自我约束，不再把遵守规则视为"失去自由"，而是在遵循自己内部的道德准则。

引导学生意识到不良行为的后果　规则制定后，教师应事先"把丑话说在前头"，让学生们意识到不良行为的后果，明确"为什么这样做是可以的、那样做是不行的，我

这样做会对别人产生怎样的影响"，从而正确地判断是非对错，从内心约束自己不要违反规则。

学会具体问题具体分析 学生在构建自己内部道德准则时，可能会遇到一些外部事件"挑战"这些准则（例如，为什么路上的大姐姐随地丢垃圾、为什么爸爸总说明天早点回来陪我玩却做不到），容易使学生产生矛盾和困惑。教师应认真与学生一起探讨这些矛盾和困惑，这个过程亦是加深学生对道德认识的过程，引导他们学会"具体问题具体分析"的思维方法。

分化消极小团体 教师要积极了解班级中朋友圈子的活动内容，留意小团体给班级带来的不良影响，对于消极小团体要及时分化，营造良好、文明的道德环境。引导学生正确看待他人的行为，不要盲目"随大流"，凡事应该独立思考，坚持自己的立场。例如，当学生看到其他同学欺负某个同学并跟着起哄时，教师可在班级里与学生讨论"为什么看到同学受欺负要起哄而不出面制止""看着别人被欺负而不帮忙是对的吗"等话题，引导学生正确看待欺凌问题。

 **案例库**

加强制度文化建设，健全班级管理机制

"没有规矩，不成方圆。"制度是行为的准绳，良好的班级文化与完善的制度密切相关。根据校纪校规和主题活动，结合我班实际情况，经大家讨论后，我班的制度文化建设主要是制定"'优+'评选"细则。当然，制度不仅要有，关键还要落实到位。

1. 我的班级我做主——班级日常评比细则。

为了让学生更加团结，增强集体凝聚力，我在设立个人评比项目的同时，更注重集体荣誉感的培养，树立我是"家"里的一分子，为"家"承担责任、出份力的意识。以小组评比为主线，统筹班级中各项常规工作，评比细则由学生自己制定，并集体表决通过，使学生更容易信服和遵守。

评选工作由各个主管班干部负责，每周取积分最高的前三名小组颁发"优+"小组奖状，保持积分的小组颁发"优+"红旗，并根据名次颁发个人"优+"奖章。实施过程中，全班学生不断根据班级中出现的突发问题对细则进行修改，让管理落到实处。

2. 班级事务——自己负责的岗位自己做好。

（1）每个班干部的职责表贴在作业本上以便时刻提醒自己，另外一份贴在班

里，让同学支持、配合和监督班干部的工作。

（2）班干部要针对自己负责的事情做一个计划，以培养他们有计划、会思考的能力。

（3）班干部每天轮流值周，全面负责班级一天的工作。组织同学完成一天的学习和活动，并对其他班干部有一个支持、监督的作用。每个值周班委严格遵循《值周班长职责》，每个同学按照《值周班长评价方法》对值周班长一天的工作情况进行评价，为评选"认真负责小干部"积累一手资料。

（4）评选"认真负责小干部"。

（5）设置特色岗位："光明使者"——灯长、"爱心使者"——花匠、"生命之源"——水长、"物质食粮"——餐长、"精神家园园长"——图书管理员……学生发现班级中有需要负责的岗位，就积极投身到岗位中去，为班级奉献自己的力量。

总结：健全的班级管理制度能够使全体学生逐渐从教师管理实现学生自我管理，使学生遵从自己的内部道德准则，提升明辨是非的能力。

——北京市丰台区第五小学教师　李丽娜

> **策略4**　为学生树立道德学习榜样，如教师榜样、故事和新闻中的人物榜样、学生身边的榜样，让学生学习榜样事迹，树立正确的道德观念，做出正确的道德判断

榜样的力量是无穷的，对中年级学生而言，教师以自身为榜样，并积极寻找社会上和学生身边的榜样，有利于学生学习榜样身上的闪光点，树立正确的道德观念。

教师榜样　教师对于中年级学生来说权威性很高，如果教师以身作则，能够在学生面前保持言行一致，遵守社会规范、社会公德，给学生做一个好榜样，就能使学生主动模仿教师的行为表现，培养良好的道德情操，对是非对错逐渐形成自己的见解。

故事和新闻中的人物榜样　在班会、课堂中时常跟学生讲述故事、新闻中人物的事迹，并与学生展开讨论，使学生能够从好榜样的例子中受到积极的影响，亦从坏"榜样"的例子中给自己敲响警钟，从而选择好榜样作为自己的偶像，理性、深层次地学习榜样的做法，感悟道德的真正含义。

学生身边的榜样　积极挖掘学生身边的榜样，与学生学习、生活密切相关的榜样事迹更能激发学生向榜样学习的信念，促使学生努力借鉴他们的方法，从一点一滴的小事做起，持之以恒，从而树立正确的道德观念，做出正确的道德判断。

策略5　家校协同，帮助学生理解网络道德与责任，积极参与社会志愿活动，促进学生良好道德情操的发展

教师应勤于与家长沟通，帮助家长及时了解学生道德发展的进程，从而使家庭教育与学校教育保持一致。教师可以通过家长会、电话、微信等多种途径，实时、便捷地与家长进行有效沟通。

理解网络道德与责任　教师和家长应正面引导学生的上网行为，有针对性地帮助学生理解网络道德与责任，培养学生合理使用网络的能力，使学生养成良好的网络使用习惯，合理利用网络资源丰富自己的学习与生活，并能够进行自我约束，知道在网络中哪些事情该做、哪些事情不该做。

积极参与社会志愿活动　课余时间，教师可组织家长和学生共同参加一些社会上的志愿活动，丰富学生体验式道德教育的形式。与家长一起活动，学生们会更有热情，情绪容易得到激发，也更容易接受相应的教育内容。

 案例库

"学校门口安全畅行"教育活动

校门口上学放学交通拥堵，一直是困扰学校和家长的问题。让校门口安全畅通起来，是每位家长的心声，是学校的重中之重。在本学期学生返校的第一天，学校就开展了"学校门口安全畅行"教育活动，明确提出"学生下车节省几秒钟，家长驾车上路才畅通"的口号。

我们班家长积极响应学校的号召，踊跃报名参加"学校门口安全畅行"志愿服务。每天清晨他们头戴红帽，在校门口指挥着停靠的车辆，拥堵问题逐日缓解，家长们的热情服务成了校门口又一道亮丽的风景线。为了带动更多的家长参与志愿服务，在"3·5"学雷锋日，我们班晶晶的家长还向全体家长发出了"维护校门口交通畅行是家校共同的责任"的倡议。

家长志愿的文明行动影响着全校的家长，先后共有700多位家长参与过"交通畅行，家长志愿"的活动。家长志愿者的主人翁意识也影响着其他学生。他们坚持做到每天下车之前背好书包、拿好物品，为家长驾车上路节省了停靠时间，保证了交通的畅行。

总结：开展"学校门口安全畅行"教育活动，家长和学生一起努力，既保证了交通的畅行，也培养了学生文明礼让、认真负责的良好道德情操。

——北京市丰台区第五小学教师　刘瑾

第二节 让学生懂得感恩

? 教师的困惑

学生的感恩意识去哪了

羊有跪乳之恩，鸦有反哺之义。一次家长会上，我告诉家长要有意识地培养学生的感恩意识，结果却听到了很多家长的诉苦。

"我每天起早贪黑给孩子做饭，他却都视为理所当然，偶尔口味不合就会不停地抱怨，简直太令我伤心了。""我们为了方便照顾孩子，在学校附近开了一个水果店，每天累得不行，她却认为我在给她丢脸！""每年孩子过生日都会提前很久问我要礼物，今年我问他，妈妈生日打算送什么，他居然不知道我的生日是哪一天。"……

听着家长的倾诉，我不禁皱起了眉头。如今学生的感恩意识竟如此淡薄，这对于他们日后的成长是非常不利的。那么，作为一名教师，我该怎样做才能使学生常怀感恩之心，用发自内心的温暖去融入社会呢？

感恩自古以来就是中华民族的传统美德，具有感恩意识的学生能够拥有更加宽广的心胸和更加健康的心态，在遭遇挫折时也容易激发挑战困难的勇气，获取前进的动力。中年级教师有必要开展感恩教育，使学生拥有一颗感恩之心。

成长规律

规律1 感恩是学生应具备的基本道德准则，可以提升学生的幸福感，增加学生的亲社会行为，有助于学生身体健康，为其人际交往打下良好基础

从《诗经》中"投我以桃，报之以李"，到《三字经》中"香九龄，能温席。融四岁，能让梨"，再到俗语中"滴水之恩，当以涌泉相报"，无一不证实了感恩是我国的传统美德。

感恩是一种文明、一种品德，是社会上每个人都应该有的基本道德准则，也是建设和谐社会的基本保证。拥有感恩之心，人与人、人与自然、人与社会之间都将变得更加和谐、更加亲切。

感恩可以提升学生的幸福感　研究发现，感恩的人会报告自己有更多满足、幸福、希望等积极情绪，而嫉妒、抑郁等消极情绪则会更少；感恩的学生对同伴和家庭环境的满意度更高。

感恩可以增加学生的亲社会行为　感恩可以降低学生自我中心的言行举止而增加良好的亲社会行为。懂得感恩的学生更愿意与人合作、帮助他人、与人分享，较少与同伴发生冲突。当学生能表现出更多感恩行为时，他们的人际吸引力更强，与人相处更和谐。

感恩有助于学生身体健康　感恩的学生报告的头痛、头晕、胃疼等身体不适感更少，睡眠质量更高，感受到的压力水平更低。[①]

规律2　中年级学生的感恩情感容易被诱发，具有情境性

中年级学生的思维开始向抽象逻辑思维过渡，但仍以具体形象思维为主，他们容易受到具体事物、具体情境的诱发和影响。例如，当学生看到与感恩相关的视频、故事、图书或听到相关歌曲时，很容易感同身受，激发对感恩的情感认同。例如，当听到经典歌曲《世上只有妈妈好》时，经典的旋律能够诱发学生想起母亲对自己的无私关爱和拥有母爱的幸福，进而激发学生对母亲的真挚感情和回报母爱的感恩之心。

然而，正是因为中年级学生的感恩具有情境性，学生对于感恩的认识是较为肤浅和不稳定的，很容易上一刻还想着回报母爱，下一刻就开始挑剔母亲做的饭菜。因此，对学生进行感恩教育，帮助学生深化感恩的情感，将感恩意识内化为良好的道德品质和积极的感恩行动是非常必要的。

规律3　学生需要感恩的对象是：父母、其他长辈，教师，同伴，自然、社会

每个人能够顺利地长大，都需要获得方方面面很多的关心和帮助，这些都是值得学生感恩的对象。具体包括以下四类。

父母、其他长辈　每个人来到这个世界，从小婴儿逐渐长大，学会越来越多的本领，每一步都离不开父母和其他长辈在时间、精力、经济等各个方面的辛苦付出。提到

---

① 边玉芳：《读懂孩子——心理学家实用教子宝典（6～12岁）》，106页，北京，北京师范大学出版社，2014。

感恩，学生首先需要感恩的对象就是自己的父母和其他长辈。

教师　当学生进入学校后，学校逐渐取代家庭，成为教育学生的主体。学生在教师的关心帮助下学习各科文化知识，增长各种各样的本领，懂得为人处世的道理。在小学中年级学生心目中，教师有着崇高而神圣的地位，学生对教师的尊敬和信任有时甚至胜于父母，是学生表达感恩的重要对象。

同伴　在学校生活中，同伴给予学生很多欢乐与各方面的帮助，一同学习和游戏，陪伴彼此的成长，分享彼此的秘密。在学校，同伴常常是学生遇到困难时首选的求助对象，也是学生重要的感恩对象。

自然、社会　每个人都是社会中的一分子，自然环境给予人类生存必需的阳光雨露，带给人类丰硕的物产以滋养生命；社会环境则在无形中影响着其间的每个人，给予学生文化上的浸润，而爱护幼小的社会大环境也在支持着学生的健康成长。因此，自然、社会也是学生重要的感恩对象。

> **规律4**　感恩教育包括认知层次、情感层次和实践层次，具体需要从建立学生对感恩的认知入手，培养积极的感恩意识，进而升华为自觉的感恩行为

感恩教育是通过一定的教育方式对学生进行识恩、知恩、报恩和施恩的人文教育，能够使学生感激别人的帮助，并乐于为别人付出，避免学生过于自私、冷漠无情。

感恩教育包括三个层次，即认知层次、情感层次和实践层次。认知层次是基础，情感层次是动力，实践层次是对象。[①]

认知层次　学生通过教育者的语言感化、实践示范、实例分析，认知到感恩的朴素情怀，发自内心地认可自身所受到的关爱、帮助与恩惠。

情感层次　在知恩、识恩的基础上，学生情感升华，了解到施恩与报恩是一种自觉的意识，从而在行动的过程中产生快乐、温暖、幸福与满足的积极感受。

实践层次　学生抑制不住内心的情感冲动，将内在的感动、感谢之情转化为良好的习惯，包括回报他人的恩情或者主动为他人服务的行动，并将其内化为日常的普通行为。实践层面的行为是感恩教育的最终成果。

中年级学生的自我意识逐渐增强，能够独立思考和处理事情，然而他们的自控能力还有待提升，容易知行不一。教师开展感恩教育应结合中年级学生的实际特点，将不同

---

① 李素美：《小学实施感恩教育的意义与步骤》，载《教育导刊》，2010（4）。

层次的感恩教育内容结合，渗透在学生德育工作的方方面面，从建立学生对感恩的认知入手，培养积极的感恩意识，最终升华到实践层次，激发学生的感恩行为。

 方法库

感恩教育的目标

从认知、情感和实践三个层次设定小学阶段的感恩教育目标。

1. 通过感恩教育，学生充分识恩、知恩。让学生明白，每个人每时每刻都在享受父母、教师、同伴、学校、社会、自然的关爱和恩惠，并明确这些"爱"是双向的，要让学生懂得在关注个人利益的同时，还应该顾及他人利益，逐步培养学生与人为善、乐于助人的良好品德和健全人格。

2. 通过感恩教育，学生学会"感动"。让学生明白，感恩之心、感恩情怀是每个人都应该具有的基本道德准则，是做人最起码的修养，是中华民族的传统美德。倡导拥有热情、宽容的心态，让学生认识到，以自我为中心、内心冷漠、自私自利、斤斤计较都是缺乏感恩心态、感恩情怀的表现。

3. 通过感恩教育指导学生报恩、施恩。提高学生报恩、施恩的意识，培养学生的"责任"意识。让学生明确个人对自己、家庭、学校、社会的责任感，积极创设情境，引导学生主动实践、服务他人、乐于奉献。让内在的感恩之心成为学生自强、自立、进取的推动力。

针对中年级学生，感恩教育可以聚焦在"感动爱"上，以感恩心态、情怀的培养为主，通过各类感恩教育活动加强学生的内心感受，感动于来自父母、教师、同伴、学校、社会、自然等的恩情，深入思考"什么是幸福"，帮助学生逐步形成感恩的心态和情怀。[①]

> **规律5**　受学校、家庭、社会多方面的影响，中年级学生尚不能产生主动、自发的感恩行为

当前学生已经能够对自己所受的恩惠有一定认知，有相应的情感体验，也怀有回报的愿望。然而，在实际生活中所表现的行为离感恩行为还存在一定距离，很多学生认同

---

① 王律言：《知恩励行——小学感恩教育实践研究》，38～40页，上海，上海人民出版社，2014。引用时有改动。

要感恩，但不能落在实际行动中。很多感恩举动出现在学校组织的感恩系列活动中，而尚未成为主动、自发的感恩行为。其原因如下。

学校方面　受传统"应试教育"的影响，学校教育在一定程度上重"智"轻"德"，关注学生智力因素的培养，而忽视"看不见、摸不着的"情感意志品格的教育，是学生感恩意识淡薄的重要原因。部分学校开展的感恩教育往往较为形式化，缺少系统性，教育效果难以落到实处。

家庭方面　家长将学生的教育重点放在学习方面，对学生娇惯溺爱，包办日常生活的一切事情，导致学生对家长的付出认为是理所当然，逐渐变得权利意识强烈而义务感和责任感淡薄，对他人的关爱和帮助缺乏认知，不懂回报，更加无法发自内心地建立感恩情怀。同时，家长忽视对学生进行感恩教育，往往只是口头说教，教育效果欠佳。

社会方面　随着社会经济的变革与发展，社会上产生了拜金主义、利己主义等不良风气。中年级学生的是非判断能力还有待提升，社会上的不良风气潜移默化地对学生的价值取向产生负面影响，导致学生只注重自己的需求和发展，感恩意识淡薄。

🎓 知识库

小学生感恩现状调查

研究者对上海市10所小学300余名学生的感恩调查显示，小学生对于自己所受的恩惠有一定认知，有相应的情感体验，但所体现出来的行为离最终的感恩行动还存在一定距离。具体结果如下。

一、感恩父母

71.6%的学生最想感谢、感激的人是父母。86.0%的学生认为父母为自己的成长付出了很多，很辛苦。76.3%的学生想过要怎样感谢、报答父母，其中最主要的方式是：勤奋学习，获得优秀的成绩；尊敬父母，听从教导；体谅、关心父母。但同时有8.1%的学生认为父母抚养自己是应该的，没有必要感谢。60.3%的学生知道父母的兴趣、爱好和特长，61.9%的学生知道父母的生日。从研究中可以看出，大多数学生对父母有感恩的心，也有一定的感恩行动，但对父母的关注和了解仍有所欠缺，对父母表达关爱大多集中在父母生日和父亲节、母亲节，难以形成日常行动。

二、感恩老师

76.2%的学生非常感激老师给予自己的帮助。对于老师的辛勤教导，学生的回报主要集中在良好行为上，包括：遵守纪律（34.6%），有礼貌、关心体贴（33.0%），优秀的成绩（28.0%）。如果一向关爱自己的老师偶尔伤及自己的自尊，68.6%的学生能够谅解。

三、感恩同伴

74.1%的学生接受了同伴帮助后能够说"谢谢"，49.0%的学生在同学遇到困难来寻求帮助时会乐意给予帮助。

四、感恩自然、社会

97.7%的学生赞同"爱护动植物、保护自然，其实就是爱护我们自己"。学生回报大自然的方式主要是种植绿化（73.6%）、不随意踩踏草坪（61.5%），不随手乱扔垃圾（32.9%）和节约用水（22.3%）；但有88.4%的学生认为自己做得不够，还有待提升。感恩社会方面，大多数学生愿意参与公益活动来表达感恩，但一~三年级学生的比例（89.2%）远高于四~五年级学生（64.2%）。[①]

育人策略

策略1　通过系列主题活动、特殊的节日进行感恩教育

作为学生学习生活的主要场所，学校理所当然是开展感恩教育的主阵地。学校的各类德育活动是感恩教育的重要机会。

著名教育家苏霍姆林斯基说过："道德准则，只有当它们被学生自己去追求、获得和亲身体验过的时候，只有当它们变成学生独立的个人信念的时候，才能成为学生的精神财富。"实践不断告诉我们，任何一项道德教育仅凭纯粹的说教都不能奏效，要使学校的感恩教育真正发挥实效，必须尊重学生身心发展的特点，应用体验性的方式，才能使感恩教育落到实处，实现学生知情意行的改变。

通过系列主题活动进行感恩教育　学校可以通过系列主题活动为学生创设环境和

---

① 王律言：《知恩励行——小学感恩教育实践研究》，2~7页，上海，上海人民出版社，2014。引用时有改动。

机会，寓教于乐，寓教于活动。道德认知的"灌输"就变得不露痕迹，道德情感的体验会变得自然真实，学生内在道德实践的冲动更易于满足，教师的指导也更有的放矢。

通过特殊的节日进行感恩教育　教师可以将一些特殊的节日作为感恩教育的契机，引导学生用自己的方式表达对他人的感谢，回馈他们对自己的帮助。

◎ 在教师节，学生可通过给教师制作贺卡、写感谢信、为教师接水、擦黑板、打扫教师办公室等多种方式表达自己对教师的感激，回报教师平日里对自己的辛苦栽培。

◎ 在父亲节、母亲节、重阳节等节日，学生可以通过为爸爸洗洗脚、为妈妈揉揉肩、为爷爷奶奶唱首歌等方式表达自己对父母及长辈平日里为自己无私付出的感恩。

 案例库

控江二村小学"感恩教育月"主题系列活动一览表

上海市杨浦区控江二村小学结合学校实际和各年级学生的特点，以月为单位，开展感恩教育系列活动。这类活动一月一主题，一个学期开展4次，每年共开展8次，形成了一个完整的序列（见表5-2）[①]。

表5-2　控江二村小学"感恩教育月"主题系列活动一览表

活动名称	主要内容
主题一："料峭春寒寻诗韵"	通过记观察日记、古诗文吟诵、摄影、学习社会新风尚等多种渠道，开展以"热爱春天，感恩自然，感恩生活"为主题的教育活动。
主题二："孝敬为本重感恩"	结合"三八"妇女节，吟诵"孝敬歌"并通过感恩行动，感悟亲情的弥足珍贵，增强学生与父母间的沟通和理解，让学生成为父母的"开心果"、家庭和谐的"润滑剂"。
主题三："清明时节忆故人"	结合清明节，通过扫墓活动、故事会、班队会以及英雄人物画谱、诗朗诵等形式，引导学生饮水思源，不忘生命的根；感悟生命的珍贵、亲情的可贵；走近英雄人物，为学生播种理想的种子……激发学生心怀感恩之情，珍惜美好生活。

① 王律言：《知恩励行——小学感恩教育实践研究》，43～47页，上海，上海人民出版社，2014。引用时有改动。

续表

活动名称	主要内容
主题四："阳光下的七彩花"	结合"六一"儿童节，引导学生感受幸福生活，感恩社会对少年儿童的关爱。
主题五："心桥传送师生情"	通过儿童创新画、陶艺作品展、器乐、声乐展演等各种形式、各种渠道，引导学生感受老师对自己的培育之情，激发对老师久蓄于心的感激，在表达浓浓师生情的同时陶冶学生的情操。
主题六："历史星空祖国魂"	结合"十一"国庆节，组织学生"讲英雄，赞英雄，唱英雄，画英雄"，深刻感悟祖国所取得的辉煌成就，牢记并学习为祖国做出贡献的英雄们的事迹，感受幸福生活的来之不易。
主题七："长幼有序贵在敬"	让学生懂孝敬、会感恩，结合节日开展主题教育活动，让学生明确感恩是一种生活态度和生活习惯，鼓励学生在生活中感恩父母、感恩长辈。
主题八："岁末盘点共迎新"	在辞旧迎新之际，引导学生总结、展示一年或者一学期所取得的进步，回顾成长历程中所受到的老师、父母、同伴等的关心与帮助，体验成长的快乐，感恩老师、父母、同伴等。

策略2 在课堂教学中渗透感恩教育，通过言语指导、个人体验和榜样示范相结合的方式，帮助学生培养感恩之情

在课堂教学中渗透感恩教育 感恩教育要发挥课堂主阵地的作用，从课堂教学抓起。通常，语文和思想品德是渗透感恩教育的首选学科。教师要充分挖掘和利用课文中有关感恩教育方面的内容，让学生从故事讲述、情节讨论、自我反思等环节萌发感恩意识，不再以自我为中心，学会知恩、感恩。例如，在学习三年级语文《妈妈的账单》一课时，教师可以将妈妈和孩子的两份账单展示在大屏幕上，要求学生反复、大声地朗读，从中体会母爱的伟大。

感恩教育还可以通过音乐、美术等学科进行渗透，例如，可以在音乐课中学唱感恩歌曲，在美妙的歌声中给学生渗透感恩教育；也可以在美术课制作父亲节、母亲节贺卡，表达对父母的爱，感恩父母对自己的付出。

教师在讲课时不能停留于教材表面，除了激发学生思考教材中所蕴含的感恩道理外，还要充分挖掘教材中的情感因素，重视情感的投入，积极关注学生的情感需要，从而产生情感共鸣，使学生更加认可他人情感的付出，逐渐萌发感恩意识。

📁 案例库

通过数学习题引导学生体会老师工作的辛苦

数学老师在进行三年级"乘法结合律简便计算"教学时，在课堂巩固练习环节设计了这样的练习题：

同学们，你们知道老师一天要批改多少作业吗？请你来算一算。某天老师布置了4组口算题，每组10小题，老师教2个班级，每个班级30人，请你来算一算老师一共要批改多少道口算题。

学生：$2 \times 4 \times 10 \times 30 = (2 \times 4) \times (10 \times 30) = 8 \times 300 = 2400$（道）。

老师：这位老师要批改2400道口算题。看了这个数据，你有什么感想？

学生：老师真辛苦！

老师：除了口算题，这位老师还要批阅学生的订正题，实际上批阅的题目总数远远超过2400道。

…………

小结：这位老师用"同学们，你们知道老师一天要批改多少作业吗？"这个问题引入，激起了学生演算求结果的兴趣。在文字题的设计中，数据的设定意在让学生进行乘法结合律简便运算的巩固，文字题的内容紧密结合实际生活。学生通过演算，得出结果后，对老师的敬爱之情油然而生，自然而然地谈到了想要感谢老师的种种做法。一道文字题既让学生巩固了新学的知识，又很自然地对学生进行了感恩教育，同时渗透了数学生活化的理念，可谓一举多得。[①]

教师在授课过程中应不断加强自身素质，创新教学方法，通过言语指导、个人体验和榜样示范相结合的方式，充分发挥学生的主动性，对学生感恩习惯的培养和行为的产生起到有效的指导作用。[②]

言语指导　教师在进行感恩教育时，如果学生表现出感恩和施恩的行为，应及时使用一些积极的言语给予鼓励和表扬，让学生从内心体验到这样做能够使自己愉悦。同时，授课方式应由以教师讲为主转变为师生互动、对话教学，尽可能使学生通过自己的理解和认识，了解和掌握感恩的相关内容要求。

个人体验　中年级学生仍以具体形象思维为主，感情丰富，情绪易受暗示，教师可以通过对学生进行移情训练，帮助学生学会感情共鸣、同情和分享，在活动和日常生活

---

① 王律言：《知恩励行——小学感恩教育实践研究》，70～71页，上海，上海人民出版社，2014。引用时有改动。

② 黄波：《对学生实施感恩教育的必要性探究》，载《产业与科技论坛》，2011（13）。

中渗透感恩知识，激发学生的感恩意识，并转化为感恩行动。

榜样示范　教师应该充分发挥教育感染作用，以身作则，在教学、班级管理等活动中体现出自己的感恩意识与行为，潜移默化地影响学生感恩之情的酝酿和产生。

> **策略3**　通过班队会、社团、社会公益等活动，将学生的感恩意识和情感外化为行动，实现从识恩、感恩到施恩的升华

使学生从识恩、感恩升华为施恩，是感恩教育的最终目标。在学生具备基本的感恩意识并形成一定的情感认知的基础上，通过各种感恩活动，能够让学生的感恩意识和情感外化为行动，在学习和生活中做到时时感恩、处处施恩。

班队会活动　通过班队会活动，为学生布置感恩任务，鼓励学生用自己的方式向最感恩的人送一张感恩卡或写一封感谢信，倡导每个学生为班级擦一次玻璃、为教师打扫一次办公室、为同伴解决一道难题、为家长做一次饭等。倡导学生用自己的眼睛积极发现身边的感动，努力回报教师、同学、家长等身边的人对自己的关爱与帮助。

社团活动　鼓励学生积极参与社团活动（如国学社、爱心社），使学生在教师的指导下，通过编制《投桃报李》《黄香温席》等课本剧，参加感恩故事大赛、感恩歌曲比赛、古代礼仪学习等特色活动，加深学生的感恩意识，坚定学生的感恩之心，也促进学生报恩、施恩的行为。

社会公益活动　组织学生参加社会公益活动，如向敬老院、福利院送爱心，为那里的老人、孩子打扫卫生，整理衣物，做一些力所能及的事，或者向贫困地区捐赠旧书和衣物、到社区义务劳动等，使学生乐于主动为社会服务，逐渐将感恩教育升华到施恩行为层次。

 案例库

学生感恩团体心理辅导活动

团体心理辅导形式多样、内容丰富，更易于中年级学生接受，是一种促进学生健康发展和综合素质提升的有效途径。通过团体心理辅导提高学生的感恩水平，辅导活动总共6次，每周1次，每次1～1.5小时。实施方案见表5-3。[1]

---

[1] 张睿、宛蓉、兰文杰：《小学生感恩团体心理辅导的干预研究》，载《现代中小学教育》，2015（8）。引用时有改动。

表5-3　学生感恩团体辅导活动大纲

序号	主题	目标	主要内容
1	我们在一起	加强成员间的认识和沟通，使彼此相互了解，营造愉悦的氛围，建立安全、信任的团体环境。	（1）感恩问卷填写。 （2）热身游戏"快乐传递""大树与松鼠""马兰花开"。 （3）心情分享。
2	我爱我家	引导成员对亲人的关怀、帮助产生感恩意识，体验感激之情。	（1）母子了解知多少：学生完成《父母个人信息调查表》，以检测自己对父母的关注度。 （2）成长的足迹：分享故事《卡丽的礼物》《我和爸爸》。 （3）家庭作业：回家后在父母的帮助下完善《父母个人信息调查表》，下次团体心理辅导时交辅导教师。
3	珍爱生命，感恩生活	引导成员关注自然、关爱生命，体验感恩之情。	（1）小活动：我与自然。 （2）故事：《美好的一天》《感谢生活》。 （3）家庭作业：回家后对身边的人、事、物进行观察，完成3篇简短的"感恩日记"，下次团体心理辅导时交辅导教师。
4	拥抱亲情	引导成员表达、回报感恩之情，将感恩意识转化为感恩行为。	（1）"护蛋"游戏。 （2）视频：《感恩父母》动画。 （3）分享与父母之间的故事。 （4）母子知多少：根据《父母个人信息调查表》，向学生提问并根据回答情况进行奖惩。 （5）家庭作业：询问并记住父母信息，下次活动时检查。
5	感谢有你	引导成员表达、回报感恩之情，将感恩意识转化为感恩行为。	（1）部分感恩日记分享。 （2）小活动：把爱说出口。 （3）小活动：学会表达感谢。 （4）家庭作业：向身边帮助过自己的人表达感谢。
6	记得爱，记得感恩	总结回顾成长和收获，结束团体心理辅导。	（1）分享收获和成长。 （2）手语舞《感恩的心》。 （3）填写感恩问卷、团体心理辅导评价表。 （4）向每个成员赠送感恩卡片。

策略4　营造充满感恩的氛围，使学生在潜移默化中培养感恩意识，产生感恩之心，并逐渐内化为自己的行为

　　作为学生学习生活的主要场所，学校理所当然是开展感恩教育的主阵地。学校要努力营造感恩的校园氛围，使学生在环境的浸染下潜移默化地产生感恩之心，增强感恩的

自觉性。

◎ 在学校宣传栏、班级黑板报等区域开设感恩教育板块，在校园走廊、楼梯等处设置感恩文化墙，将感恩理念融入校园文化建设的方方面面，使学生从身边的小事感受到知恩、感恩、施恩的快乐，在心中播撒感恩的种子。

◎ 组织学生利用晨读、午休、活动课等时间段，诵读《弟子规》、朗诵感恩诗歌、观看感恩影片等，鼓励学生平日里自主阅读感恩主题系列书籍，从精神层面开展感恩教育，树立感恩意识，学会为他人着想，懂得感谢他人。

◎ 开展以感恩为主题的美术、演讲、征文比赛，要求学生定期做好事并记感恩日记，培养和督促学生养成感恩的好习惯，让学生感受到处处有感恩情感，深刻体会到感恩的价值。

策略5　引导学生学会记录感恩，学会表达感恩

记录感恩　记录感恩是指让学生定期记录身边的他人对自己的恩惠和帮助。通过记录，能够引导学生发现别人对自己的恩情，进而产生回报之心。教师可以引导学生定期把自己遇到的值得感恩的事情通过日记、作文等形式记录下来。教师可以在聊天时引导学生"最近有没有人帮助过你?""有没有什么事让你觉得很感动?"，从而引导学生善于发现别人对自己的帮助，体会到别人的内在美。

表达感恩　表达感恩是指让学生向帮助过自己的人表达感谢之意。在这个过程中，

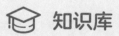 **知识库**

感恩记录实验

一、实验目的

探讨感恩与健康、快乐的关系。

二、实验设计

研究者将几百名实验参与者分成三组，让他们坚持记日记，但日记的内容有所不同。最后让他们填写问卷，测量他们的自信心、消极情绪、日常生活行为等情况。

第一组：仅仅记录每天发生的事情。

第二组：记录不快乐的事情。

第三组：记录一天中最感激的事情。

三、实验结果

第三组的人每天记录快乐、感恩事件，具有更强的自信心、果断、乐观和充沛的精力。而且这组人经历了更少的沮丧、压力，他们更有可能帮助他人，在实现个人目标中会取得更大的进步。

四、实验启示

拥有感恩之心对孩子的健康发展大有裨益。[①]

学生的感恩情感逐渐深化为感恩行动，学生的幸福感也会不断提升。教师要告诉学生，向给自己提供过帮助的人表达感谢是一件勇敢的事情，感谢是对别人关心和关爱最基本的回馈。表达感恩的方式有很多，既可以是简单的一声"谢谢"、一张感谢卡，也可以是身体力行，帮别人做自己力所能及的事情，例如，用做家务来回报父母的恩情。

> **策略6** 家校协同，促进感恩教育的有效实施，使学生懂得感恩、学会感恩

中年级学生的感恩教育不仅关系到家庭的和谐，而且关系到学校德育建设，更关系到未来社会的和谐与发展。因此，家庭与学校共同创建良好的感恩环境和氛围，促使学生懂得感恩、学会感恩十分重要。

学校要加强对感恩教育的宣传，积极向家长宣传感恩教育的意义、方法和技巧等，提升家长对于感恩的认识，取得家长的支持和帮助，形成教育合力，家校协同，促进感恩教育的实施。

家长与孩子的接触是一种全方位的密切接触，家长的言行举止能够有效感染孩子。家长抓住生活中的点滴，和孩子分享对于感恩的积极理解，以身示范"为什么要感恩""如何感恩"等问题，能够使孩子加强生活中的感恩意识，并乐于付诸实践。

---

① 喻承甫、张卫、李董平等：《感恩及其与幸福感的关系》，载《心理科学进展》，2010（7）。引用时有改动。

◎ 家长自身的感恩行为能够给孩子起到良好的示范作用。例如，父母主动关心、照顾自己的父母，对于帮助自己的人表达感谢并给予回报，积极参与社会公益活动，身体力行爱护大自然等。而如果言行不一，只是教育孩子要感恩，自己却缺乏行动，则会阻碍孩子感恩行为的形成。

◎ 通过亲子电影、亲子阅读、亲子活动等方式，促进学生与家长间的情感交流，使学生学会观察亲情、沟通亲情和回报亲情，激发学生知恩、感恩的情感和报恩的实际行动。

◎ 家长可以引导学生将对父母和其他长辈的感恩转化为实际的行动，并使其常态化，包括每天承担一定量的家务劳动（如倒垃圾、摆放碗筷、洗小件衣服等），回家后主动和家人打招呼，与长辈交流使用敬语，定期看望或者通过打电话等方式问候不住在一起的长辈，在家人的生日和节日准备小礼物等。

为确保感恩教育的效果，教师可通过电话沟通、家校互动微信群、家长座谈会等形式，更好地了解学生感恩教育方面的真实情况和问题，共同协商解决问题的办法，并针对个别问题进行个别反馈。

第三节　培养学生的同理心

怎样帮助学生学会换位思考

班级近期发生了几起同学间的矛盾。

小夏因为家里有变故需要请假，无法按时参加原先约定好的社团展示活动，虽然她当天及时告知了同伴，但由于她的缺席，比赛名次还是落后了。过了几天，小夏回来后，同组的学生纷纷指责她没有集体责任感，却没有一个人发现她还有些红肿的眼睛，给她几句安慰。小夏心里很委屈，还把这件事写进了日记里。

下课了，大家都跑到操场上排队"跳房子"。本来挺有秩序的，小慧突然从楼道里跑出来插到了队伍的最前面，后面的同学就不乐意了，说："我们都辛苦排队呢，你到后面去，轮到你再玩。"小慧却一副无所谓的样子，说自己打扫卫生已经晚出来好久，就让自己先跳一次吧。

在我看来，这些其实都是些小事，我觉得这些矛盾产生的原因是学生只想着自己的感受，却不能从同伴的角度综合考虑和处理问题。我该怎样做才能使学生互相理解与尊重，学会换位思考呢？

同理心是指设身处地地体会、理解对方情感与观点的心理历程。具备同理心的学生善于体会他人的情绪和想法，充分理解他人的感受和立场，并能够站在他人的角度思考和解决问题。培养学生的同理心，有利于学生建立良好的人际关系，提升学生未来生活的幸福感和满意度。

成长规律

> **规律1**　同理心是指能够站在对方的立场，设身处地地体会对方感受的心理历程。具有同理心的人具有更高的情商

"同理心"是一个心理学概念，源自希腊文empatheia，由美国心理学家铁钦纳在1920年提出。他认为，同理心源自身体上模仿他人的痛苦，从而引发相同的痛苦感受，也就是能够站在对方的立场，设身处地地体会对方感受的心理历程，也叫作换位思考、

移情、共情。

心理学中沟通的黄金法则"你希望别人怎样对待你，你就要怎么对待别人"，以及中国古代圣贤孔子在《论语》中提出的"己所不欲，勿施于人"，都是同理心的表现。

同理心是情绪智力的核心内容，情绪智力也就是我们通常所说的"情商"。同理心体现在情绪自控、换位思考、倾听能力以及表达尊重等方面，主要使用在他人面临痛苦或不幸时。

规律2 同理心包括了解对方的想法，对对方的想法不加任何评论，觉察对方的情绪，并和对方一起感同身受

想要产生同理心并不容易，需要做到以下四个方面。

了解对方的想法 放下自己当时正在做的事情，全神贯注地听对方的讲述，了解对方遇到了什么事情。这是同理心的最基础步骤，也即认真倾听对方的讲述，了解对方的想法。

对对方的想法不加任何评论 即对对方的价值观不做任何判断。这点相当不容易，因为我们每个人都有自己的价值观，我们喜欢评论、反驳与我们价值观不一样的观点。这一点的核心是真诚地倾听。

觉察对方的情绪 他现在究竟是抑郁的还是悲伤的，是愤怒的还是羞愧的等。细微的情绪辨别来自日常的观察与体验，这一点的核心是敏感。

和对方一起感同身受 这也是最重要的一点。事实上，当我们在面临类似的沟通场景的时候，对方实际上更需要的是跟我们分享自己的难过，获得联结，而不一定是得到同情或者帮助。一旦有了联结，对方就不再孤单，而我们就能用自己的正能量把他的负能量消除，同时帮助他继续成长、继续前进。

规律3 同理心重在情感联结，不同于出于怜悯而产生的同情心或者想要让事情快点变好的"问题修复者"

很多人会容易将同理心与同情心混淆，认为同理心就是对别人表达同情。这二者都是在对方遭遇痛苦或不幸时有必要使用的，只有一字之差，但二者是存在差异的。

同理心需要人们能够真正感受到对方的感受，带入自己的感情，双方是平等的。而

同情心指的是对他人的不幸遭遇的体会，更多出于道德层面，对于他人不幸事情本身的怜悯缺少情感的联结，有一种高高在上的感觉。

有一个很经典的例子。一个人不小心掉进一个坑里，他郁闷地喊："我被困住了，这里好黑，我快受不了了！"一个具有同情心的人路过，会冲着下面喊："哇，真糟糕呀，对吧？呃，现在你想要来点三明治吗？"而一个具有同理心的人可能就会去找梯子、绳子，一切可以让当前状况好转的东西，从黑暗中解救这个人，如果做不到则会顺着梯子爬下去，告诉那个身处绝境的人："我知道在这下面是什么样子，你并不孤单。"

有一种人是"问题修复者"，他们在他人感到痛苦或者发生不幸时，第一反应经常是赶快为他提供帮助，或者转移注意力，让他好起来。然而，急于采取行动使他们无法充分体会他人的状况。其实很少有只通过一句回应就能让事情变得更好的情形，让事情变得更好的是人与人之间的联结。除了同情，还有一些面对他人不幸和痛苦时经常出现的行为，也会妨碍人们体会他人的处境并与之建立情感联结，无法表达出同理心。[①]具体包括以下几种。

◎ 建议。"我想你应该……"
◎ 说教。"如果你这样做，你将会得到很大的好处。"
◎ 安慰。"这不是你的错，你已经尽最大努力了。"
◎ 比较。"这算不了什么。你听听我的经历……"
◎ 回忆。"这让我想起……"
◎ 否定。"高兴一点，不要这么难过。"
◎ 纠正。"这个事情的经过不是你说的那样。"
◎ 询问。"这种情况是什么时候开始的？"
◎ 辩解（当对方的痛苦与你有关时）。"抱歉我原本想早点打电话给你，但是昨晚……"

> **规律4** 同理心能够帮助学生体会他人的情绪情感，建立融洽的人际关系

具有同理心的人能够在倾听他人叙述的同时，进入对方的思想和精神世界，感同身受地体验对方的情绪情感，体会对方内在的感受，之后再根据对方的需要，站在对方的立场给出自己的看法和建议。

---

① [美]马歇尔·卢森堡：《非暴力沟通》，阮胤华译，87页，北京，华夏出版社，2016。

同理心能培养学生与同伴相处过程中的敏感度，促使学生更加善于倾听、体谅、尊重或宽容同伴，并形成一个良性循环，使学生之间的交往更加顺利。具有同理心的学生与同学相处时就不会处处挑剔、抱怨、责怪、嘲笑、讥讽对方，取而代之的是赞赏、鼓励、谅解、扶持，从而使学生之间的相处变得愉快、和谐，容易获得相互信任，进而能够更快、更好地建立同伴关系。

缺乏同理心的学生总是认为自己才是正确的，容易说一些伤害同学的话或者做一些伤害同学的事，并将过错归咎于受伤害的人，认为他们过于敏感或反应强烈。他们善于批评别人，却很难为他人的优异表现由衷地感到高兴。他们往往觉得自己得到朋友的帮助是理所当然的，无须表示感谢，只关注自己的一举一动，忽略他人的感受。因此，他们很难在班级中交到朋友，无法与同学建立深厚的感情。

学习和掌握同理心的理念和技巧，能够使师生、亲子在沟通交流时理解对方为什么这么想、这么做，从心理上感受到对方的尊重与理解，从而有利于实现教师预期的教育效果。同理心是建立师生、亲子间有效沟通的重要条件。在与其他人甚至陌生人沟通时，同理心都能够提升沟通效果，从整体上促进学生人际关系的提升。

> **规律5**　同理心是一种高级的人际交往能力，需要建立在学生良好的情绪识别能力和换位思考能力基础上

情绪识别能力　想要和他人具有情感的联结，首先需要能够觉察到他人的情绪变化，并且能够识别出他人的情绪类型。中年级学生已经基本可以识别他人的喜、怒、哀、乐等基本情绪，但对于复杂的情绪和混合情绪的识别能力还在发展中，例如，很多中年级学生无法理解"笑中带泪"。

换位思考能力　在觉察并识别他人的情绪之后，还需要能够从他人的角度来体会他人为什么会产生这样的情绪。中年级学生已经具备换位思考的能力。然而，当前很多学生在家备受宠爱，家长对学生往往有求必应，甚至采取纵容的教育方式。长此以往，许多学生在家养成了以自我为中心的性格特征，在学校中的言行举止不管不顾其他同学的感受，一直生活在自己的小世界中，只在乎自己的需求，缺乏换位思考的意识。

育人策略

> **策略1**　努力营造和谐的同理心氛围，将同理心渗透到班级的日常管理工作中，使学生潜移默化地培养出同理心

　　学校是学生学习和生活的主要场所，班级氛围对学生的成长起着"润物细无声"的作用。教师应重视对学生同理心的教育，增强对学生的人文关怀，从而使学生能够在一个和谐友好、充满同理心的班级氛围中潜移默化地培养自己的同理心。

　　教师作为班级管理的主导者，要将同理心渗透到班级日常管理工作的方方面面。结合中年级学生的心理特点和实际情况制定班规，从学生的角度处理班级问题，表扬或者批评学生都要灵活运用同理心，从而使学生主动"亲其师，信其道"，使班级管理顺利进行。例如，学生考试作弊，教师可以先表示自己理解学生担心考试考不好而冲动做出的行为，逐步引导学生正确看待考试中不诚信的行为，认识到考试作弊只是自欺欺人，再进行适当的批评，让学生意识到作弊问题的严重性，并意识到只有平时努力才能取得好成绩。

　　教师在运用同理心设身处地地考虑学生的感受后，可以引导学生自己提出各种处理班级问题的方法，而不是简单的说教，让学生感受到教师对自己的认可与接纳，亦学会用同理心对待教师和同学。

 方法库

同理心培养小技巧

　　同理心就是将心比心。同样的时间、地点、事件，如果当事人换成自己，才能设身处地地去感受并体谅他人的感受。

　　1. 让学生体会自己的感觉。要想让学生具有同理心，就要先让他试着体会自己的感受。一个无法触及自己感受的人，很难让他体会别人的感受。因此，首先要引导学生发掘自己的感受，并体会这些感受。

　　2. 让学生表达自己的感受。学生的感受是需要表达的，通过表达才能释放自己的情绪。在表达的过程中，学生需要被倾听、被理解，在此过程中感受到被尊

重。在学生表达自己的感受的时候，还要指导学生选择表达感受的恰当方式。例如："我感到很沮丧，因为我把爸爸送给我的钢笔不小心摔坏了。"

3. 让学生体会他人的感受。当同学讲述自己的感受和遇到的事情时，需要放下自己正在做的事，全心全意，认真倾听，这样才能试着设身处地地体会他人的感受。如果自己现在确实很忙，无法认真听，或者心情不好没有心思听，需要诚实告知同学获得谅解，可以另外找一个时间再来听同学分享。

4. 和同学分享自己的体会。学生一旦能够做到设身处地地体会他人的感受，就可以把自己的体会和对方分享。通过分享，让对方感到被理解，也给对方机会确认自己的理解是否恰当。例如："我感到你很沮丧，因为你把爸爸送给你的钢笔不小心摔坏了。是这样吗？"[①]

策略2　在班会等体验式活动中学习换位思考，提升沟通能力，逐渐将同理心内化为一种自觉的行为

体验式活动能够更容易使学生在简单快乐的活动中学会换位思考，用合适的方式表达自己的情绪和感受，提升沟通能力，学会"同理"他人，与教师和同学和谐相处。

班会是开展体验式活动的主要渠道，教师在班会课上可沿着"尊重、倾听→换位思考→同理心训练→同理他人、发展自我"的思路，开展同理心教育。[②]

尊重、倾听　良好的同理心以懂得尊重、善于倾听为前提。教师可以通过体验式活动，引导学生理解如何表达尊重，让倾听更有效，以及自己做的不足之处，从而帮助自己改善和提升沟通能力。

换位思考　在尊重和倾听的基础上，教师引导学生立足他人所处的环境、情感体验、思维方式等，懂得换位思考，体谅他人的行为。这样做得到的回应亦是积极的，有利于同理心的萌生。

同理心训练　在学生有了一定的同理心意识和能力之后，教师还需要不断深入、内化和训练，通过案例讨论、角色扮演等途径，启发学生梳理、总结同理心沟通的方法和技巧，理解同理心不仅需要理解，还要将理解表达出来，传递给对方。

---

① 杨柳：《小学班级管理经典案例66则》，88～95页，长春，东北师范大学出版社，2017。引用时有改动。

② 秦丽滢：《基于体验式班会的初中生同理心培养》，载《教学与管理》，2018（9）。

同理他人、发展自我　培养同理心还需在日常生活中反复应用和实践，使同理心的运用与学生的自我反思相结合，从而将同理心内化为学生的觉悟和自觉行为，促进学生的自我成长。

体验活动后，教师应注重教育的延伸，使学生能够在家庭、学校和社会中，在与他人的日常交往中，不断感悟同理心的力量，促进同理心从认知到体验再到实践的养成过程。

 方法库

同理心培养小游戏

1. 用手搭"人"。教师请所有学生一起坐在座位上用手搭出一个"人"字，并高高地举起来。教师可以自己或者请一个学生站在讲台前讲出自己看到的。大多数学生搭出的"人"字是从自己的角度看到的，但是站在讲台上的人从对面看到的则是一个"入"字。教师可以通过这个小活动引导学生发现自己的视角可能和对方是不一样的，需要站在对方的视角才能更好地了解对方，和对方交流。

2. 喂水。请学生两两一组，一个学生做被帮助者，坐在座位上，另一个学生做帮助者，将杯子里的水喂给他/她喝，两个人在过程中都不能说话。体验结束后，可以先请被帮助者讲讲自己的感受，被喂水的过程是否舒服。之后再请帮助者讲讲自己喂水的过程顺利吗，有什么体会。教师也可以把活动中观察到的典型场景和学生分享。例如，有的同学会很小心、很慢地喂给同学，而有的学生可能会毛毛躁躁，把水洒在同学身上或者让同学喝得太快而呛到了。通过这个小活动，教师可以引导学生懂得关注他人的感受和需要，而不是只按照自己的想法做。

策略3　运用准备案例、呈现案例、通过案例讨论同理心、总结提升四步帮助学生理解同理心，并将同理心应用于每日生活中

同理心是一个很抽象的概念，教师在进行同理心培养的时候需要使用一些学生生活中能够接触到的例子，与学生进行探讨，帮助学生体会同理心的好处，培养学生将同理心应用于每日生活中。

第一步，准备案例　教师可以在平时多观察学生的同理心发展状况，发现一些因为缺乏同理心而造成的学生之间的冲突或者困扰，作为一种教育的契机，在学生的情绪冷

静下来之后或者找班会、活动课的时间，拿出来与全班学生进行讨论。如果担心当事的学生会介意，也可以将事件中的人物名字和细节稍作调整。

第二步，呈现案例 教师讲述事件发生的过程，或者编成情景剧请学生表演出来，停在当事人遇到困扰的时刻，询问学生："发生了什么？你觉得当事人的心情怎样？他/她为什么有这样的想法？"通过这个过程，帮助学生学会识别他人的情绪和情绪产生的原因。

第三步，通过案例讨论同理心 和学生探讨，当事人此时需要别人的帮助或者支持吗？需要什么样的帮助或支持呢？请学生敞开心扉，教师避免评论对错，而是鼓励学生多讲一讲。之后可以请学生把想说的话写在小纸条上，或者直接走上去，对着表演当事人的同学说出来。之后，再请当事人讲讲自己听到这些话的感受，什么样的话会让自己觉得舒服，什么样的话会让自己觉得不舒服。

第四步，总结提升 在讨论的基础上，教师和学生一起总结，如何更好地支持一个遇到困扰的人。可以说什么、做什么，而哪些是不要说、不要做的。注意提醒学生关注自己的语气和肢体动作、表情。之后，可以用一个类似的案例，请学生再次练习应用同理心。

 **案例库**

小李的困扰

小李是三（3）班跑得最快的男生，在全校运动会中，他参加接力赛，是最后一棒，同学们都对他寄予厚望。比赛中，三（3）班一路领先，结果轮到小李接棒时，他不小心把棒弄掉了。等他捡起来再跑时，就已经落后了其他班同学一大截。他努力追赶也只赶上了一名同学，最终，三（3）班的接力赛没有取得好名次。同学们都很气馁，好几个人都说小李"关键时刻掉链子"，他很难过地低下了头。

请一个同学表演小李，讲出自己的困扰，之后，请同学们讲讲，你觉得小李怎么了？（难过、自责……）

策略4 通过写同理心日记，帮助学生自我教育，提升同理心

教师可以引导学生写同理心日记，让学生在遇到一些困惑的事情时，通过书面表达静下心来，回顾事情的始末，设身处地地感受、体谅他人，尝试着将心比心，以理解和关心对方为出发点，想对方之所想，做对方之所需。这个过程能够促进学生自我反思，培养学生的同理心，帮助学生更好地与同伴相处。

案例库

应用同理心日记解决学生的冲突

前阵子，班里的两个小捣蛋潘同学和胡同学又闹不和了。由于他俩在气头上，仍在针锋相对，我就把他们暂且隔离开，先让潘同学书面叙述事情的经过。完成内容如下。

"中午放学后，我跑去问老师事情，途中胡同学突然跳了出来，我们相撞后没来得及说对不起，我就继续飞奔而去。后来我去食堂吃饭，胡同学跑过来打了我，我也没说什么，可他不依不饶，还唠叨：'是潘同学先打的我。'于是，我跟他争论起来，但没争论出结果，双方也都有些生气了。我不再跟他闹了，但吃完饭倒剩菜时，他又跟在我后面，嘴里不停地骂我。我继续忍着，结果来到教室门口，他背对着我摇屁股，还说：'潘同学是傻子。'于是，我忍无可忍，来到他课桌旁推他桌子、扔他的书，一切都是为了气他，没想跟他说话。"

随后，我让胡同学看了潘同学的叙述后，也写下自己的想法。

"读了你的文章，我觉得你写得有些不真实。一开始是你打了我，后来来到教室，我记得自己好像没有骂你，但确实朝你摇了摇屁股。如果我当时骂了你，我在这里跟你说一声'对不起，请原谅我！'这件事情也不能都怪我，我的脾气暴躁，大家都知道，我没法忍受你打我，所以才去追你。我承认我有错，可你不能把所有责任都推给我。唉，早知道我就不打了，我这脾气如果不改的话，长大肯定会吃亏。我知道你觉得很委屈，觉得都是我的错，换作我，我也会这样想。我觉得你和我就像两个零件一样，如果不出故障，机器就可以正常运转，如果互相卡壳，机器便会无法工作。假如我俩能和睦相处的话，班级里肯定会少一些'灾难'。如果无法做到的话，那我俩就不要靠近，保持距离就好。让我俩加油吧，把身上的坏习惯逐渐驱逐掉！"

潘同学回复："今天我确实有错在先，当时撞了你，没有及时跟你说对不起，因为是正面相撞的，所以可能让你误会我是在打你！现在想想，如果当时我立马道歉，事情就不会闹得这么僵，我们和好吧！"

胡同学回复："没关系，听你这么一说，我明白了为什么感觉你是在打我。请你也原谅我。我们和好吧，俗话说'多一个敌人不如多一个朋友'，让我们共同努力，和谐相处！"

总结：撰写同理心日记，能够在文字交流中倾听学生无声的辩解，既能让学生静下心来回想事情的来龙去脉，又可以沉下心来调节情绪、明晰事理。给予回应的过程也能使学生进行自我剖析，唤醒同理心，体谅对方，使理解取代埋怨、宽恕取代报复，最终化干戈为玉帛，在反思中化解矛盾，重归于好。①

---

① 陈丽华：《用同理心日记实现换位思考》，载《教学与管理（小学版）》，2016（5）。引用时有改动。

> **策略5**　通过倾听、观察、询问、交流（反馈），运用同理心，使学生向教师敞开心扉，实现师生间的有效沟通，以达到预期的教育效果

教师与学生进行沟通交流，首先自己要具备同理心。只有让学生产生亲近感和信任感，学生才会向教师敞开心扉，教师方能动之以情、晓之以理，对症下药，达到预期的教育效果。

清晰地了解学生是运用同理心的基础，通过倾听、观察、询问、交流（反馈），教师能够更加准确地了解学生的真实状态、现阶段的困难、潜力等，也能够使学生充分感受到教师对自己的接纳与信任。

倾听　教师要善于倾听，既要从学生的语音语调中倾听出学生的喜怒哀乐等情感，又要从学生的日常表达中倾听出学生的需求和想法，从而真正站在学生的角度处理问题，获得学生的认可。

观察　教师要善于察言观色，能够辨识学生的情绪，观察到学生的变化，透过学生的表现解读学生的真实想法，从而及时发现问题并恰当处理。

询问　教师平日里应多询问学生，了解他们的兴趣爱好、计划安排、学习情况、同伴交往情况等，从而更全面地了解学生，也是使学生进行自我反思的一个重要途径。

交流（反馈）　教师要积极与学生进行交流，向学生表达自己对学生的了解。教师应尽量用"我"开头的信息替代"你"开头的信息，让学生充分感受到教师是对事不对人。例如，针对学生上课违反纪律，教师可以用"有趣的事情谁都会想和同伴分享，但每个同学都上课随意讲话，我就头疼了"替代"你不要讲话"。

师生沟通运用同理心的方式有很多，既可以与学生个别交流，也可以与学生集体谈话，还可以运用拥抱、击掌等肢体语言或者书面交流等方式，将教师对学生的感知和理解准确地传递给对方，使学生感受到温暖和被尊重。

教师的同理心能使教师对学生的言语和行为做出正确的、积极的回应，从而使学生乐于向教师敞开心扉，易于教师对学生需要引导和纠正的地方提供建设性的帮助，给学生提供合适的教育。同理心能有效拉近师生距离，有利于师生之间良好地沟通。

教师培养学生的同理心，首先要理解学生的真实想法，从而能够在学生思考欠妥的时候不是批评而是引导学生朝着正确的方向重新思考，理解他人的想法与感受，逐渐提升学生在集体中对同伴的敏感度，从期待被关注向主动关心他人转变，增进同学间的感情。

 **案例库**

两种师生沟通情况对比

1. 缺乏同理心的师生沟通。

生（叙述事情的经过后）：美术老师凭什么骂人？

师（我当时在想怎样维护老师的权威）：这件事情我会去了解的。

生：老师，您不感到气愤吗？美术老师怎么可以这样对待学生？

师：你要想想，这件事情是你先错，才让老师生气而犯错的。老师不是有意骂你，是在极其生气的情况下，没有控制好情绪。

生：我就知道你们老师肯定帮老师说话。这件事不能就这么完了！

师：那你想怎么样？要知道是你先错的。

生：是我先错，可他也不该骂学生，他要向我道歉。

师：那不可能，你犯错老师来管，老师犯错学校来管，不是你说怎样就怎样的。

生：那好，我不和您说了，我去找校长。

2. 富有同理心的师生沟通。

师：怎么样？现在还那么生气吗？

生：还是很生气。

师：想想的确很让人生气，我能理解你的感受。

生：就是，从小到大没人这样骂过我……

师：其实我知道你并不想怎么样，只是觉得很委屈。但是你有没有想过，假如你是美术老师，你能不能容忍一个学生的欺骗行为？

生：…………

总结：第一种沟通方式以失败告终，师生矛盾非但没有得到解决，反而越发尖锐。第二种沟通方式，教师先接纳学生的情绪和行为，承认美术老师的行为有不当之处，再分析美术老师对他进行批评的原因，使学生认识到自己在这件事情中的错误，原谅了美术老师的错误，并在之后的美术课堂上表现不错。[①]

---

① 李超：《师生交往的基础——同理心》，载《中国校外教育》，2014（8）。引用时有改动。

第四节　让学生学会与同伴合作

合作过程中闹矛盾怎么办

一年一度的新年联欢会就要到了，大家热情高涨，但过程中也出了不少乱子。

这次我让大家以小组为单位准备节目。排练节目的时候，有一个组的节目是演话剧《小红帽》，结果没有一个人肯演做坏事的大灰狼，别的组的节目都排得差不多了，他们组的角色还没有分好。还有一个小组要表演合唱，想要唱《青春修炼手册》，但沫沫就是不愿意，她不喜欢TFBOYS。大家都说要少数服从多数，但沫沫说要是大家唱这个，她就不上台……

好不容易各个组的节目都排好了，联欢会进行得很顺利。但两人一组自由结合玩游戏时，麻烦又来了，班里总人数是单数，最终明明被剩下了。他是个不太讲卫生的孩子，衣服经常脏兮兮的，人缘不太好。我问有没有小组愿意接受他，组成一个三人小组，结果竟然没有一个组愿意。明明很尴尬，我只好让一起参加活动的老师和他一组。

虽然整个联欢会进行得很热闹，但是过程中的这些问题也让我有些头痛，怎样才能让学生们更好地彼此合作，减少冲突呢？

与人合作是一种亲社会行为，是学生日后良好学习和成长的重要前提。会合作的学生更加懂得分享和谦让他人，有着更好的人际关系，未来也更容易取得成功。中年级学生已经能够与同伴一起共同完成一些任务，但能力还有待提升。帮助学生提升合作能力，一味地说教意义不大，而需要在课堂、班级和校园生活中以多种多样的形式开展教育，是一个长期的过程，需要教师的持续努力。

成长规律

> **规律1**　合作是学生亲社会行为的重要形式，对学生的心理健康、人际关系和未来良好适应具有重要作用

合作是指两个或两个以上的人或群体，为了达到共同的目的，在学习、生活、工作

中彼此相互配合的一种联合行动。

人是群居动物，很多任务是一个人无法完成的，必须联合他人共同完成。人类社会的发展，从远古到现代，个人和团体间的合作都是一项重要条件，是社会发展的基础。随着科学技术的进步，人类合作的范围也在逐渐扩大。

1996年，联合国教科文组织发布了题为《教育——财富蕴藏其中》的研究报告。报告提出了一个特别引人注目的观点，即21世纪的学习观，包括学会做人、学会做事、学会合作和学会求知四项，体现了对合作的高度重视。

合作是学生亲社会行为的重要形式。懂得合作的学生，也能够做到分享和谦让，增强人际吸引力。合作行为的发展水平不但直接影响学生的心理健康，而且会对学生未来的适应情况产生重要影响。

 知识库

亲社会行为

亲社会行为是指一切符合社会期望，对他人、群体或社会有益的行为，包括合作、助人、分享、安慰他人、谦让、捐赠等。

亲社会行为是学生社会性发展水平的重要指标，是学生自觉遵守社会规则的体现，是人与人之间形成和维持良好关系的重要基础，能拉近人们之间的距离，营造友善、和谐的气氛，促进社会和谐发展。

> **规律2**　中年级阶段是学生合作行为发展的关键期，学生的合作形式、合作内容、合作范围都有了显著提升

中年级时，学生的各项认知能力和人际交往能力迅速提升。在这个过程中，学生对于合作有了更深的认识和更强的意愿，合作的能力产生质的飞跃，合作形式、合作内容与合作范围都有了显著提升。中年级阶段是学生合作行为发展的关键期。

中年级学生合作的目的性和稳定性逐渐增强，他们已经清楚合作是共赢的，既能利己，也能利人。中年级学生采取合作的动机主要是维持良好的同伴关系或觉得是自己的职责所在，利己的意图逐渐减弱。例如，学生们懂得全班共同努力完成合唱比赛、课间操展示是为了班级的荣誉。

　　中年级阶段是学生合作水平产生质的飞跃的关键时期。他们基本形成了具有互助协作关系的合作形式，能够为求得共同目标而自觉协商角色分配和应采取的策略，也能够保持行为与角色分配的一致性。

　　中年级学生的合作内容较低年级更为复杂，参与合作的学生人数范围也不断扩大，由低年级的二人合作为主发展为多人合作，合作行为发生的频率也在不断增加。例如，低年级学生可两两合作完成班级卫生大扫除中的一部分（如扫地、擦桌子等），而中年级学生则开始尝试小组分工合作，共同完成暑期研究性作业等。

> **规律3**　良好的合作能力体现为正面的合作意识、良好的团队互助、积极的情绪调控、恰当的冲突解决和主动的组织领导

　　对于中年级学生来说，良好的合作能力体现在以下五个方面。

　　正面的合作意识　学生认可合作的重要性，认为合作可以帮助自己和同伴共同进步，愿意与他人合作一起完成任务，愿意为了团体和集体的共同目标而适当做一些牺牲或奉献。

　　良好的团队互助　进行团队合作时主动承担责任，愿意相互帮助，愿意和他人分享自己的想法和经验，能够听取他人的观点，当团队成员需要时会主动提供帮助。

　　积极的情绪调控　在团队合作中能够积极调控自己的情绪，保持正向的情绪状态，给自己和同伴中肯的评价。在合作过程中遇到困难时相互鼓励，给彼此打气，不气馁。

　　恰当的冲突解决　在合作中，能够用温和的方式表达自己的不同意见，较少与团队成员产生冲突；当发生冲突时，能够很快化解，能够体谅、包容团队成员的错误与失误。

　　主动的组织领导　积极推动团队任务的完成，促进团队成员更好合作，能够按照每个成员的特点分配任务，能够在团队任务偏离方向时快速发觉并进行调整。

> **规律4**　合作水平与学生的性格特征、同伴亲密程度及能力是否互补具有密切的联系

　　学生的性格特征是影响合作的重要因素之一。活跃开朗、积极主动、充满自信，对他人具有同理心、有爱心的学生往往更易于与人合作；而性格内向、消极被动、依赖性强的学生通常不善于与人合作。

　　学生间友谊的建立有利于增强彼此的合作。合作在朋友间发生的频率要远高于非朋

友间，关系越亲密的伙伴越容易产生合作行为。例如，平时就关系很好的小伙伴会更愿意选择合作的方式完成学习任务或其他活动。

能力互补型的学生往往比非互补型的学生更能采取与同伴相互适应、互为补充的行为，通过彼此的配合有效完成合作，并且当学生与能力更强的伙伴合作时，其自身能力也能获得更大的发展。

> **规律5** 学生良好的语言表达能力、沟通能力和人际冲突处理能力有助于提高同伴合作的效果

以下几种能力都有助于提高同伴合作的效果。

良好的语言表达能力 学生的语言表达能力能够影响同伴间的交流和协商，进而对同伴间的合作产生影响。团队合作交流通常是面对面进行的，无法清晰表达自己意愿的学生在合作时可能分到自己不擅长的任务，既完成得吃力，又拖累了团队进度。相反，能够明确表达自己观点的学生既能在合作时充分发挥自己的能力，为团队贡献力量，也收获了自信与成就感。

良好的沟通能力 学生间良好的沟通是合作成功的基础。学生在合作交流时能够通过询问适当的问题、提供充足的时间思考、使用支持性沟通技巧（如倾听）、给予反馈和鼓励等互动策略，实现合理分配任务、归纳观点和协调分歧，使同伴更好地理解团队的需要并主动提供帮助，提升合作的有效性。

良好的人际冲突处理能力 学生解决人际冲突问题策略的数量和质量与合作效果亦存在明显的关联。当在合作过程中出现人际冲突时，若学生能够巧妙化解使合作顺利进行，就能保证合作效率和合作质量。例如，当两个学生合作完成一张海报时，如果两个人都喜欢画图而不愿意写字，就会出现冲突。此时合作的达成需要两个学生具备表达自己的想法、为完成任务各退一步的能力。

育人策略

> **策略1** 营造团结合作的环境氛围，鼓励学生采取合作的方式解决问题，并在合作中获得喜悦和成就感

教师在课堂教学过程中可以适当增加一些需要合作的活动，如课堂合作表演、小组

团体竞赛等，让学生充分体验合作的优势，感受合作成功的喜悦和共同奋斗的满足感。例如，在学习三年级语文课文《矛和盾的集合》时，教师可让学生自由分配角色并组建小组将课文内容表演出来，人数不限，鼓励多人合作的小组。表演后，教师可与同学们讨论"你们合作愉快吗""你觉得你贡献了什么呢""你最欣赏哪个同学呢"等问题，认真总结每个小组成员贡献的力量，以进一步帮助学生提升合作意识。

教师还可利用班会课等活动时间，根据学生实际及班级中存在的主要问题，选取讲故事、做游戏等中年级学生喜爱的方式，寓教于乐，激发学生的合作意识，让学生体会到团结合作的力量。

 方法库

培养合作能力的小游戏

1. 小组建设。这个游戏适合在分组之初进行，帮助各小组快速形成凝聚力和良好的氛围，同时在过程中锻炼学生的合作能力和问题解决能力，并提升整个班级的合作氛围。

（1）宣布规则。这个活动需要在小组内完成，每组有一定时间来共同完成任务，完成后进行小组展示。任务是与小组形象设计有关的，包括组名、小组口号（可以要求配合动作）、小组旗帜、小组歌曲等。（教师可以根据时间选择2～3项让学生完成。）

（2）分组准备。小组任务进行过程中，教师可以到各组观察其进行情况，给予各组鼓励，对于停滞不前、冲突强烈的小组给予一定指导。

（3）完成后进行小组集体展示。邀请其他小组一同观摩这个小组的新形象。

注意：任务结束后，教师可以经常称呼小组的名字，在班级活动中邀请成员喊出小组口号、亮出小组旗帜、唱出小组歌曲，使其保持长期效果。

2. 肢体拼接。这个游戏能够很好地提升学生的团队合作能力，同时开发学生的想象力，带给学生快乐。

（1）发布任务。教师给每组一个需要表演的物体，小组内所有人合作，用身体摆成这个物体的样子，并给出规定的时间。表演的物体可以是动物、植物、没有生命的物品（如电器、房子）等。可以所有小组表演同样的物体，也可以给出一个门类由小组自选，或者教师走到每组跟前悄悄告知小组表演内容。

（2）分组排练。小组任务进行过程中，教师可以到各组观察其进行情况，给予各组鼓励，对于停滞不前、冲突强烈的小组给予一定指导。

　　（3）展示。时间到了之后，请小组进行展示。时间允许时，尽量每组逐个展示，也可以1～2组展示后，所有的小组同时展示。展示的时候，宜尽量有趣。例如，表演动物的话，可以让这只动物活动一下身体，走上几步；表演电器的话，可以让电器尝试运转一下等。如果每组表演的不一样，可以在一个小组展示时，另外的小组来猜其表演的是什么。

　　注意：这个游戏非常有趣，给了学生充分的展示空间，很受学生欢迎，且这个游戏中拼接的具体内容可以与课堂教学相结合，有助于学生对知识点的掌握。小组需要在短时间内一起合作，本身就是一个锻炼合作能力、提升成员间关系的好机会。

　　在班级活动中，教师可以利用各种活动机会鼓励学生交往。例如，外出实践活动中，以小组为单位行动；联欢会等活动中，鼓励两人及两人以上共同准备节目，减少个人展示等。

　　教师在这些活动过程中，要充分激发团队全体成员的集体荣誉感，鼓励大家积极为团队奉献自己的力量，彼此间相互理解和信任，齐心协力，向着统一的目标努力，从而更好地完成合作任务。同时需要在合作活动过程中，重点观察被拒绝和被忽视的学生的参与情况，在必要时给予帮助和支持。

策略2　帮助学生掌握团队合作中必备的语言表达能力、互动技巧和协商技巧

　　提升语言表达能力　教师要帮助学生提升语言表达能力，使学生能够在团队合作的过程中清晰表达自己的想法，保证每一个团队成员都能发挥自己的优势，彼此间更好地配合，高质量地完成任务。

　　掌握互动技巧　教师还应指导学生在团队合作沟通时掌握一些互动技巧，同时，要保证每个团队成员都参与到合作活动中，积极为团队合作提供意见。教师或组长可通过问题引导、适时思考、及时反馈等途径，促使团队中不自信的成员也参与其中，提升合作的有效性。以下是一些常见的互动技巧。[①]

◎ 认真倾听对方说话。

◎ 耐心等待对方把话说完，不打断对方发言。

◎ 接纳每一种观点和想法。

◎ 不嘲笑他人。

◎ 以积极正向的语言表达自己的观点。

◎ 遇到困难时向他人求助，也在他人遇到困难时积极给予支持。

◎ 表达自己的观点前，应提及前一位发言者的发言内容（例如，我同意欣欣的意见，但我还想补充一点……）

掌握协商技巧　当合作过程中出现冲突或问题的时候，教师应鼓励团队成员一起静下心来分析问题产生的原因，讨论合理的解决方法。团队成员要明确争论是为了达成共识，更好地解决问题，实现团队共同目标。在出现问题时以小组利益为重，争论时对事不对人，遇到困难时团队内要互相加油打气，而不是互相推诿责任，从而保证任务继续进行。

 方法库

合作技能"七字诀"

听取发言要专心，注视对方动脑筋。

说明紧紧扣中心，有根有据说得清。

求助别人要有礼，得到帮助表谢意。

反思自己有勇气，肯定别人得诚心。

自控守纪勿喧哗，依次发言从多数。

帮助同学要热情，耐心周到把难除。

说服别人把理表，态度诚恳不嘲笑。

建议大胆有设想，人人献策大步闯。

协调组员共商量，指正让步齐向上。[②]

---

① ［德］埃尔克·德赖尔、卡特琳·哈德尔：《合作学习的99个小贴士》，夏利群译，7页，上海，华东师范大学出版社，2014。

② 陈淑萍、王俊相、宿文传：《合作教育》，64～65页，北京，中国石油大学出版社，2007。引用时有改动。

案例库

卡通画合作技能训练

浙江省杭州市上城区时代小学王云英老师以卡通画这种学生喜闻乐见的表达方式，将抽象、复杂、枯燥的合作技能训练转化为富有情境性，易于为学生理解、想象、模仿的画面，将合作技能背后的情感通过卡通画人物的眼神、动作、体态和表情传递给学生，引起学生的情感共鸣。同时为每一幅卡通画配上故事和思考题，从而更好地引起学生的思考和共鸣（见图5-1、图5-2）。

教师可以将卡通画贴到教室的墙壁上，吸引学生的眼球，在此基础上和学生讨论卡通画背后的合作技能；还可以请学生分组表演卡通画上的情境，用合作方式进一步体验和练习技能。[1]

图5-1　团结合作力量大，目标一致要当先

图5-2　合作技能学问

策略3　通过五个步骤进行合作学习，在提升学生学习动机和学习效果的同时，锻炼学生的合作能力

提到合作能力的培养，很多教师都会说到合作学习。合作学习是指在教学中运用小组形式，使学生共同进行学习活动，以达到最大限度地促进他们自己以及他人学习的目

---

[1] 马兰、盛群力等：《多彩合作课堂》，155～156页，福州，福建教育出版社，2013。引用时有改动。

的。小组中进行的学习活动能够借助同伴互动，激发学生的学习动机，提高学习的效果。在这个过程中，有大量机会锻炼学生的合作能力，是培养合作能力的重要途径。

合作学习主要包括以下五个步骤。[①]

创设情境，明确目标　教师根据学习目标和学生的情况，创设恰当的情境，引发疑问并提出问题，使学生产生合作的需要，并明确学习目标，激发学生的学习兴趣。

自主学习，深入思考　合作学习的基础是自主学习。进入小组合作之前，教师要留给学生充分的独立学习和思考时间。允许学生根据自己的能力水平、个性特点，自主地、能动地、有目的地进行独立思考，自主尝试解决问题，真正确立学生的主体地位。

交流讨论，合作释疑　在自主学习的基础上，进行小组间合作讨论，鼓励学生各抒己见，互相补充，互相启发，加深每个学生对当前问题的理解。"兵"教"兵"，"兵"练"兵"，在互动中共同提高。

师生互动，集体释疑　各组代表展示本组合作讨论的初步成果，通过不同观点的交

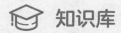

知识库

合作学习注意事项

1. 小组分配。对于中年级学生而言，4人小组是合作的最佳规模，既能给学生提供充分的交流机会，又能保证每个学生都有发言的机会。

2. 组员分配。建议小组成员相对固定，使学生能够与组内成员进行深入交流学习，每半学期或一学期轮换。建议小组成员能力互补，教师在分配小组成员的时候，要考虑将不同性别、不同性格、不同特长、不同成绩的学生分配到一起，使小组成员相互监督，从而达成积极有效的合作。

3. 任务分配。合作学习中经常出现的问题是能力强的学生占据主动地位，能力弱或者不善交际的学生容易被边缘化。为了解决这个问题，教师可以在每次布置任务时为小组进行人员分工，让每个学生都有自己的任务，且每次每个人的任务不同。以四人小组为例，可以有1名组长，负责把控小组讨论的方向，在偏题或者有矛盾时进行纠正；1名书记员，负责记录讨论内容；1名时间官，负责监控讨论时间，在时间过去一半和只剩下3，2，1分钟的时候进行提醒；1名发言官，负责向全班汇报本组的讨论内容。

---

① 陈淑萍、王俊相、宿文传：《合作教育》，104～106页，北京，中国石油大学出版社，2007。

锋、补充、修正，达到释疑解惑、共同进步的目的。教师要适时引导、巧妙点拨，引领学生突破疑难，补充新知，开辟新的认识。

教师总结，学生自评、互评　一方面，教师对合作内容进行必要的归纳和总结，帮助学生对知识建立更深的理解和记忆；另一方面，引导学生自评、互评在合作互动学习中的表现，然后教师评价，发挥正面导向作用。

策略4　在体育课、音乐课和美术课中借用学科特点，融入合作能力培养

体育和美育在提升学生身体素质、审美能力的同时也提供了大量的合作机会，是培养学生合作能力的重要形式。

体育课　体育课帮助学生强身健体，锻炼意志，还有很多合作性的项目，是培养学生合作能力的重要方式。常见的合作性项目包括各种球类运动、接力跑、跳大绳等。体育教师可以多设合作性项目，在传统的单人项目中融入合作元素，鼓励学生在体育课上尝试相互合作，帮助学生提升合作能力。同时，在合作性项目中，学生可以学到如何与团队一起克服困难走向成功，如何在遇到挫折时彼此鼓励而不是相互埋怨，如何让每个人的独特性为团队做贡献。

 方法库

在全员运动会中培养学生的合作精神

运动会是中小学团体性体育活动的必要环节。相比传统运动会"极少数人在跑，大多数人在晒太阳"的特点，全员运动会是一种崭新的形式，运用有趣味性、全员参与的项目代替传统运动会的竞技性项目，使每一个学生都能够参与到运动会中，享受运动的快乐，在与同伴的配合中提升合作能力。项目举例如下。

1. 旋风跑。以班为单位参加，每班为一队，根据班级规模分为若干个4～5人一组的小组进行赛跑。每组学生共持一个长杆置于腹前，跑到第一面旗帜时，按逆时针方向做集体绕杆运动（形似旋风），绕过旗帜后继续跑到第二面旗帜时，按顺时针方向做集体绕杆运动，绕过旗帜后继续向前跑，再集体跳过一个低的障碍物，到达终点后交给下一个小组反方向跑回起点，直到全部队员跑完后，比赛结束，以结束时间记名次（见图5-3）。

这个项目考查学生的灵活性和耐力，同时需要学生很好地进行团队合作，提前反复练习，最好保证每组学生能力尽量一致。

2. 圆圈仰卧脚传球。以班为单位进行，每人拿一块体操用垫子，摆成一个圆圈坐好。比赛开始后，队长仰卧举腿，夹起一个软排球向后传给后面的同学，形成接力。待球传一圈回到队长时，队长继续仰卧举腿夹球，向相反的方向传，待再次回到队长时完成比赛，以结束时间记名次。如果中途球掉了，需要捡起来，从原地开始重新传球（见图5-4）。

这个项目需要一定的腰腹力量和灵活性，同时需要每个团队成员与前后成员建立默契，且需要提前反复练习。[①]

图5-3　旋风跑示意图

图5-4　圆圈仰卧脚传球示意图

音乐课　音乐本身就是一种合作的艺术，合唱、合奏等都需要彼此配合。教师可以首先培养学生的倾听能力，让学生注意听他人是如何演唱或者演奏的，再指导学生加入进去，与团队形成一致或者互补的旋律。倾听能力的培养对于学生在其他领域的合作能力培养非常重要。同时学生可以在音乐课中学习有时需要适当牺牲自己的独特性，使自己融入团体的步调，成为团队中和谐的一分子。

美术课　正是各种色彩和素材的有机结合，才构成一幅美丽的作品。在一幅画作中，有些色彩是主色，会被突出，而有些则是陪衬，但对于整个画作，每种色彩都是必不可少的，而这和团队合作的道理是一致的。教师可以引导学生在创作的过程中体会各种色彩和素材的结合，思考怎样才能用不同色彩和素材创造出美丽的作品，再指导学生将创造的经验迁移到团队合作中。另外，教师也可以指导学生进行共同创造练习，体验如何共同创造美丽的作品。

---

① 毛振明：《全员运动会·小学部分（第一册）》，1、35页，北京，北京师范大学出版社，2016。引用时有改动。

方法库

共同作画

1. 将学生分为小组。按照小组人数发给对应数量的彩笔，每支笔颜色不同。请每个小学生选择一支笔。再发给每组一张大白纸。

2. 宣布规则。每组要在规定的时间内合作画一幅画，每个人都只能用自己手中颜色的笔，且每个颜色都需要出现在最终的作品上。画的主题可以由老师来规定，如果想要增加难度，可以由小组成员自愿选择。

3. 完成后展示各小组的画作。问问学生："这个过程容易吗？为什么觉得容易/不容易？""你们如何合作完成这幅画？""小组中的每个人都对这幅作品满意吗？对哪里满意/不满意？""自己独立完成画作容易还是和他人一起完成容易？"

目的：这个练习可以有效提升学生的合作能力，帮助学生了解每个人的想法都是不同的，需要学会包容他人不同的意见和做法，才能够与他人建立更深入的关系。

注意事项：这个练习看似简单，实则有一定的难度，能够很真实地表现出学生平时的合作情况。教师可以在小组完成任务时仔细观察，结束后向学生分享自己观察到的小组内互动情况。想要增加难度的话，可以要求学生不说话，通过眼神、动作来传递信息。

变式：另外有一种方式是，小组合作只用一支彩笔画一幅画，要求小组成员轮流每人每次只画一笔。这一笔可长可短，但一旦笔尖离开纸，这一笔就结束，把笔传给下一个成员，轮到下一个成员来画。这个过程需要更高的合作技能，现场也会更激烈有趣。

> **策略5** 运用"捆绑式评价"，在班级管理中激励小组合作，实现小组和个人共荣

传统的班级管理关注学生个体，小组在班级管理中的促进功能没有得到充分发挥，也缺失了帮助学生在小组中培养团队意识的机会。实施"捆绑式评价"，将个体评价与小组整体评价有机结合，能够增强学生"我以小组为荣，小组因我而傲"的积极相互依赖感，保障个体行为与小组表现的统一，以实现小组和个人共荣，培养学生的团队精神。

 **方法库**

赋予学生评价权，增强团体意识

对于中年级学生，可以以班级或小组为单位，组织他们对学校的各项工作进行评价，以增强中年级学生的自主权与集体荣誉感，提高他们从团体的角度看待问题的主动性。

学生评价班级的量表参见表5-4。

表5-4　班级文化建设评价量表　　　评价人：

班级	班级建设主题	教室布局	学生面貌	文化特色	文化讲解员	等级
三（1）	国学	√	√	√	√	
三（2）	做最好的自己	√	√	√	×	
三（3）	乐写乐园	√	√	√	×	
…………						

学生评价教室的量表参见表5-5。

表5-5　教室观摩团评价表　　　评价人：

观摩班级	喜欢的原因	排名
三（1）	干净、不错	
三（2）	墙报好	
三（3）	绿植多	
…………		

学生评价学校：

选取学生代表与相关教师、学校领导围坐圆桌，以座谈的方式对学校工作依次提出自己的想法和建议并进行讨论。对于讨论过程中产生的不同意见，教师和学生可以民主、平等地发表观点，详细记录大家达成一致的意见，为学校日后工作的改进打下良好的基础。

——北京市海淀区中关村第一小学

　　"捆绑式评价"是指以小组为评价对象，把小组中个体的表现纳入小组的考评之中，最终以小组的考评结果来反映个体考评成绩的方法。也就是个人和小组"一荣俱荣，一损俱损"。需要记录每个小组的每个成员的表现，使最终的评价表上同时展示每个学生和整个小组的情况，避免出现"滥竽充数"的"南郭先生"。

　　同时，将评价主体由教师转换为学生，通过组内互评、组间互评等方式，增强学生合作的积极性。尤其要注重学生的个人反思，帮助学生思考：我为小组做了什么？同组的伙伴为小组做了什么？我们整个小组取得了什么样的成绩？自己未来还能在哪些方面做得更好？

🎓 知识库

营造合作性的班级氛围

　　您班级中的学生有没有争强好胜一定要赢的？有没有常常低着头，不敢尝试新事物、怕错怕不会的？相信一定会有。现代社会无时无处不在的竞争带来了发展，新产品、新技术层出不穷；但同时它也带给我们每个人压力，让我们时刻担心在竞争中成为落后者。学生的成长中也过早面临着各种各样的竞争，而少了很多无忧无虑的快乐。

　　竞争性活动中学生很容易把目标放在赢过别人上。赢了的人通常是能力较强的，他们非常享受活动的过程，也能够得到教师和班级更好地接纳。而输了的人垂头丧气，时间久了慢慢被边缘化，他们不愿再积极参与，慢慢地，也不愿与人交往。同时竞争性活动经常造成学生之间的矛盾，彼此赌气不说话或者导致攻击性言语和行为。

　　日常工作中很多竞争是我们无法避免的，如各项评比、排名、比赛等。在教师和班主任能够做主的部分，可以多用非竞争性活动，鼓励学生自己与自己比，试着打破自己的最好成绩，同样可以调动学生的参与积极性，让学生从中获得成就感。非竞争性活动能够打造班级安全、自在的学习成长氛围，鼓励学生在彼此包容互动中成长。

　　随着年龄的增长，高年级学生需要面对的竞争会越来越多。学生内心有更多能量时，也会更好地应对。

第六章

人际关系指导

第一节　提升学生的同伴关系

绰号引发的冲突

现在的学生大都在家中过着众星捧月的生活，四个老人和父母总是围在身边，对学生的衣食住行照顾得面面俱到。然而，他们在学校里并非事事如意，同学不会像长辈那样让着自己，因此经常会出现小摩擦。

有一次，学生告诉我宸赫和欣朋在教室里打起来了，我立刻赶过去，问他俩为什么打架。宸赫哭着说："欣朋欺负人，跟别人说我是'小四眼'，还把我的作业藏起来了。"欣朋却一脸不在乎地说："本来就是近视，四只眼嘛！谁藏你作业了，明明是你把作业放我桌子上了，还先动手打我。"

班里经常出现这类打打闹闹的现象，无非就是谁给谁起了外号，谁抢了谁的东西。怎样才能帮助学生与同伴友好相处呢？

随着年级的增长，学生会逐渐从家庭走入社会。在这个过程中，同伴对于学生的影响逐渐增加。良好的同伴关系有利于学生融入集体和社会，为他们日后的发展打下重要基础。中年级教师要重视学生同伴关系的培养，将其作为中年级学生的教育重点。

成长规律

规律1　良好的同伴关系有利于学生认识自我和促进社交技能的发展，为学生提供社会支持

学生与同伴交往的经历对其身心发展具有重要的不可替代的作用。缺少朋友比成绩差甚至更严重。

良好的同伴关系有利于学生认识自我　由于同伴交往的平等性，同伴的反馈更客观，学生更容易接受。学生在同伴交往中能更清晰地认识自己，了解自己的优缺点，促进人格的健康发展。

良好的同伴关系有利于促进学生社交技能的发展　同伴圈子是一个小型的社交网

络，学生必须应对相互协商、妥协、处理不良情绪等情境。这是学生学习如何与人交往的重要练习场所。研究发现，没有同伴的学生换位思考能力的发展明显落后于经常与同伴交往的学生。

良好的同伴关系能为学生提供社会支持　良好的同伴关系能让学生拥有安全感、归属感，获得情感和社会支持。拥有同伴圈子，就表明学生被接纳，被认为有价值，这对学生来说是很重要的。由于学生更可能与跟自己相似的同学成为朋友，那么学生与朋友更可能面对相似的生活、学习、心理问题。向同伴诉说、分享喜怒哀乐等能让学生获得精神上的支持。随着学生逐渐成长，朋友的重要性会逐渐增加，甚至超过父母和教师对于学生的影响。

规律2　中年级学生与同伴相处的需求和相处的时间逐渐增加，易结成小团体

进入小学阶段，学生与同伴玩耍的时间逐渐增加，同伴的地位越来越突出。有研究表明，7~11岁的学生与同伴一起玩耍的时间占全部时间的40%。[1]家长也会发现，孩子经常提到朋友的名字，放学时与朋友依依不舍。

学前儿童交友规则相对简单，能一起玩就是朋友，朋友不太固定。而小学生选择朋友的规则越来越"挑剔"，年级越高，对朋友的选择越挑剔，更喜欢与跟自己相似的人成为朋友。

中年级学生的同伴交往经常以小团体的形式出现，如三五成群，彼此亲密无间，形影不离，分享零食、秘密，分担彼此的喜怒哀乐。小团体的形成是学生人际交往能力提升的体现，但多人一起交往时，每个人会有不同的想法和个性特点，容易出现矛盾冲突。小团体的交往形式对学生的人际交往能力提出了更高的要求。

规律3　中年级学生已经初步明白友情的真正含义，懂得相互提供支持和力量

著名心理学家塞尔曼（Selman）提出儿童的友谊发展可以分为五个阶段。

---

[1] 边玉芳：《读懂孩子——心理学家实用教子宝典（6~12岁）》，172页，北京，北京师范大学出版社，2014。

◎ 第一阶段（3～7岁）：儿童脑中还没有友谊的概念，对他们来说，朋友就是暂时的玩伴。

◎ 第二阶段（4～9岁）：单向帮助。儿童要求朋友能够服从自己的愿望和要求，如果顺从自己就是朋友，否则就不是朋友。例如，儿童觉得能玩在一起便是朋友。

◎ 第三阶段（6～12岁）：双向帮助。儿童对友谊的相互性有一定的了解，但仍具有明显的功利性特点，不能共患难。例如，儿童懂得帮助有需要的朋友，但这个立场有时会动摇。

◎ 第四阶段（9～15岁）：亲密共享。儿童认为朋友之间可以相互分享，朋友相互之间应保持信任和忠诚，甘苦与共。

◎ 第五阶段（12岁以上）：自发地相互依赖。双方能相互提供心理支持和精神力量，相互了解自己的特征，包括优缺点。

每个年龄段的时间是部分重合的，中年级学生处在单向帮助向双向帮助过渡的关键时期。在这期间，学生开始思考到底什么是朋友，朋友可以为自己的生活带来什么，而为了获得良好的同伴关系，自己又需要付出什么。

这段时间需要教师在同伴关系方面多加引导，让学生学会建立积极的同伴关系，为高年级进入青春期做良好的准备。

 **知识库**

儿童朋友数目的变化

费林和刘易斯（Feiring & Lewis）在1989年对3～9岁儿童社交网络的研究显示：3岁儿童平均有22个朋友，9岁左右的儿童则会有39个。随着年龄增大，儿童与同伴的日常生活互动程度有稳定增加的趋势。

通常在4岁左右，儿童会有至少一个被他们称为"最好的朋友"的同伴。6岁时，儿童"最好的朋友"会增加到5～6个。到9岁时，被儿童称为"最好的朋友"的数量增加到9～10个。[①]

① ［美］Phil Erwin：《成长的秘密——儿童到青少年期的友谊发展》，黄牧仁译，4～5页，南京，江苏教育出版社，2010。引用时有改动。

> **规律4**　具有积极、快乐、喜欢合作和分享特点的学生更受同伴欢迎，而被拒绝的学生则容易出现情绪、社会适应不良等问题

在班级中可以很容易发现，不同特点的学生被同伴接纳的程度不同。根据学生被接纳的程度，具体可以分为以下五类。

◎ 受欢迎的学生：那些在同伴中很受欢迎，只有很少人不喜欢他们的学生。

◎ 被拒绝的学生：那些被很多人不喜欢，只有很少人喜欢的学生。

◎ 有争议的学生：那些被很多人喜欢，也被很多人不喜欢的学生。

◎ 被忽视的学生：那些喜欢和不喜欢他们的人都比较少的学生。

◎ 一般学生：那些喜欢和不喜欢他们的人数都处于中等水平的学生。

这其中特质最突出的有三种：受欢迎的学生、被拒绝的学生和被忽视的学生。

◎ 具有外向的性格、友好的举止、良好的社交技能的学生更容易受到大家的欢迎和接纳。

◎ 被拒绝的学生常常做出一些不恰当的行为，他们更容易出现社会适应不良、心理失调、学习成绩不佳以及孤独、焦虑等各种问题行为。

◎ 被忽视的学生比较容易退缩，不愿表现自我，社交主动性低。

三类学生的行为特征见表6-1。

表6-1　受欢迎、被拒绝、被忽视学生的行为特征

序号	受欢迎的学生	被拒绝的学生	被忽视的学生
1	积极、快乐的性情	破坏行为多	害羞
2	外表吸引人	好争论	攻击少，躲避对他人的攻击
3	与很多人保持双向联系	极度活跃	破坏行为少
4	懂得与他人合作	说话过多	不敢表现自我
5	愿意分享	反复试图接近他人	经常单独活动
6	能坚持与他人交往	较少与人合作，不愿分享	较少与别人进行深入交往，更多地"藏"在人群中
7	具有领导力	偏好单独活动	
8	攻击性低	不恰当的行为多（如不遵守游戏规则）	

> **规律5**　同伴交往意愿和同伴交往技能是学生同伴关系水平的两个影响因素，其中被忽视的学生通常缺乏同伴交往意愿，被拒绝的学生通常缺乏同伴交往技能

中年级学生的同伴关系水平主要受两个因素影响，其一是同伴交往意愿，其二是同伴交往技能。

同伴交往意愿　是指学生主动积极与他人进行交往的意识，即喜欢与人交往，愿意和同伴在一起交流、玩耍，能够主动发起同伴交往行为或者加入到同伴的游戏、聊天等活动中，有稳定的交往对象。良好的同伴交往意愿是学生主动进行同伴交往行为的前提，是良好同伴关系建立的基础。大部分中年级学生热爱交往，有很强的同伴交往意愿，但相当数量的被忽视的学生更愿意大部分时间单独行动，很少主动发起交往行为，欠缺良好的同伴交往意愿。

同伴交往技能　是指学生具有一定的同伴交往技巧，能够友好地维持同伴关系，关心、尊重他人，遵守人际交往中的规则，与同伴发生冲突时，能够积极妥善解决。在积极的同伴交往意愿基础上，同伴交往技能是学生建立良好同伴关系的关键，也是教师对学生进行同伴关系培养的重点。在同伴交往中，被拒绝的学生大多就是缺乏同伴交往技能的人，他们常常会不遵守游戏规则，与同伴相处时过度活跃，经常出现暴力性、破坏性的行为，进而引起了同伴的反感，最终被大部分同伴排斥。

育人策略

> **策略1**　通过友谊大讨论、情景模拟、案例分析、绘制绘本等活动，帮助学生理解友谊的内涵，建立恰当的交友观念

中年级学生对于友谊的认识正处在从单向帮助到双向帮助的过渡阶段，通过多种形式的活动，帮助学生调整关于友谊的认识、建立恰当的交友观念是非常必要的。

友谊大讨论　针对中年级学生思维能力逐渐增强的特点，教师可以用小组讨论的方式将学生分组，让学生在小组中讨论什么是友谊，一个人需要具有哪些特质才能够成为自己的朋友。请小组整合讨论的内容，在全班分享，教师在学生讨论的基础上对"什么是友谊""什么样的人可以成为朋友"进行总结。

情景模拟　教师选择一些建立与维持友谊过程中学生经常遇到的困惑，编成小故事讲出来或者请学生演出来，让他们探讨这样的友谊是否恰当。例如，针对帮助朋友与满足自身需要冲突的时候怎么办，教师可以讲一个这样的小故事：小明明天要参加朗诵比赛，想要早点回家练习讲稿。他最好的朋友小欣没考好，心情很差，想要他陪自己聊聊天。小明该如何做呢？又如，针对朋友做错事想让自己帮助隐瞒时该怎么办，教师可以讲一个这样的小故事：小刚的好朋友小玲不小心把老师的书撞到了水盆里，小刚看见了。上课时，老师问是谁把她的书弄湿了，小玲冲着小刚使了个眼色，叫他不要说出去。小刚该怎么做呢？

案例分析　和学生一起读一些朋友主题的名人名言、文学作品，欣赏朋友主题的歌曲、动画或者电影片段，在经典的文学及影视音乐等视听感知的基础上和学生探讨什么是友谊。例如，2017年上映的电影《奇迹男孩》，讲述了一个有面部缺陷的男孩奥吉在家人的呵护下进入校园的故事。他很希望和同学做朋友，虽然困难重重，但他最终顺利适应校园生活，也交到了朋友。教师可以和学生探讨为什么同学们不愿意和奥吉做朋友，奥吉最后是凭借什么样的特质交到了朋友，进而联系生活，问问学生喜欢和什么样的人做朋友，如何与跟自己不一样的人成为朋友。

绘制绘本　在集体阅读绘本《朋友》的基础上，请学生以"朋友"为题，绘制一本属于自己的绘本，讲一讲自己对于朋友的理解、和朋友之间发生的故事等。之后，在班级中进行自创绘本的交流展示，使学生通过绘制和交流，加深对于朋友和友谊的理解。

> **策略2**　为学生创造交往机会，营造鼓励交往的氛围，增强学生的同伴交往意愿

现代科技的发展和新媒体时代的到来，使很多学生从小是伴随着各种电子玩具、手机、iPad成长的，缺少在真实世界中和同龄人玩耍的氛围和机会，一些学生封闭自己，不愿主动和同伴交往。教师和学校应努力营造崇尚友谊、充满关爱的学校和班级氛围，为学生创造充分的交往机会，增强学生的同伴交往意愿。

创造交往机会　积极组织群体性的游戏、活动、小组学习等，为学生创造相互交往的机会。以班级或小组为单位，设置多种为同学、为集体、为社会服务的岗位，如课代表、中队委、网络管理员等。应鼓励所有学生参与，尤其是原本不热爱交往的学生，让他们在为他人服务的过程中增加与同学交往的机会，增强学生的同伴交往意愿。

🎓 **知识库**

有助于提升学生交往意愿的小游戏

1. 我的袋子。适合学生初到一个班级或者开学初进行，促进学生相互认识和深入了解。

（1）发给每名学生一个小袋子（也可以是一个大信封）。

（2）请学生将袋子带回家，找3样能够代表自己的物品，带到学校来。选择的物品可以是自己喜欢的东西，能够象征自己兴趣爱好的，或者与自己做过的一件趣事有关的。物品大小要适合放入袋子。（如果太大或者不方便带的，可以拍成照片打印出来。）

（3）请学生用这个袋子中的物品向全体同学介绍自己。

注意：教师也可以直接在课堂上准备一系列小物品，分到每个小组，让学生在其中选择能够代表自己的进行自我介绍。如果学生之间已经相互熟悉，就增加难度，让学生用物品向大家介绍自己不为人知的一些特质或者趣事。

2. 咯咯笑。简单的游戏，使学生体验与人交往的快乐，促进学生之间的关系，释放学校生活中的压力，营造积极的班级氛围，同时锻炼学生的表达能力。

（1）讲解规则。学生两人一组，面对面站好，之间有一臂距离。一名学生先开始，要在不触碰另外一人的前提下，通过动作、语言、表情等，逗对方笑。

（2）每组第一个人开始逗笑，等待大部分学生都已经被逗笑时喊停。可以请一两名很快就逗笑对方或者让对方笑得很厉害的学生分享一下自己的经验，或者上台演示。

（3）交换角色重复第二步，请每组第二个人开始逗笑。

（4）教师提问："刚才这个游戏中逗笑对方容易吗？你都用了哪些方法？生活中你还有哪些逗笑别人的方法？"

注意：不触碰前提的设定，能够帮助学生学着控制自己的肢体动作，减少交往中常见的肢体冲突。

营造鼓励交往的氛围　学校可在校园宣传栏、教室黑板报等开辟专区，在广播站、校报等设立专栏，在国旗下讲话、演讲比赛等情境下，宣传同伴交往的重要性，帮助学生体会同伴交往带来的快乐，从而激发和增强学生同伴交往的意愿。例如，组织友爱叙事，鼓励学生分享自己主动与同伴交往、积极建立友谊的故事，通过日记、周记、作文等形式记录下来，并在班级中进行宣传展示，使学生耳濡目染，感受友爱的力量。

策略3　通过提升情绪识别能力、与他人产生情感共鸣、站在同伴的立场上考虑问题等策略，培养中年级学生的移情能力，改变学生以自我为中心的人际交往观念，提升同伴交往技巧

在与同伴交往的过程中，应培养学生的移情能力，改变以自我为中心的交往观念，使学生能够站在对方的角度考虑问题，帮助学生更好地理解他人的情感反应。这样更容易赢得同伴的尊重和关爱，提升学生的同伴交往技巧。

提升情绪识别能力　教师首先要在日常生活中引导学生注意和观察他人的情绪反应，帮助学生正确识别自己和他人的情绪状态，并能够用语言将情绪详细表述出来。例如，当学生上课违反纪律被批评之后，可以分享自己现在觉得十分难为情，甚至想找个地缝钻进去，而不是单纯地说心里不舒服。

与他人产生情感共鸣　当学生具有一定的情绪识别能力后，教师要引导学生对他人的情感产生共鸣，这是移情能力的关键。通常，引起学生情感共鸣的途径如下。

◎ 情绪追忆，即教师将学生过去生活经历中亲身体验过的情绪用语言表述出来，令学生回忆起自己当时的情绪，并与特定情境相关联，想象出他人此时的感受，从而产生情感共鸣。

◎ 情感换位，即让学生由近及远（如父母—长辈—邻居—陌生人等）扮演他人的角色，去体验不同的情绪反应，从而使他们以某种角色进入情感共鸣状态。

站在同伴的立场上考虑问题　教师要改变学生以自我为中心的人际交往观念，引导学生能够站在同伴的立场上考虑问题，尊重同伴的感受，在与同伴沟通交流时，能够接纳与自己不同的观点，取长补短。

◎ 引导学生在与同伴发生人际冲突时，能够运用克制、宽容、注意力转移等方法对自己的情绪加以调控，及时进行自我反省和自我批评，避免与同伴的冲突愈演愈烈。

◎ 指导学生与同伴讨论问题、陈述看法时，要耐心倾听，不要中途打断对方发言，如需对同伴的观点进行反驳，态度要谦逊，讲究用委婉的方式，不要令同伴难堪，给对方留有足够的尊严。

策略4　通过绘本阅读，帮助学生思考友谊的含义，学习同伴交往技能

绘本是一种图文结合的儿童文学形式，能够很好地引发中年级学生的阅读兴趣，使

学生通过对书中角色和情节的认同，接纳书中内容所传达的信息，发展出相应的心理品质。

用绘本培养同伴关系时，教师首先要抓住绘本故事中的角色，带领学生进行互换体验游戏，与学生谈谈友谊的含义和价值，帮助学生从绘本中找到方法，提升自身的人际交往技能。同时，教师需要抓住绘本多元化的情节，设置恰当的问题，引发学生思考。

成功的绘本阅读教学需要注重阅读绘本后的讨论交流。中年级的学生对于故事中的角色行为已经能够进行正确的判断，教师要注重引导学生在同伴和自己身上找到与故事中角色类似的行为表现，正确地开展自我评价和同伴互评，在自我认识层面升华。

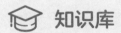 **知识库**

适合培养同伴关系的绘本

1.《朋友》：这个绘本全面阐释了朋友是什么、朋友对于生命的意义，给学生丰富的空间探索自己对于朋友的理解。

2.《佩顿的理想宠物》：心理学经典理论"爱的五种语言"对应绘本，帮助学生了解自己和他人表达与接受关爱的独特方式。

3.《同桌的阿达》：展示不受欢迎的交往行为给他人带来的消极影响，可作为引子引领学生讨论什么样的行为是受欢迎的。

4.《怎么才能让每个人都开心》：通过一个小男孩努力让家里每个人都开心的故事，说明每个人都可以找到让自己和朋友都开心的相处方式。

5.《彩虹色的花》：彩虹色的花用自己的花瓣帮助别人，得到了他人的认可。可以进一步引发学生讨论，如何帮助别人快乐并双赢，而不是牺牲、委屈自己。

6.《哎呀，河里好危险》：狮子和猩猩因为互相竞争，差点都被淹死，合作后逃离了危险，彼此关系也更加融洽。引领学生发现合作的意义。

7.《真正的朋友》：吵架甚至打架是学生交往中常见的现象，尤其对于自控能力和语言表达能力发展较慢的男生来说。这个绘本生动地展示了一个冲突发生和解决的过程，让学生发现在冲突时冷静处理是非常重要的。

8.《大熊有一个小麻烦》：大熊先生有一个很小的麻烦，然而伙伴们都急于从自己的立场来"帮助"他，越帮越乱，这在仍然习惯于从自我出发的学生中很常见。帮助学生了解只有从别人的视角出发，才能真正理解对方的需要，化解矛盾和冲突。

9.《桥》：大熊和巨人迎面走上独木桥，他们都想快速过去而不愿退让，气氛很紧张，最终他们想到了一个很棒的方法，很快通过了桥，两个人也都非常开心。帮助学生体会如何在遇到冲突时积极找到解决方法。

例如，让学生阅读《彩虹色的花》，故事内容是一朵有七种颜色的花，把自己的一片花瓣送给蚂蚁做船过河，一片花瓣送给蜥蜴做披肩以参加宴会，一片花瓣送给老鼠做扇子以降低温度……最终自己一片花瓣都没有了。教师可以跟学生一起讨论："你认同彩虹色的花这样关心别人的行为吗？""你觉得它吃亏了吗？"

策略5 教师和家长给学生树立良好的榜样形象，在潜移默化中引导学生改善同伴关系

榜样作为学生行动的楷模，对学生的行为表现有着巨大的影响。给学生树立学习的榜样，对于培养学生的人际交往能力有重要意义。

教师应以身作则，通过自己的一言一行感染学生。当教师在学校中表现为尊重与关心每一个学生、积极与学生交流、民主平等地与学生相处时，学生也会主动模仿教师的行为，树立积极的同伴交往意愿并运用教师教授的同伴交往技巧。

家庭是培养学生同伴关系的重要场所。教师可以与家长沟通，帮助家长认识到同伴交往的积极意义。鼓励家长和学生一起参与社交活动，使学生在潜移默化中学习家长的人际交往技巧。引导家长平时为学生留出同伴交往的时间，鼓励学生主动与同伴交往，多安排学生和同龄的小伙伴见面，为学生创造与同伴一起交流、玩耍的机会，避免对学生的朋友评头论足。当学生与同伴发生矛盾时，鼓励学生积极寻找解决方案，避免采用暴力的解决方式。

第二节　建立良好的师生关系

② 教师的困惑

学生不听老师的话了吗

升入四年级后，我发现学生们似乎不像以前那么"听话"了。班里有几个男生特别调皮，在学校里不仅捉弄同学，有时候甚至连老师都被他们捉弄一番，教师的权威性在他们眼里仿佛不值一提，着实令我头疼。

有一次，在数学课上，我让晓明站起来回答一道计算题，晓明却一脸不耐烦的样子，小声嘟囔着："算什么算呀，以后都用计算机算了。"周围几个同学听到后都捂着嘴偷偷地笑，我一下子就恼火起来。

还有一次，在午休的时候，我刚走到教室门口，就听见班级里此起彼伏的哄笑声，走近一看，浩然竟然正在讲台上模仿语文老师讲课！语文老师说话时常带些口头语，被浩然模仿得惟妙惟肖，惹得同学们哈哈大笑……

怎么一个暑假回来，班里的学生就从一群很听话的小朋友变成调皮鬼了呢？我该怎样做才能在他们面前重新树立教师的威信，维持以往和谐的师生关系呢？

中年级学生自我意识逐渐增强，他们对教师的认知从盲目崇拜逐渐开始具有一定的客观性与批判性。他们更加重视教师如何看待自己，对自己采取什么态度。教师对学生的看法和态度会通过表情、语言和行为等方式对学生施以影响，而学生也能够感受到教师的看法和态度，从而影响学生对于教师的看法和态度。如何构建一种理想的、和谐的师生关系，是个值得深思的问题。

成长规律

规律1　师生关系对学生的学习、人际交往、心理健康等方面的发展都有重要的影响

在小学阶段，教师是学生成长中的重要他人。师生关系对于学生的健康成长有着重要的影响。

师生关系会影响学生学习的积极性及学习习惯的建立，良好的师生关系有利于学生在学习方面的发展。与教师经常互动的学生往往能够更好地适应学校生活，学习成绩较好，而与教师缺乏互动的学生可能对学校缺乏满意度，导致成绩不佳。

与教师关系良好的学生往往认为自己比较招人喜欢，对自己的评价更高，具有更强的自信，在同学中也更受欢迎，从而人际交往能力比较强，与同伴相处关系融洽。

良好的师生关系还有助于学生保持心理健康。与教师维持良好的关系，能够使学生感受到教师的支持和关心，减少由教师带来的压力。同时，学生可向教师寻求帮助，解决情绪问题，消极情绪更少，问题行为也更少。

不良师生关系对学生的消极影响也表现在众多方面，可能导致学生对学习产生厌恶情绪，与教师和同学的关系疏远，甚至表现出问题行为，如打架、辍学等。

规律2 良好的师生关系有利于师生双方互相激励，帮助教师体验到职业幸福感

教师的职业幸福感是教师职业生活的重要内容，是教师在教育生涯中积极创造和利用幸福资源，实现自己职业理想和人生价值的过程。而建立良好的师生关系有利于师生双方互相激励，帮助教师提升职业幸福感。

学生作为教师工作的主要对象，他们对教师的真挚感情是教师职业幸福感的重要来源。学生会因为喜欢某位教师而对某学科产生兴趣，从而在学习过程中表现出更高的热情、更多的付出、更浓厚的兴趣、更主动的精神、更积极的态度、更坚韧的毅力、更强大的克服困难的勇气和决心。这可以使教师将其视为自己教育的成功，从中感受到做教师的幸福。

良好的师生关系有利于学生的发展，而对教师来说，学生的成长恰恰体现了自己的职业价值，使教育活动成为一种不断超越自我、最终达到自我实现的过程，从而帮助教师在学生发展的过程中获得快乐，体验到职业幸福感。

规律3 中年级学生更加客观地认识和评价教师，更加渴望教师尊重自己、平等地对待自己

中年级学生的社会认知能力不断提高，他们对教师的认知也更具有批判性，开始客观评价教师的行为。一方面，他们渴望与教师有亲密的情感交流，对教师有积极的反

应；另一方面，他们有可能对教师产生反抗的心理，表现出一定的冲突性。

受信息化时代的影响，与低年级相比，中年级学生的思想观念和行为方式更加独立、民主，更加渴望得到教师的尊重和平等的对待，期望自己与教师在人格上是平等的关系。

当学生感受到教师对他们人格的尊重、感受到师生平等时，就易于把课堂当作自己学习活动和发挥聪明才智的场所，也易于师生间的互动交流，促使学生产生学习的积极性和主动性，提升课堂教学效果。

规律4　社会快速发展的背景下，新时代师生关系面临三大挑战

2019年的教师节上映了一部电影《零零后》，引起了社会大众对新时代教育的关注。当前大部分的教师是"70后""80后"和"90后"，而所教的小学生则是"00后"甚至"10后"。在社会飞速变化的新时代，学生的想法和特点早就发生了巨大的变化，在这背后也让传统的师生关系面临三大挑战。[①]

知识获取"多元化"，撼动教师权威　现代科学技术的迅猛发展带来了师生关系的转型，互联网以其"洪荒之力"，前所未有地改变着教育生态，也撼动着教师知识权威的地位。北京十一学校校长李希贵说："当学生学会使用网络，他就有了一位全科老师。"互联网时代，学生不再迷信老师，不再认为学习必须在学校、在教室、在45分钟内发生，随机的、各种碎片化的时间都可以找到最好的老师，获取知识。[②]北京市海淀区的一位教师也表达了类似的感受："00后"不仅有想法，而且有勇气表达自己的观点，教师如果准备不充分或说得不对，很容易遭到学生的质疑。[③]

"权力"越来越小，责任越来越大　东北师范大学附属小学校长于伟表示，以前教师的地位更接近"父母"，家长会赋予教师很多"权力"，甚至让教师"该打就打，该骂就骂"，然而，现如今教师的"权力"被严格规范和限制，常常不得不"小心翼翼"。[④]有位匿名的教师表达了这样的观点："现在的学生不像以前那么听话，越来越不好管了。以前你无论布置学生做什么，他们都会一声不吭地去完成，做得不好，批评几句，他们也不会反驳。现在不同了，首先他可能会跟你争辩应不应该做，不得不去做时，可能给你甩脸子，嘴里嘟嘟囔囔，你要再批评他做得不好，那可能更是一场扯皮，甚至可能发生冲突。"[⑤]

[①②③④⑤] 张漫子、艾福梅、吴振东等：《教师"权威"受到挑战，学生越来越不好管：如何构建新型师生关系》，载《新校长》，2018（2）。

师德事件带来污名化后果 极个别教师的不良行为产生了极大的舆论反响，使得整个教师群体名誉受损，甚至被污名化。上海社科院一项对3 000名小学生家长的调查显示，7.4%的家长对师德有负面评价。[①]《现代教育报》一份针对20 000余名网友的调查显示，高达31.6%的网友认为当前师德水平出现了下滑。[②]这个变化让学生、家长与教师之间筑起一道可怕的墙，使得师生之间失去信任感和亲密性。

> **规律5** 情绪具有传染作用，具有积极情绪的教师更容易与学生建立良好的关系

情绪具有传染作用，当教师有某种情绪表达方式时，学生也容易和教师有相同的情绪表达方式。教师具有良好的情绪管理能力，更易于与学生建立良好的师生关系。

当教师保持心情愉悦、以微笑的姿态面对学生时，教室中的气氛通常也较为宽松，不会过于紧张，进而能感染学生的心情，使其也变得轻松、愉悦，激发学生的学习兴趣，为师生间的互动与情感交流奠定良好的基础。

当教师怀着焦虑、愤怒等负面情绪，经常板着脸面对学生时，容易使课堂气氛比较压抑，学生的心情也变得低落，对教师望而生畏，从而降低学生的学习兴趣和学习效果，导致学生对教师产生厌恶情绪，师生关系逐渐淡化。

因此，教师的情绪调节能力十分重要。能够调控自己情绪的教师，能够通过感染学生的情绪，游刃有余地处理与学生的关系，并在与学生和谐相处的过程中提升自己的职业幸福感。

> **规律6** 教师的学生观对师生关系具有重要的影响，教师要全面、多角度地看待学生，客观、正确地认识学生的发展性、差异性和独立性

学生观是指教师对于学生本质、特征、成长发展过程等方面的基本看法。不同的学生观会产生不同的师生关系。

学生是有思想、有情感、有思维、有独立的人格的，教师的言谈举止要为人师表、

---

① ② 张漫子、艾福梅、吴振东等：《教师"权威"受到挑战，学生越来越不好管：如何构建新型师生关系》，载《新校长》，2018（2）。

堪为表率，体现出对学生的热爱和尊重，才能建立良好、和谐的师生关系。

如果教师认为学生是被动的接受者，通常会依靠权威打压学生，以此提升自己的威信，从而很难形成平等、友好的师生关系。如果教师认为学生是课堂活动的主动参与者，师生间是平等、合作的关系，就容易赢得学生的信任，建立良好的师生关系。

教师要全面、多角度地看待学生，客观、正确地认识学生的发展性、差异性和独立性，以建立良好的师生关系。

◎ 发展性。学生发展尚不成熟，他们的身心特征尚处于发展变化之中。当教师认识到学生发展的不成熟性，方能给学生提供更宽松的发展环境和更多的自由发展空间，接纳学生的行为，重视学生的独立判断。

◎ 差异性。尊重学生的独特性和培养具有独特个性的人应成为教师对待学生的基本态度。独特性也意味着差异性，差异不仅是教育的基础，也是学生发展的前提。教育不需要使每个学生发展得完全一样，应使每个学生在原有基础上都得到完全、自由的发展。教师不仅要认识到学生的差异，更要尊重学生的个体差异。

◎ 独立性。学生是具有主体性的人，这种主体性具体包括独立性、选择性、调控性、创造性、自我意识性。将个人意志强加于学生身上的行为很可能导致学生的反抗或叛逆，教师要想使学生接受自己的教导，首先要把学生当作具有独立性的人来平等对待，尊重学生的主体性。

育人策略

策略1　教师要尊重并平等对待每一个学生，营造民主、自由的课堂氛围，成为与学生平等的教学主体

课堂上，师生之间不存在关系上的尊与卑、主与次，每一个学生与教师、同学或其他任何人一样，在人格上都是独立的，有着自己丰富的内心世界和独特的情感表达方式。

教师要转变教学观念，尊重每一名学生，对学生一视同仁，不能偏向任何一名学生。无论学习成绩优劣，每个学生都是班级的一分子，对班级事务有同样的发言权。

课堂上，教师要尽可能淡化自身的权威，充分尊重学生的意见，摈弃传统的一切以教师为中心的"教师问、学生答"的教学观念，鼓励学生大胆质疑，为学生营造民主、自由的提问环境，让学生在课堂上能够"自由地呼吸"，敢想、敢说、敢做，充分发表自己的见解。

教师要努力建立平等、和谐的师生关系，使学生觉得教师和蔼可亲，愿意接近教师，敢于将自己的秘密、烦恼等倾诉给教师，将教师视为平等的教学主体。例如，教师可以让学生把自己内心想说却又不敢直接对教师说的话写在一张纸上，随作业一起交给教师，教师看到后认真给予反馈，从而使学生意识到教师十分尊重自己，乐于向教师表达自己的真实意见和想法。

策略2　关注学生差异，重视学生的全面发展，合理地评价学生，鼓励学生不断超越自己

关注学生差异　每个学生都是独一无二的，个体差异是客观存在的。教师要尊重学生的差异性，不能在管理时整齐划一，而应尝试对不同学习水平的学生实施分层教学。

◎ 课堂提问时，向不同层次的学生提出难易程度不同的问题；课堂练习时，不同层次的学生可以完成不同数量和难度的题目。

◎ 对不同类型学生的教学目标应有所差异。对学习成绩好的学生提供更多展示机会，鼓励他们超越自我，挑战更高难度的学习任务。对学习成绩暂时落后的学生注重使他们掌握有效的学习方法，提高解题能力，帮助他们树立学习的自信心，保护他们的学习热情。

◎ 学生获取信息的方式各不相同，有的善于利用听觉，有的依赖视觉，有的需要动手操作来获得。教师要鼓励学生采取自己擅长的方式进行学习，不必强求统一。

合理地评价学生　学生是不断发展的个体，教师看待学生的眼光不能一成不变，应制定科学、合理的学生评价方式，重视学生的全面发展，不能仅仅依靠学习成绩片面地评价看待学生。

鼓励学生不断超越自己　教师要尽量避免使用横向比较的评价方式，鼓励学生在纵向上不断超越自己，并及时对学生的行为进行反馈。对于学生的进步要给予鼓励，让学生感受到教师对自己的关注和欣赏；对于学生的失误要给予安慰，使学生找出问题并再次尝试。

策略3　师生间的沟通是一门艺术，沟通时教师要学会倾听、不拘形式、选择恰当的时间和地点

苏霍姆林斯基说过："如果学生不愿意把自己的欢乐和痛楚告诉老师，不愿意与老师坦诚相见，那么谈论任何教育总归都是可笑的，任何教育都是不可能有的。"师生间的沟通是一门艺术，教师懂得如何与学生有效沟通，才能建立相互尊重和理解的师生关系。

学会倾听　教师与学生进行沟通的过程中，首先要学会倾听，耐心地、认真地听学生诉说，不打断、不插话，鼓励学生表达自己真实的想法，善于捕捉交谈时的有效信息，从而给学生提供切合实际的指导。

不拘形式　沟通时教师语气要平和，对学生充满爱与关怀，善于发现学生的闪光点并及时表扬、鼓励学生。沟通并不拘于形式，除了言语，一个眼神、一个微笑、一句问候、一席关心都可以作为交流的内容。

选择恰当的时间和地点　教师尽量选择学生心情好的时间找学生谈心，使学生更容易说出自己的心里话。沟通的场合不局限于办公室，操场、放学路上或心理小屋都可以作为谈话的地点，使学生能够轻松地与教师交换意见。

 方法库

四种促进沟通的方式

1. 叫学生的名字。与学生交流时，正确称呼他们的名字，尤其是当老师想要学生做什么事或者具有某种行为时。称呼名字传递给学生的是"我在乎你是谁"。

2. 说"请"字。"请"表达了教养和礼貌，当老师对学生说"请"时，传递的意思是："作为一个人，我尊重你和你的善良与价值。"

3. "我真的很感激你的帮忙，谢谢你。""谢谢你"是对学生很友善的一种表达方式，意味着对他们为你所做的一切表示感激。

4. 微笑，恰似锦上添花。让前三个词取得更大效果的是诚挚的微笑。微笑可以营造积极氛围，平息愤怒。笑容不需要刻意，一个轻微的、善意的微笑就可以了，教师可以对着镜子进行练习。

例如，看到学生小雨上课做小动作时，教师可以走到小雨跟前，面带微笑（注意要克制自己的不满而面带善意的微笑），待小雨对自己的微笑有反馈（通常小雨也会回报微笑）时，稍作停顿，说："小雨（稍作停顿），请你停止做小动作（稍作停顿），谢谢！"说这句话的时候，请面带微笑，语气平静而有力，使用停顿能够增强语言的力量。[①]

①［美］黄绍裘、黄露丝玛丽：《如何成为高效能教师》，美国伊仑奈克斯翻译公司译，72～78页，北京，中国青年出版社，2011。引用时有改动。

策略4　恰当地对学生进行批评教育，公平公正地处理问题，保护学生逐渐增强的自尊心

教师在批评学生时，应选择较为温和委婉的方式，以柔克刚，既让学生意识到自己的错误，又不能伤害学生的自尊心，避免他们产生"老师不喜欢我、故意刁难我"的想法，从而对教师产生抵触心理。

对学生的批评要对事不对人。避免对学生的人格、智力等进行批评，说一些人身攻击的话。针对具体的事情或行为，解释清楚批评的原因，并让学生明白如何改正、怎样做才是正确的，使批评确实达到教育学生、纠正不良行为的目的。

教师在批评学生的过程中，应就事论事，一视同仁，不偏袒或包庇，避免学生产生不公平感。

◎ 对学生的批评要有据可依（如学生日常规范），使学生清楚自己做错了什么、会有什么后果、以后应该怎么办等，不能让学生产生"明明老师没有要求，现在却要批评我"的感觉。

◎ 当学生间发生冲突时，教师要根据实际情况对错误进行批评，不能有所偏袒，要明确告知学生受到批评的原因，不要让学生产生教师是因为偏向另一个学生才批评自己的感受。

经常对学生"责骂""训斥"，教育效果一定不佳，教师还需懂得使用沉默。沉默也能让学生知道事情的严重性、思考自己的错误，而且能避免教师由于情绪激动说出过火的话，伤害双方的感情。

 **案例库**

不一样的"批评"

有一天，我一踏进教室，就看见学生脸上流露出恐惧的表情。原来黑板上画着一个人：眼睛像猫眼，胸宽宽的，牙齿是缺的，两腿一长一短，一肥一瘦，下半身与上半身的比例很不协调，画的旁边赫然写着"王老师"三个字。

我清楚地知道学生在想什么、在害怕什么："哟，那个画王老师的同学要遭殃了！我们要挨批评了！"在这种情形下，如果不冷静处理，只会让学生口服心不服，甚至恶化师生之间的情感，让自己处于尴尬的局面。

　　于是，我没有严厉地训斥学生，而是用一种温和的语气说："这位同学画得很好，他抓住了王老师的特征：有一双猫眼，牙齿是缺的，胸是宽宽的。老师是有一双猫眼，但你们并不是老鼠。老师是要用这双敏锐的猫眼来洞悉你们的优点和不足，监督、帮助你们健康成长。老师的胸是宽宽的，希望能用广阔的胸襟来理解你们、宽容你们、包容你们、呵护你们。这位同学很有创意地画出了老师的腿，打破了循规蹈矩的做法。我也希望同学们和他一样，在生活和学习中发挥自己的创新精神。我知道我不在的这几天，同学们都很想念老师，这位同学把他对老师的思念大胆地刻画在黑板上了，但黑板是要擦的。你还是和其他同学一样，把对老师的思念装在心里吧，那是永远也擦不掉的。你们时时刻刻惦记着王老师，王老师谢谢大家了！"话音刚落，教室里响起了阵阵掌声，紧张的气氛烟消云散了，一场尴尬就这样化解了。

　　上完那节课，我刚回到办公室，学生小华就尾随进来了。小华是个调皮的学生，学习也不主动。他极少和老师说话，更从未主动到过老师的办公室。他一进来，我就拿了一个本子奖励他，说："你能大胆、主动地到王老师的办公室，证明你很尊重老师，王老师应该表扬你。"小华说："王老师，我错了。我恶作剧地把您丑化在黑板上，原以为您不会回来，没想到被您撞见，您不但没有批评我，还表扬了我。王老师，您可是第一个表扬我的人，谢谢您！"

　　听见小华的话，我的心犹如打翻了五味瓶："学生多么希望得到老师的表扬，那可是他们心灵成长的催化剂，我们为什么要吝啬呢？"我疼爱地抚摩着他的头，又奖励给他一个本子，说："你知道错了，这是很好的。老师相信你会进步，老师是你的朋友，很乐意帮助你。"从这以后，小华守纪律了，不调皮了，学习也刻苦了……他全面进步了。

　　案例总结：小华的案例证明，只要老师尊重学生，多表扬学生，给学生以期待，他们就会受到鼓舞，建立自信，产生积极的情感体验。被期待的学生为了得到老师的肯定和表扬，就会自觉改正错误，主动进取向上，朝着老师期望的方向发展，并且对老师产生亲切感，从而使师生关系得到改善。

——北京市平谷区第二小学教师 王千子

> **策略5**　教师要注重自己对学生的情绪感染，调控自己的情绪，掌握一些情绪管理的技巧，更加得心应手地处理与学生的关系

　　注重自己对学生的情绪感染　教师的情绪表达方式很容易传递给学生。教师在开展课堂教学时，除了精心备课、设计教学流程外，还要注意调控自己的情绪，保持激情澎

湃，避免表情呆板、情绪低落，从而感染学生的学习情绪，激发学生的求知激情，师生间情感互动交流也会变得更加顺畅。

调控自己的情绪　教师在管理与教育学生时，也一定要注意调控自己的情绪，不要和学生硬碰硬，以教师的身份强行说教。尽量对学生的情绪表示理解，先接纳学生的消极情绪，再慢慢引导他们正视并处理自己的行为问题。

掌握一些情绪管理的技巧　当教师被学生气得情绪失控时，能够通过深呼吸、数颜色等简单的方法，快速使自己平静下来，以温和的态度处理学生问题，避免与学生发生直接冲突，恶化师生关系。

 方法库

教师心理健康小技巧

美国医生埃里克·巴恩创立了P·A·C心理调节方法。P·A·C分别为"父母"（parents）、"成人"（adult）、"儿童"（child）三个英文单词的首字母大写。巴恩指出，要保持心理健康，一个人一生要保持以下三种心理。

"P"，慈善。要像父母关心孩子那样体谅别人，关心别人，有一颗慈善的心。

"A"，理智。要有成人般的成熟心理，遇事冷静，能够理智地、正确地观察现实，适应现实生活。

"C"，"童心"。不要强行压抑自己的本能需要，人的一生要有孩子般自然、朴素的情感。

这三个词对于教师维持心理健康和良好的情绪非常重要。面对学生时，教师需要保持父母对孩子般的慈善，成人般的理智和儿童般的天真、自然与热情。[①]

> **策略6**　引导家长积极与教师合作，让家长在发生师生冲突时做调解员

家长和教师是教育中的合作者，只有拧成一股绳才能达成最好的教育效果，共同助力学生的健康成长。家长对教师和学校的态度会潜移默化地传递给学生，影响学生对教师的印象，直接关系到学生接纳教师、接受学校教育的态度。

---

① 转引自杜丽丽：《应用情绪管理　提高教师主观幸福感》，载《中国成人教育》，2017（18）。引用时有改动。

　　教师需要向家长说明自身和家长的合作者角色，积极与家长进行沟通，使家长更多了解和接受教师与学校的教育理念和方法，理解、配合教师的工作，建立积极的家校关系。

　　教师可以引导家长恰当处理与教师和学校的冲突。当学生与教师发生冲突时，家长的角色应是一名调解员，一方面尽量维护教师的威信和地位，另一方面尽可能站在学生的角度分析问题。家长如果对教师和学校的处理有异议，建议第一时间联系教师，了解更详细的情况，共同商量更好的解决方案，而避免武断地下结论，也不宜在学生面前对教师的教育教学、管理方式等进行公开批评，以免影响教师在学生心目中的形象，使学生对教师产生不良印象。

第三节　引导家长建立亲密和谐的亲子关系

❓ 教师的困惑

亲子关系疏远了吗

作为一名中年级班主任，时常有家长和我诉说："孩子不如低年级的时候乖巧了。""孩子对我没有以前那么尊敬和崇拜了。""孩子离我越来越远了。"……

四年级寒假前，我建议家长假期多带孩子去博物馆参观，拓宽孩子的知识面。开学回来，我问学生去了几次，好多学生都没去。我问为什么，他们说："我不想跟爸爸妈妈出去玩，他们一路上各种唠叨，动不动就把话题引到让我好好学习上。""跟爸爸妈妈出去玩没意思，我喜欢跟同学一起出去。"那天我还在我们班家长微信群里问了，家长们也纷纷诉苦："我翻了好几天攻略，做好了线路规划，结果孩子说他不想去。""孩子说'我约好了同学一起玩，没空'。"我能感受到家长的语气中带着的无奈。

还有一次，小萍的妈妈发微信跟我倾诉："今天我看到孩子在玩手机游戏，就问她作业做完了吗？我问了好几次她都说等会儿再做，我就生气地说不行，并把网给断了。结果，她哭个不停，还一直吵着说我和他爸爸也天天玩手机，为什么就不让她玩？以前孩子在家里特别听话，现在怎么就变成这样了呢？"

小萍妈妈的苦恼不是个例。中年级学生开始逐渐有自己独立的思想，与家长的关系也在发生变化，我该怎样指导家长更好地与孩子沟通，保持亲近、和谐的亲子关系呢？

父母是孩子的第一任老师，良好的亲子关系能够促进学生积极品格的发展，减少孩子的消极情绪和问题行为，对孩子的未来发展有着至关重要的意义。2018年，习近平总书记在全国教育大会上指出："家庭是人生的第一所学校，家长是孩子的第一任老师，要给孩子讲好'人生第一课'，帮助扣好人生第一粒扣子。教育、妇联等部门要统筹协调社会资源，支持服务家庭教育。"[1]对中年级家长而言，孩子的依赖性降低了，家长在孩子面前的权威性也有所下降，很多情况下，需要教师作为中间人，帮助家长和孩子建立良好的亲子关系。

---

[1] 吴晶、胡浩：《习近平出席全国教育大会并发表重要讲话》，http://www.gov.cn/xinwen/2018-09/10/content_5320835.htm，2019-11-01。

成长规律

> **规律1**　亲子关系影响着家庭教育的水平，对孩子的学习、人际交往、心理健康等方面的发展具有重要的意义

心理学上一般将亲子关系定义为父母与孩子间形成的相互关系，包括父母与孩子间的情感交流与行为交往等。亲子关系直接影响着家庭教育的水平，对孩子的学习、人际交往、心理健康等方面的发展具有重要的意义。

亲子关系的好坏在一定程度上反映了孩子对父母的亲密和信任程度。亲子关系越亲密、和谐，孩子越容易接受父母给出的意见，家庭教育的感染力越强；反之，亲子关系越疏远、淡薄，父母就越不容易走进孩子的心灵深处，家庭教育的效果也会打折扣。

亲子关系对孩子学习的意义　亲子关系可通过影响孩子的情绪和行为进而影响其学习效果。在父母充分理解、给予尊重自由等融洽的亲子关系下，孩子往往学习目标明确，学业成绩优异；而在父母专制、期望过高、惩罚不当等不良亲子关系下，可能造成孩子学习困难。例如，中国科学院的一项调查显示，"会听取孩子意见"的家庭，孩子成绩优秀的占39.11%，而孩子成绩较差的比例仅为19.90%。面对教育分歧，父母选择"私下再协商"的家庭，其孩子成绩优秀的比例高达76.10%，而孩子成绩较差的比例仅为11.98%。[①]

亲子关系对孩子人际交往的意义　积极的亲子关系能够使孩子更深刻地体会到爱与尊重，获得积极、乐观的情绪体验，容易接纳、包容身边的同伴，给予他们积极的评价，建立良好的人际交往关系。父母的人际交往方式也会在潜移默化中对孩子产生影响。亲子沟通好的孩子往往能够通过讲道理而非攻击性行为使同伴信服，容易受到同伴的欢迎。

亲子关系对孩子心理健康的意义　亲子关系与孩子的心理健康发展也有着密切关联，影响孩子是否能成长为拥有健全人格的人。父母对孩子采取民主的态度，可促使孩子独立自主、情绪安定、积极向上；而父母对孩子过分斥责或者过分保护，则容易造成孩子意志消沉、以自我为中心、缺乏自控等心理和行为问题。

---

① 楼晓悦、徐璐、赵凌云：《家人共进晚餐 孩子学习更好——家庭对孩子的隐性学业支持因素更值得关注》，载《中国教育报》，2014-11-23。

规律2　家庭和父母在学生心目中占有重要位置，绝大多数家长能够做到尊重孩子

2017年，我们对31个省、自治区、直辖市的18万余名中小学生进行了家庭教育状况调查，其中包括112 282 名四年级学生，从中可以看出当前我国中年级学生亲子关系的特点如下。[①]

家庭和父母在学生心目中占有重要位置　当被问及"你认为人生中最重要的事情是什么？""有温暖的家"是学生排在第一位的（见图6-1）。当被问及"你最崇敬的榜样是谁？""父母"是学生提到最多的（25.8%），排在"老师"（22.5%）和"科学家"（14.2%）之前。

图6-1　学生对"人生中最重要的事情是什么"的回答

有温暖的家　　有钱　　有社会地位　　有权力
39.3%　　1.2%　　0.6%　　0.6%

绝大多数家长能够做到尊重孩子　尊重孩子是家长与孩子建立良好沟通的前提。尊重孩子是指将孩子作为独立的个体，平等对待孩子，认真倾听孩子的话，允许孩子表达自己的意见。参与调查的学生中有80%以上认为家长是尊重自己的，但也有少量学生认为家长不够尊重自己，主要表现在"家长要求我做某件我不愿意做的事情时，从不会向我耐心说明理由"（19.3%），以及"当我和家长有不同意见时，家长从不允许我表达自己的观点"（17.4%）。见图6-2。

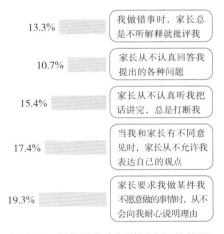

13.3%　我做错事时，家长总是不听解释就批评我

10.7%　家长从不认真回答我提出的各种问题

15.4%　家长从不认真听我把话讲完，总是打断我

17.4%　当我和家长有不同意见时，家长从不允许我表达自己的观点

19.3%　家长要求我做某件我不愿意做的事情时，从不会向我耐心说明理由

图6-2　学生认为家长尊重自己的情况

四年级

[①] 北京师范大学中国基础教育质量监测协同创新中心、北京师范大学中国教育与社会发展研究院、北京师范大学儿童家庭教育研究中心等：《全国家庭教育状况调查报告（2018）》，http://news.bnu.edu.cn/docs/20180927154939425593.pdf，2019-12-16。执笔人：边玉芳、梁丽婵、田微微等。

> **规律3** 亲子交流频率低、交流话题乏味、家长期望过高，使中年级阶段的亲子关系变得更加紧张

亲子沟通是指家庭中父母和孩子之间交换资料、信息、观点、意见、情感和态度，以达到共同了解、信任与相互合作的过程。亲子沟通质量是亲子关系质量的重要影响因素，对学生的社会技能、适应能力发展有重要影响。中年级学生在亲子关系方面的很多问题都是由于亲子沟通的缺失和不当。

亲子交流频率低　无论是在家中面对面的言语交流还是外出亲子活动过程中的谈心，父母与孩子的交流频率都较低。父母总是习惯于在饭桌上随意地跟孩子进行交流，且在孩子诉说的时候也不注意倾听，久而久之，使孩子在父母面前关闭了心门，不再给予信任。

2017年，全国家庭教育状况调查显示：25.1% 的四年级学生报告"家长从不或几乎不花时间与我谈心"，22.5% 的四年级学生报告"家长从不或几乎不问我学校或班级发生的事情"，23.6%的四年级学生报告"家长从不或几乎不和我讨论身边发生的事情"。[①]

亲子交流话题乏味　部分家长过多关注孩子的学习成绩和学校表现，偏重对孩子的知识教育，在与孩子相处时，总是以学习方面的话题为主，而忽视孩子的兴趣爱好、同伴交往等信息，从而使孩子觉得与父母无话可谈。

2017年，全国家庭教育状况调查显示：四年级学生认为家长最关注自己的方面是学习情况（79.8%），远高于对道德品质（25.3%）、兴趣爱好或特长（10.8%）和心理状况（6.5%）的关注。[②]

家长期望过高　调查显示，96.2% 的四年级学生报告家长对自己的成绩期望至少是"班里中等"，其中45.9%的学生感受到家长期望自己考"班里前三名"，29.8%的学生感受到家长期望自己考"班里前十名"。[③]

随着网络的普及和孩子知识量的增加，孩子掌握的一些知识可能不被家长熟知，特别是一些学生耳熟能详的网络用语，家长可能根本不知道是什么意思。孩子有时会将自己掌握的知识与家长分享，有时则会认为家长落伍了，怀疑他们的权威性，不愿意与家长交流。例如，孩子上完科学课，看到妈妈杀鱼，顺口就告诉妈妈鱼胆破了可以用食用碱去除苦味。又如，孩子使用一些网络用语与家长进行交流时，家长常常目瞪口呆，不知道是什么意思。

---

①②③ 北京师范大学中国基础教育质量监测协同创新中心、北京师范大学中国教育与社会发展研究院、北京师范大学儿童家庭教育研究中心等：《全国家庭教育状况调查报告（2018）》，http://news.bnu.edu.cn/docs/20180927154939425593.pdf，2019-12-16。执笔人：边玉芳、梁丽婵、田微微等。

方法库

亲子沟通小测试

说明：帮助家长了解自己的亲子沟通状况，可以由家长自行完成，也可以由孩子独立进行评价，从不同视角评价亲子沟通情况。

以下是一些针对日常的描述，请家长根据实际情况进行填写。如果与描述相符，请在括号内画"√"；如果与描述不符，请画"×"。

1. 家长的沟通能力。

家长会对讨论的话题积极提出自己的看法和观点。 （ ）

家长会主动与孩子交谈，开启话题。 （ ）

家长能接受孩子与自己不同的观点。 （ ）

对于某些敏感的问题，家长能巧妙地询问孩子。 （ ）

家长能不费力气地理解孩子的感受和想法。 （ ）

以上回答中"√"的数量越多，说明在亲子沟通中家长的沟通能力越好。

2. 沟通质量。

孩子和爸爸的交流让彼此更加亲密。 （ ）

孩子和爸爸的交流让孩子加深了对问题的理解。 （ ）

孩子和爸爸的交流让孩子了解更多的知识。 （ ）

孩子和妈妈的交流让彼此更加亲密。 （ ）

孩子和妈妈的交流让孩子加深了对问题的理解。 （ ）

孩子和妈妈的交流让孩子了解更多的知识。 （ ）

以上回答中"√"的数量越多，说明亲子沟通的质量越高。还可以分别对比父子沟通和母子沟通的质量是否存在差别。

3. 沟通系统的平衡性。

孩子愿意与爸爸交流自己的想法。 （ ）

孩子喜欢跟爸爸聊天。 （ ）

孩子愿意与妈妈交流自己的想法。 （ ）

孩子喜欢跟妈妈聊天。 （ ）

以上回答中"√"的数量越多，特别是达到4个，说明孩子愿意与爸爸和妈妈两方沟通，而非只愿意与其中某一方沟通，亲子沟通具有良好的平衡性。[1]

---

[1] 边玉芳：《读懂孩子——心理学家实用教子宝典（6~12岁）》，152页，北京，北京师范大学出版社，2014。引用时有改动。

> **规律4**　亲子关系与父母教养方式密切相关，权威型教养方式下的亲子关系更加融洽

亲子关系与父母对孩子的教养方式有着密切的联系。美国心理学家鲍姆林德（Diana Baumrind）最早从控制—允许和温暖—冷淡两个维度将父母教养方式分为专制型、权威型、溺爱型和放任型四种（见表6-2）。

表6-2　四种教养方式的特点

维度	控制 （要求孩子在各个方面都绝对服从父母的指令，遵守父母制定的各项要求。）	允许 （几乎不设定规则，孩子即使违反了规则也不需要承担任何后果。）
温暖 （以积极、肯定、耐心的特点对待孩子，尽可能满足孩子的各项要求。）	权威型教养方式	溺爱型教养方式
冷淡 （常以排斥的态度对待孩子，对孩子的要求缺少回应。）	专制型教养方式	放任型教养方式

权威型教养方式（高控制、高温暖）　父母对孩子要求明确，并允许孩子参与标准的讨论，标准通常建立在理性基础之上。采用权威型教养方式的家庭，亲子间充满温情，亲子关系融洽，有利于孩子的身心发展和积极情感的培养。在这四种教养方式中，权威型教养方式对于孩子的发展是最有利的，亲子关系也最融洽。

专制型教养方式（高控制、低温暖）　父母严格要求孩子，标准父母根据自己的经验制定，并认为服从大于一切。采用专制型教养方式的家庭，一味强调孩子的服从性，亲子间缺乏温情，亲子关系冷漠，容易使孩子产生焦虑、退缩行为。

溺爱型教养方式（低控制、高温暖）　父母对孩子没有要求，让孩子自己做决定、控制自己的行为，没有奖惩措施。满足孩子的所有需求，当孩子做出错误的决定时，父母也缺乏有效干预。在这样的教养方式下，学生"集万千宠爱于一身"，容易养成霸道任性、固执、自控能力较弱、不懂得体谅和理解他人的特质，负面影响随着孩子进入青春期会被进一步放大。

放任型教养方式（低控制、低温暖）　父母不愿花时间、精力去照管孩子，忽视孩子的需求，不给孩子设定任何目标或行为要求。例如，当孩子想要向家长问学习上的问

题时，得到的答复是"妈妈很忙，没空，你自己想想吧，不要打扰我"。放任型教养方式容易让孩子出现各种行为问题，影响孩子建立亲密关系的能力。

规律5　亲子互动和亲子互律能够拉近家长与孩子间的距离，有效提升亲子关系质量

亲子互动　亲子互动既包含亲子间的沟通、谈心，也包含各类亲子活动，如亲子户外运动、亲子阅读活动等。重视亲子互动的家长，更善于与孩子沟通，能够更主动地承担自己教育孩子的责任。亲子互动能够拉近家长与孩子间的距离，提升亲子关系。例如，重视亲子互动的家长在发生亲子冲突时，会努力从孩子的角度出发，尝试与孩子谈心，试图化解矛盾。无论工作是否繁忙，都会抽出时间与孩子一同出去活动，增进亲子感情。

亲子互律　亲子互律是一种相互尊重的亲子互动模式，是指对于某项特定的行为，家长鼓励孩子加强自我管理和自我监督，对行为进行约束，并以身作则，在孩子背后进行积极引导和监督。家长主要是帮助孩子掌控方向，而具体的规划则由孩子自主决定。例如，家长跟孩子沟通要求时，应一起协商，表达对孩子的肯定，而不是采取强硬的规定。可以告诉孩子："妈妈知道你今天在学校学习已经很累了，但还是希望你能够先完成作业再玩。要不你先休息一刻钟再做作业，或者先一鼓作气写完作业然后再玩？"

育人策略

策略1　帮助家长转变传统教育观念，引导家长尊重孩子，指导家长建立恰当的期望

家长的教育观念影响着家庭教育的态度和方式，进而影响到家庭氛围和亲子关系，对孩子的成长有着重要的意义。

帮助家长转变传统教育观念　不再凭借家长的权威性来支配孩子的思想和行为，而是将孩子视为具有独立人格的个体，凡事尊重孩子的想法，不过分要求或者保护孩子。

引导家长尊重孩子　中年级学生的自我意识开始萌发，不希望被家长掌控自己的一

切，更期待家长能理解自己的想法，认同自己的成长。发现并尊重孩子的心理需求，选择孩子想要的沟通方式进行交流，与孩子以朋友的身份平等相处，能减少亲子间心理上的疏离，避免亲子冲突。例如，利用家长会、校园开放日等举办亲子共答活动，将一些两代人价值观念存在争议的问题同时让家长和孩子作答，并将答案用多媒体展示，从而使家长和孩子在澄清各自观点的过程中，学会相互尊重和相互理解。

指导家长建立恰当的期望　促使家长重视孩子综合素质的全面发展，避免家长片面追求良好的学习成绩，给孩子人为制造过大的压力，影响良好亲子关系的建立。

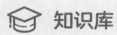 **知识库**

孩子最不想听到家长说的话

1. 嘲讽，嫌弃："走开点，看见你我就烦！""我怎么会生出你这个笨蛋呢?"
2. 比较："看看人家×××，你怎么就赶不上人家一半呀!"
3. 威胁："你要是再这样，我就不管你了。""你快点写作业，要不然看我怎么收拾你!"
4. 找借口："我这都是为了你好!""等你长大了，就会明白我们这么做的苦心!"
5. 拒绝商量："没有原因，我说不行就是不行!""别跟我讨价还价!"

> **策略2**　引导家长与孩子沟通时相互尊重、耐心倾听、话题广泛，保证沟通频率，提升亲子沟通质量，建立良好的亲子关系

相互尊重　教师要让家长知晓，与孩子沟通时首先要做到相互尊重。以平等的姿态与孩子进行交流，鼓励孩子积极表达自己的想法、态度、情感，懂得换位思考，宽容对待孩子的不同意见，从而使孩子能够向家长敞开心扉，愿意与家长交换意见，易于接受家长的建议，保证沟通的顺利进行。

耐心倾听　家长应耐心听孩子讲述自己身边发生的人与事，不要打断孩子的话，也不要因为觉得内容幼稚或无聊而不认真倾听。家长在倾听后要对孩子讲述的内容积极进

行回应，并帮助孩子发泄讲述过程中可能产生的失望、伤心、恐惧等消极情绪。

话题广泛　亲子沟通的内容最好从孩子感兴趣的话题着手，如他们喜欢的偶像、班级中的趣事等，而不要局限于孩子的学习上。沟通内容要具体，最好是最近发生的事情，否则难以调动孩子的兴趣。

保证沟通频率　家长不能因为孩子课业繁重或者自己工作繁忙等原因减少与孩子的沟通时间，甚至不与孩子交流。频繁沟通能够增进亲子间的亲密程度，加深彼此间的理解与信任，让孩子充分感受到家长对自己的关心与照顾，并能在遇到问题时乐于向家长求助。

 方法库

亲子沟通小技巧

1. 认真倾听。不论对错，都要认真、耐心地听孩子说完，中途不要打断，并适时给予点头示意等附和行为。

2. 感情共鸣。倾听后，家长要让孩子感知到自己是关心和理解孩子内心感受的，使彼此在情感上产生共鸣。

3. 换位思考。对于沟通过程中产生的问题，家长不要直接给孩子答案，而要尝试引导孩子站在对方的角度进行换位思考，使孩子在家长的提示下顺利解决问题。

4. 适当鼓励。对于孩子提出的问题解决方式，如果是合理的，家长要适当给予鼓励，如"我相信你可以做到的"，有利于孩子产生自信，勇于挑战。

策略3　指导家长定期开展亲子互动，高质量地陪伴孩子，增进对彼此的了解，拉近亲子关系

定期开展亲子互动　教师可以鼓励家长定期（最好每天）抽出一段固定的时间陪孩子阅读、运动，或者发展孩子的兴趣爱好，让孩子觉得这段时间是自己和家长的专属时间，充分感受家的温暖，增进亲子感情。

学校可定期组织亲子文艺会演、亲子运动会、亲子科技节等亲子互动活动，使家长

在和孩子共同参与活动的过程中更加了解孩子的学校生活，认识孩子的老师和同伴，从而在亲子交流时有更多共同语言。

指导家长在家中或户外与孩子开展合适的亲子游戏，如亲子绘画、亲子乒乓球、两人三足等。通过亲密的接触，增进与孩子的亲密度，实现情感与行为的全面互动，营造和谐快乐的家庭氛围，建立良好的亲子关系。

高质量地陪伴孩子 建议家长与孩子进行亲子活动时认真、全身心地投入，不要一直拿着手机玩游戏、刷微信，保证给孩子高质量的陪伴。这样的时间重在质量而不是数量，家长可以根据自己的情况来安排时间。如果是自己很忙或者很想休息，无法做到全心全意陪伴时，可以和孩子说明情况以获得理解。

 方法库

布置什么样的亲子作业

1. 实践性作业。共同完成家庭事务，如一同做家庭聚会大餐，一同筹备长辈生日或者节日庆祝活动，一同策划、安排周末和假期的旅行。

2. 人文性作业。一同读万卷书，行万里路。亲子共读，和孩子一起感受书中的世界。利用假期外出游历大好河山，观察、感受大自然的美好。

3. 展示性作业。利用家长会、"六一"儿童节、运动会等时机，让家长与孩子一起参与班级活动，加强亲子互动沟通。

4. 操作性作业。小团体互动，利用各类家长资源，给孩子提供更广阔的活动空间和学习平台。

5. 表演性作业。讲故事、演小品等，鼓励亲子合作进行表演。

注意：作业布置与家庭能力相匹配，作业量适当，不给家长增加负担，作业要及时反馈。①

---

① 顾惠琴：《我给家长布置作业——以教师为杠杆，构建新时代亲子关系》，载《小学科学（教师版）》，2013（9）。引用时有改动。

策略4　亲子共律，培养孩子自我管理和自我监督的能力，使孩子与家长的地位逐渐趋于平等，亲子关系更加和谐

告诉家长对孩子的管理要敢于放手，不要过多地管教孩子，逐渐培养其自我管理和监督的能力，不要再"时时管""事事管"，给孩子留出成长的空间，让孩子成为自己的主人。

家长要给孩子自由选择的权利，例如，让孩子自己决定上哪些辅导班、制定假期安排等。但管理宽松并不等于放任不管，家长需要了解孩子的想法和行踪，从而能够随时随地为孩子答疑解惑和提供帮助。例如，当孩子有困惑的时候，可以鼓励他们跟家长诉说，双方像成人一样相互讨论并解决问题。当孩子独自外出时，可以要求孩子跟家长定期汇报自己的行踪，向家长确认自己是安全的。

家长在管理孩子时要转变教育方式，在与孩子僵持不下的时候，不能一味用自己的权威逼迫孩子或者屈服于孩子的要求，而是要跟孩子一起探讨和分析，促进孩子对规则的理解，进而做出正确的选择。

策略5　通过感受美好的亲情、感受父母的辛苦等体验式活动，帮助孩子提升与父母的沟通能力、建立积极的责任意识，唤起积极的爱亲之情和感恩之心，主动提升与父母的关系

建立良好的亲子关系，除了父母的努力，也离不开孩子的积极参与。教师可以通过体验式活动，帮助学生更好地感受父母的关爱，唤起积极的爱亲之情和感恩之心，指导学生提升与父母沟通的能力，从自身做起，主动提升与父母的关系。[①]

感受美好的亲情　通过回顾学生成长各个阶段的照片、了解自己的成长故事等方式，唤起学生对亲情的积极情感体验，使学生感受到父母浓浓的爱，这是良好亲子关系的基础。尤其在当前的"二孩时代"，很多学生有了弟弟妹妹，心中难免会有失落感，认为父母不爱自己了，这样的活动能让学生理解自己在出生时、婴幼儿时期也受到了跟弟弟妹妹一样的照顾，在成长的不同时期，父母对孩子爱的方式也会不同，从而增进父母和孩子之间的理解。

---

① 施英：《积极体验：让亲情教育"知行合一"》，载《中小学心理健康教育》，2016（16）。

◎ 成长故事会。请家长选出一张记录孩子成长的照片，并给孩子讲讲照片背后的故事。活动中，教师可以让学生在小组或者全班面前讲出这张照片的故事，让学生在彼此的故事中感受到父母的爱。不同的故事还能帮助学生了解到父母的爱是有不同形式的，进而对亲情有更深更广的体会。

感受父母的辛苦　孩子从出生到长大，每一步都凝聚着父母的辛苦。而在日复一日的生活中，孩子很容易忽略，进而认为父母的爱是理所应当的。教师可以通过模拟父母对孩子的付出、计算成长账本等方式，让学生体验到父母养育的辛苦，激发学生的感恩之心。

◎ 护蛋行动。请每位学生带一个生鸡蛋到学校，一天中要像妈妈呵护孩子一样精心呵护蛋宝宝，除体育课或其他剧烈运动时间外，要时时刻刻把鸡蛋带在身边，让鸡蛋时时刻刻感受到"鸡妈妈"的温暖，尽力保护好它，不让它被打破，更不能让别人来损坏它。到下午放学时，鸡蛋还完好无损的学生就获得了成功。活动结束后，请学生静下心来想一想活动过程中的体验、感想与心得，以保护易碎的生鸡蛋象征父母对孩子的爱，帮助学生体验父母养育自己的用心良苦。

提升与父母的沟通能力　中年级学生越来越有自己的想法，这是很正常的，是长大的表现，但如何让父母理解、认可自己的想法是需要技巧的，而学生常常与父母沟通时比较随意，容易造成亲子之间的冲突和误解。教师可以指导学生学习一些与父母沟通的技巧。

◎ 换位体验。教师可以将学生与父母发生冲突的情况编成小短剧，让学生在表演和讨论中学习与父母沟通的技巧。例如，放学后，爸爸叫小明赶紧写作业，而小明与同学约好了一起玩，想玩完回来再写，如何说服爸爸呢？教师可以请同学表演几种常见的小明与爸爸沟通的场景，与学生一起分析这几种沟通方式是否成功，能够让爸爸心甘情愿地答应自己的要求吗。请学生分享自己在与父母沟通这类问题时的经验，帮助学生学习与父母想法不一致时，要心平气和地跟父母讲自己的想法和理由，争取父母的同意和谅解。

建立积极的责任意识　在家庭生活中，孩子不应只是索取者，而应该根据自己的能力，主动为父母和家庭做事情，积极承担自己的责任。在承担责任的过程中，孩子能够对家庭建立更积极的情感，更加珍惜自己得到的爱。

◎ 爱的天平。教师在黑板上画一个天平，一边代表"父母为我做的事"，一边代表"我为父母做的事"。与学生讨论：父母为了我们，付出了多少？而我们又为父母做过些什么呢？在爱与被爱的这个亲情天平上，我们是否做到了平衡呢？请学生画出自己爱的天平，思考自己还能多为父母做些什么，让这个天平更加平衡。

📖 知识库

家长最不想听孩子说的话

1. 拒家长于千里之外："我不要你管！""你们又不懂，不跟你们说了。"
2. 比较："别人的爸爸妈妈都不会像你们这样！""我们班××的妈妈一放假就带她去旅游，你总是没有空。"
3. 不耐烦："真啰唆，我自己知道怎么做！"
4. 敷衍："哦。""我知道了。"
5. 任性："我不管，我现在就要！"

参考文献

［1］北京师范大学中国基础教育质量监测协同创新中心，北京师范大学中国教育与社会发展研究院，北京师范大学儿童家庭教育研究中心，等．全国家庭教育状况调查报告：2018［R］．http://news.bnu.edu.cn/docs/20180927154939425593.pdf，2019-12-16．边玉芳，梁丽婵，田微微，等执笔．

［2］毕重增．自信品格的养成［M］．合肥：安徽教育出版社，2009．

［3］边玉芳，等．教育心理学［M］．杭州：浙江教育出版社，2009．

［4］边玉芳．读懂孩子：心理学家实用教子宝典：6～12岁［M］．北京：北京师范大学出版社，2014．

［5］边玉芳．儿童心理学［M］．杭州：浙江教育出版社，2009．

［6］边玉芳．让孩子爱上学习［M］．南昌：江西教育出版社，2018．

［7］边玉芳．心理健康教育读本：修订本［M］．杭州：浙江教育出版社，2005．

［8］边玉芳．寻求意义：精细加工策略的实验［J］．中小学心理健康教育，2014（11）．

［9］陈会昌．道德发展心理学［M］．合肥：安徽教育出版社，2004．

［10］单志艳．中国教师发展报告2013［M］．北京：教育科学出版社，2017．

［11］［美］黛比·西尔弗．激发学生的成就动机：引导学生迈向成功的策略［M］．吴艳艳，译．北京：中国轻工业出版社，2016．

［12］［美］戴维·R谢弗．发展心理学：9版［M］．邹泓，等译．北京：中国轻工业出版社，2016．

［13］［美］丹尼尔·L施瓦茨，杰西卡·M曾，克里斯滕·R布莱尔．科学学习：斯坦福黄金学习法则［M］．郭曼文，译．北京：机械工业出版社，2018．

［14］［英］东尼·博赞．思维导图使用手册［M］．丁大刚，张斌，译．北京：化学工业出版社，2013．

［15］董奇，周加仙．理解脑：新的学习科学的诞生［M］．北京：教育科学出版社，2010．

［16］董文，桑标，邓欣媚．影响儿童情绪自我调节的因素［J］．心理科学，2009（2）．

［17］《儿童家庭教育系列家长手册》编写组．6～12岁儿童家长手册［M］．北京：中国人民大学出版社，2012．

［18］［美］菲尔·厄温．成长的秘密：儿童到青少年期的友谊发展［M］．黄牧仁，译．南京：江苏教育出版社，2010．

［19］冯忠良，伍新春，姚梅林，等．教育心理学［M］．北京：人民教育出版社，2000．

［20］高一然，边玉芳．流动儿童家校合作特点及其对儿童发展的影响［J］．中国特殊教育，2014（6）．

［21］侯瑞鹤，俞国良．儿童对情绪表达规则的理解与策略的使用［J］．心理科学，2006（1）．

［22］胡金生．儿童同情的发展与促进［M］．合肥：安徽教育出版社，2011．

［23］华国栋．差异教学论［M］．北京：教育科学出版社，2007．

［24］惠秋平，何安明，李倩璞．感恩与交往焦虑的交叉滞后分析［J］．教育研究与实验，2018（4）．

［25］江苏省中小学教学研究室．创造性思维初步［M］．南京：南京师范大学出版社，2007．

［26］寇彧，张庆鹏．青少年亲社会行为促进理论与方法［M］．北京：北京师范大学出版社，2017．

［27］［美］雷纳特·N凯恩．创设联结：教学与人脑［M］．吕林海，译．上海：华东师范大学出版社，2004．

［28］李爽，毕重增，黄丽．反思自我评价对自信的影响：关系型自我构念的调节作用［J］．心理科学，2014（2）．

［29］李艳玮，李燕芳．儿童青少年认知能力发展与脑发育［J］．心理科学进展，2010（11）．

［30］李酉亭. 素质教育和学生的潜能开发［J］. 上海师范大学学报（社会科学版），1998（2）.

［31］林崇德. 21世纪学生发展核心素养研究［M］. 北京：北京师范大学出版社，2016.

［32］林崇德. 发展心理学［M］. 杭州：浙江教育出版社，2002.

［33］林崇德. 智力发展与数学学习［M］. 北京：中国轻工业出版社，2011.

［34］刘梅，国云玲，赵楠，等. 儿童发展心理学［M］. 北京：清华大学出版社，2010.

［35］刘琪，杨雄. 家庭教育与儿童发展［M］. 上海：上海社会科学院出版社，2017.

［36］刘翔平. 不会阅读的孩子：如何帮助阅读困难儿童［M］. 上海：华东师范大学出版社，2008.

［37］刘翔平. 儿童注意力障碍100问［M］. 北京：中国轻工业出版社，2019.

［38］陆芳，陈国鹏. 儿童情绪调节的发展研究［J］. 心理科学，2003（5）.

［39］［美］罗伯特·斯莱文. 教育心理学：理论与实践：10版［M］. 吕红梅，姚梅林，等译. 北京：人民邮电出版社，2016.

［40］彭聃龄. 普通心理学［M］. 北京：北京师范大学出版社. 2019.

［41］齐力书. 教学生认清学习方法上的三个"误区"［J］. 北京教育，2000（4）.

［42］［美］乔伊斯·L 爱普斯坦，等. 学校、家庭和社区合作伙伴行动手册：3版［M］. 吴重涵，薛惠娟，译. 南昌：江西教育出版社，2012.

［43］沙莲香. 社会心理学［M］. 北京：人民大学出版社，1987.

［44］申继亮. 中国中小学生学习与心理发展状况报告［M］. 北京：北京师范大学出版社，2010.

［45］［法］斯坦尼斯拉斯·迪昂. 脑的阅读：破解人类阅读之谜［M］. 周加仙，等译. 北京：中信出版社，2011.

［46］孙云晓. 中国家庭教育蓝皮书：2016［M］. 北京：教育科学出版社，2017.

［47］陶新华. 教育中的积极心理学［M］. 上海：华东师范大学出版社，2017.

［48］王文静，罗良. 阅读与儿童发展［M］. 上海：华东师范大学出版社，2010.

［49］王英春，邹泓. 青少年人际交往能力的发展特点［J］. 心理科学，2009（05）.

［50］王耘，王晓华. 小学生的师生关系特点与学生因素的关系研究［J］. 心理发展与教育，2002（3）.

［51］谢锡金，林伟业. 提升儿童阅读能力到世界前列［M］. 北京：北京师范大学出版社，2013.

［52］徐琴美，鞠晓辉. 儿童情绪表达规则知识的发展及其影响因素［J］. 浙江大学学报（人文社会科学版），2005（5）.

［53］尹可丽. 中小学生认知与学习［M］. 北京：高等教育出版社，2014.

［54］［美］约翰·戈特曼，琼·德克莱尔. 培养高情商的孩子［M］. 付瑞娟，译. 杭州：浙江人民出版社，2014.

［55］［美］约翰·W 桑特洛克. 儿童发展：11版［M］. 桑标，王荣，邓欣媚，等译. 上海：上海人民出版社，2007.

［56］［美］詹姆斯·D 马歇尔. 米歇尔·福柯：个人自主与教育［M］. 李珊珊，于伟，译. 北京：北京师范大学出版社，2008.

［57］张伍妹. 学生内部学习动机的激发［J］. 中小学心理健康教育，2008（6）.

［58］张旭东，孙宏艳，赵霞. 从"90后"到"00后"：中国少年儿童发展状况调查报告［J］. 中国青年研究，2017（2）.

［59］LUCHINS A S. Classroom, experiments on mental set［J］. The American Journal of Psychology, 1946, 59（2）.

［60］ROSS C C, HENRY L K. The relation between frequency of testing and progress in learning psychology［J］. Journal of Educational Psychology, 1939, 30 (8).

栏目索引

❓ 教师的困惑

🎓 知识库

方法库

📁 案例库

后　记

　　"读懂学生"丛书的写作终于接近尾声，我的内心充满了由衷的幸福和喜悦，我坚信这是我们继"读懂孩子"后为教育和社会所做的又一件非常有意义的事。

　　"读懂孩子"是我写给全国的家长朋友的，当时的出发点是让家长们在面对市面上众多的育人书籍时能多一种选择。家长们常常抱怨，因为那些书多为一个家长自身的育儿感悟或一些人的经验之谈，一些观点甚至存在着相互矛盾的地方，他们常常不知道应该相信谁。好吧，那就让家长知道一下科学研究成果的结论是什么。同时我还想改变家长们的另一种想法，许多家长往往比较关注育儿的具体方法，觉得"我知道应该怎么做就可以了"，但往往不了解这些方法背后的道理，这其实是不够的。家长作为孩子的养育者，也需要"知其然"和"知其所以然"，需要了解孩子的认知特点和成长规律，所以就有了"读懂孩子"丛书。没想到的是，"读懂孩子"出版后，这一丛书成为名副其实的"畅销书"，而其中中小学和幼儿园教师购买和阅读的比例几乎占了一半！"读懂孩子"出版的当年，就荣获《中国教师报》和中国教育新闻网"2014年影响教师的100本书"的TOP 1，并入选《中国教育报》"2014年教师最喜爱的10本书"，这真是"无心插柳柳成荫"啊！仔细想想，这其中的道理其实非常简单，因为"读懂孩子"所阐述的0~18岁孩子的成长规律，同样是老师们所需要关注和了解的，甚至他们比家长更需要掌握。只不过我们总觉得教师的职业应该已经掌握了这些规律，但事实可能并不是这样。所以，借助"读懂孩子"，我认识了更多的中小学教师，他们总开玩笑说是我的粉丝，希望我专门为教师们再写一套"读懂学生"。

　　花开两朵，各表一枝。"读懂孩子"一写5年，在这个过程中，北京市教育委员会了解到我在"读懂孩子"方面所做的相关工作，在"读懂孩子"出版前就委托我在2012—2014年开展北京市"基于发展性评价的学生成长规律与育人策略研究"，旨在通过深入的研究，揭示北京市义务教育阶段学生成长规律，并针对学生成长过程中的关键问题形成科学、有效的育人策略，为学校在教育管理过程中、教师在教育教学过程中提供育人指导和帮助。在3年的研究中，项目以发展性评价为手段，全面揭示学生的发展规律，提炼了6~15岁儿童成长规律，系统梳理出小学低、中、高3个阶段7大方面的30~40个重点问题及关键任务。这些关键任务按重要程度排序，分别列为3~5颗星的不同级别。

同时，项目在全市13个区县44个学校开展实验，积极探索基于学生成长规律的有效育人策略，实验取得了显著的研究成果。在上述研究的基础上，2015—2017年，北京市教育委员会再次委托我开展北京市"九年一贯制学校发展及中小衔接策略实验"项目，本项目的目的是通过研究，揭示北京市九年一贯制学校从小学到初中连续九年的发展规律，概括和提炼出九年一贯制学校从小学到初中无痕对接过程中需要关注的关键问题；通过对义务教育阶段的学生培养进行整体设计、分阶段实施、形成有效的发展策略，并提炼出科学有效的中小衔接策略，从而为教育管理者在制定政策中、学校在管理中、教师在教学中提供科学有效的指导和帮助。其实，这两个项目本质上是一致的，都是让学校和教师了解学生成长规律并在遵循学生发展特点的基础上做到科学育人。这两个项目为我们写作"读懂学生"奠定了重要的基础。

再说回2014年"读懂孩子"出版后我所做的其他工作。作为北京师范大学心理健康与教育研究所的负责人、国家首轮德育监测工作的负责人与首席专家、教育部基础教育质量监测中心的核心专家，特别是在很长一段时间担任"中国好老师"公益行动计划办公室的副主任和首席专家的经历，我越来越觉得有给教师们写一套"读懂学生"的必要。以我在承担"中国好老师"公益行动计划相关工作为例，这一公益行动是在2014年习近平总书记来北京师范大学考察并提出"四有好老师"的要求之后，北京师范大学牵头组织全国专家成立的一个公益行动，面向基础教育，聚焦育人短板，帮助教师提高育人能力，并让教师为成为"四有好老师"而努力。在与全国6 000多所项目学校校长和教师的接触过程中，我强烈地感受到：我国学生在人格发展与心理品质方面亟待提升和改变，而只有教师掌握科学育人的策略和方法，才能帮到家长和学生。换言之，教师在促进学生人格和良好心理品质等社会性发展方面具有主导作用。通过教师自身的工作以及经由他们与家长协同，学生才有可能真正做到德智体美劳全面发展。但目前育人能力真的是中小学教师的短板，他们亟须掌握学生的成长规律，了解学生在不同年龄段的育人目标和重点，理解学生、研究学生，进而掌握科学的育人策略。带着这样的认识，在这样的背景下，我和我的团队开始了"读懂学生"的写作之旅，经过几年的努力，书稿基本完成了。

本丛书是基于我国广大学校和教师育人实践中的种种困惑，以及笔者团队长期以来对0～18岁儿童成长规律的研究成果，特别是北京市"基于发展性评价的学生成长规律与育人策略研究"项目和北京市"九年一贯制学校发展及中小衔接策略实验"项目相关研究成果而研制完成的。在写作本丛书的过程中，为了使北京市取得的研究成果具有更广泛的适用性，一方面，我们在重庆、海南、浙江等地一些中小学开展相关实验，也在全国多地广泛征询意见；另一方面，我们从全国范围内广泛收集相关案例，所以本丛书适用于全国所有从事基础教育特别是义务教育的教育研究者和教育实践者，特别是广大亲爱的教师们。

丛书即将付梓，我要告诉所有读者的是，"读懂学生"是"读懂孩子"的姐妹篇，它们在我心中就是促进孩子们健康成长的一体双翼。"读懂孩子"是我送给家长的礼物，希望亲爱的家长们能在理解孩子的基础上做到科学育儿；而"读懂学生"是我送给学校和教师们的礼物，希望亲爱的教师们能在了解学生、研究学生的基础上做到科学育人。借助它们，我特别希望通过家校协同育人，促进每一个孩子德智体美劳全面发展。

最后，要特别感谢北京市教育委员会对我们的信任和支持。感谢北京市"基于发展性评价的学生成长规律与育人策略研究"全体项目学校与全体实验教师、北京市"九年一贯制学校发展及中小衔接策略实验"项目全体实验学校与全体实验教师在项目研究过程中的辛勤付出，感谢以北京市三帆中学李永康校长和曾路主任、北京市京源学校白宏宽校长，北京芳草地国际学校富力分校苏国华校长和王立军校长、北京师范大学亚太实验学校徐向东校长为代表的众多校长和老师们的智慧，请原谅我不能一一把你们列出，但你们的许多成果已经体现在书中了。同时要衷心感谢本书的特别顾问，时任北京市教育委员会基础教育一处的张凤华处长和北京师范大学首都基础教育研究院乔树平执行副院长一直以来对项目研究的悉心指导以及在本丛书写作过程中提出的宝贵意见。我一直庆幸自己在人生道路上认识了你们，并且从你们身上学习到太多教育智慧和奉献精神，感恩我们的相识与相知。最后，还要感谢"读懂学生"整个项目团队的付出，如果从北京市项目研究的起始时间算起，研究过程持续8年，项目团队一直锲而不舍地坚持走在帮助广大学校和教师科学育人的研究之路上。尤其是在开始写作的过程中，大家非常辛苦，人员也一再更换，许多内容真的是几易其稿。所以"读懂学生"是集体智慧的结晶，感谢每一位参与者的辛苦劳动，谢谢你们与"读懂学生"不离不弃。

希望"读懂学生"能像"读懂孩子"那样得到每一位读者的喜爱，也真诚地欢迎大家提出宝贵意见，我们会在适当的时候对丛书做进一步的修改。盼望"读懂学生"能达成我们帮助全国中小学校和教师提升育人能力的初心，愿我们的每一名学生在教师的指引下健康快乐成长！

边玉芳

2020年12月